LA GLOIRE
ET LES LARMES

JOAN COLLINS

LA GLOIRE ET LES LARMES

traduit de l'anglais par
Jean-Paul Mourlon

l'Archipel

Ce livre a été publié sous le titre
Too Damn Famous
par Orion, Londres, 1995.

Si vous désirez recevoir notre catalogue et être tenu au courant de nos publications, envoyez vos nom et adresse, en citant ce livre, aux Éditions de l'Archipel,
4, rue Chapon, 75003 Paris.
Et, pour le Canada, à
Édipresse Inc., 945, avenue Beaumont,
Montréal, Québec H3N 1W3.

ISBN 2-84187-147-2

1

– Je n'ai pas besoin d'un mari, mais d'une épouse ! lança Katherine Bennett, juste assez fort pour que la meute de journalistes courant sur ses talons puisse entendre.

Elle se hâtait à travers les couloirs du tribunal de Santa Monica, remorquant son avocat, Barry Lefcovitz, lequel répondait aux questions indiscrètes de la presse avec son humour habituel.

Katherine avait un sourire froid – ses yeux vert pâle restaient glacés –, mais qui paraîtrait suffisamment convaincant à la une des journaux ou dans les bulletins télévisés. Elle ne voulait pas avoir l'air trop heureuse après un divorce aussi pénible.

Katherine Bennett appartenait à une race aussi rare qu'éphémère : celle des vedettes de télévision. Sa célébrité était telle que le monde entier s'arrachait les cancans à son sujet.

Les journalistes bourdonnaient autour d'elle comme des mouches sur une carcasse – et il avait bien failli ne pas rester davantage de sa personne après cette audience au cours de laquelle un juge phallocrate et pontifiant l'avait dépouillée de presque tout ce qu'elle possédait, non sans avoir pris soin de prendre la pose devant les caméras, qu'il n'avait du reste laissées entrer qu'après de longues réticences affectées.

Heureusement que Barry était là, se dit Katherine en jetant un coup d'œil amusé dans sa direction, tandis que l'avocat repoussait les paparazzi qui les mitraillaient sans pitié.

Barry Lefcovitz adorait la publicité, il n'était jamais aussi heureux que lorsqu'il se retrouvait sous les projecteurs. C'est bien pourquoi il avait accepté de défendre les intérêts de Katherine pour des honoraires modestes, c'est-à-dire ne dépassant pas cinquante mille dollars – plus les frais, bien entendu. S'il ne l'avait pas fait, elle aurait eu toutes les chances de voir disparaître ce qu'elle avait mis de côté, et de se retrouver dans le rouge, avec ce qu'il lui avait fallu accorder à son ex-mari. Elle était célèbre depuis trois ans, mais c'était un délai trop court pour avoir déjà touché les dividendes de la gloire.

– Katherine, quels sont vos projets ? lui demanda un journaliste.

– Me remettre au travail, répondit-elle, aussi désinvolte qu'on peut l'être quand vingt flashes vous explosent en même temps à la figure.

Presque aveuglée, elle se hâta de mettre ses lunettes noires.

– Katherine, s'il vous plaît, pas ça ! Nous voulons voir vos beaux yeux !

– Messieurs, vous les avez vus cinq jours durant ! Ils ont besoin d'un peu de repos, et moi aussi, si cela ne vous ennuie pas.

– Laissez-nous passer, s'il vous plaît.

Burt, son garde du corps, était accompagné de trois ou quatre costauds mesurant chacun plus d'un mètre quatre-vingt-cinq, qui paraissaient aussi larges que hauts. Leur tâche était délicate : repousser la presse sans jamais recourir à la violence, ce qui se serait traduit aussitôt par un procès. Katherine s'était déjà fait marcher sur les pieds une bonne dizaine de fois, et à deux reprises un appareil photo avait failli la heurter en plein visage parce qu'un tâcheron trop zélé voulait la prendre sous un autre angle. Elle sortait du dernier divorce en date d'Hollywood, aussi la presse voulait-elle désespérément lui extorquer des commentaires qui fourniraient la matière à quelque manchette bien sentie. A défaut, les journalistes n'hésiteraient d'ailleurs pas à en inventer. Ce que Katherine avait lu dans les journaux au cours de la semaine passée l'avait accablée :

> *Katherine Bennett, 43 ans, a fait son apparition au tribunal arborant à chaque fois un ensemble différent, une chevelure flamboyante, et assez de maquillage pour approvisionner un drugstore pendant un an.*

Tout cela était complètement faux ; elle avait revêtu des tailleurs classiques, beige ou gris. Et elle était en talons hauts, comme toujours, même avec des jeans : c'est toujours agréable de gagner quelques centimètres. Les gens pouvaient bien y voir une vieille manie débile des Sixties – quelle importance ?

Katherine se flattait toujours de vouloir être elle-même, ne tenait pas grand compte de ce qu'on pensait d'elle, et n'hésitait jamais à dire ce qu'elle pensait. Elle portait ce qui lui plaisait, ce qui lui allait, et surtout ne pouvait supporter les sots. Ce qui lui donnait parfois l'air froid ou distant. Ceux qui ne l'aimaient guère la trouvaient dangereusement proche de la mégère venimeuse qu'elle incarnait avec tant de succès à la télévision.

– Alors, Kitty, ricana un journaliste, c'est bien fini, les hommes ?

– Il ne faut jamais dire : « Fontaine, je ne boirai pas de ton eau », répondit-elle en souriant.

Le procès avait été un véritable enfer. Cinq jours d'affilée, à raison de sept heures par jour, il lui avait fallu rester assise sur un banc, bien en vue du juge et de la vingtaine de sous-fifres assis derrière lui, le tout en demeurant aussi immobile et impassible que faire se peut quand on a le cœur brisé et une énorme boule dans la gorge.

Au milieu des questions de la presse, et de ces maudits flashes, la portière grande ouverte de la limousine noire avait l'air d'un paradis. Elle s'installa à l'arrière avec toute la prudence d'une femme en jupe courte. D'abord poser les fesses sur le siège, les jambes étroitement serrées, puis les faire tourner très vite avant que les photographes aient le temps de trouver une perspective intéressante.

Ce qui n'empêcha pas un petit malin d'essayer – mais Burt donna un coup de pied dans l'appareil, qui atterrit à grand bruit dans le caniveau.

– Salopard ! hurla le photographe, rouge de colère. Je te traînerai en justice pour ça !

Sans répondre, Burt fit signe à ses hommes de main de refermer la portière et, sautant dans la voiture à côté du chauffeur, s'écria :

– Allez, roule !

– Allons-nous-en ! soupira Katherine en se rencognant sur son siège. Se sachant à l'abri derrière les vitres fumées, elle ôta ses lunettes noires.

– Bien joué ! dit Barry Lefcovitz en lui tapotant l'épaule. Nous avons gagné ! Tu as gagné ! Tu es enfin une femme libre, Kitty. Quand je pense à ce que ce fils de pute essayait de t'extorquer ! Tu as eu de la chance !

Elle hocha la tête d'un air las. Oui, elle était libre. Libérée de Johnny, de ses mensonges, de son alcoolisme, de sa drogue, libérée de ce sinistre procès et des foules avides. Mais vraiment libre ? Non.

Jusque-là, étant mariée – et bien qu'elle incarnât la méchante que l'Amérique entière adorait détester –, elle était relativement à l'abri des ragots qui entourent les femmes célèbres célibataires. Maintenant qu'elle avait coupé la corde qui la liait à Johnny, se verrait-elle jamais permettre de mener une vie normale ?

La limousine déposa Barry devant ses bureaux de Beverly Hills, puis Katherine ferma les yeux tandis que Sam remontait Benedict Canyon en direction de chez elle : un gros tas de ciment peint en blanc, parfaitement hideux, que Johnny l'avait persuadée d'acheter, deux ans auparavant, alors qu'elle venait juste de décrocher la timbale avec *Les Skeffington.* Construit dans les années 30 pour un quelconque nabab des studios, il avait vite été surnommé le Bunker berlinois par les amis de Katherine.

Elle avait bien enjoint aux jardiniers de faire pousser du lierre, mais la plante semblait ne pas vouloir s'accrocher aux murs, et seules quelques taches d'un vert brunâtre témoignaient de leurs efforts. Sam appuya sur un bouton et le portail s'ouvrit en grinçant : il était déjà rouillé, bien qu'il eût été repeint quelques mois auparavant. Katherine soupira une fois de plus. Maintenir cette ruine en état semblait un calvaire sans fin : un homme était chargé de la piscine, un autre des arbres, deux du jardinage, une jeune fille des plantes vertes. A qui venaient s'ajouter une cuisinière, un maître d'hôtel, une blanchisseuse qui passait deux fois par semaine – sans compter le chauffeur. Sans oublier Warwick Kingsley, son agent de relations publiques, aussi adorable que ruineux, et Brett Goodman, qui gérait ses affaires et qu'elle soupçonnait de la voler. Un vrai miracle, finalement, qu'elle arrive à s'en sortir. Et pour couronner le tout, Brenda Corlew, sa fidèle amie et secrétaire.

Comment aurait-elle pu s'en sortir, sans Brenda ? Et Tommy ? La vieille dame coriace, au cœur de marshmallow, était pour lui comme une seconde mère. Katherine passant la plupart de ses journées au studio, parfois jusque tard dans la nuit, Brenda lui tenait compagnie plusieurs heures par jour, mais rentrait quand Tommy revenait de l'école. Elle n'ignorait rien des tribulations auxquelles s'expose une vedette de la télé : dans les années 50, elle en avait été une dans un feuilleton où elle donnait la réplique à Kookie Cazanova ; leurs seules rivales étaient Lucille Ball et Vivien Vance. Elles étaient presque aussi drôles qu'elles, et presque aussi populaires, mais leur succès fut moins durable : Kookie finit par se retirer dans une somptueuse demeure du Vermont, ayant eu la prudence non seulement de s'assurer des droits de rediffusion considérables, mais aussi de racheter ceux de toute l'équipe, à raison de cinq mille dollars par personne.

Katherine et Brenda s'étaient rencontrées une dizaine d'années auparavant lors d'une audition. Kitty avait été surprise qu'une actrice aussi connue en soit réduite à cela, mais, comme le lui avait dit Brenda :

– Trois Emmy Awards, deux nominations aux Tony, et depuis dix ans je cours toujours à la recherche d'un boulot. Le show-biz, pfff ! faut-il qu'on aime ça !

La carrière de Brenda était terminée ; aussi, quand Katherine obtint le rôle de Georgia Skeffington, elle lui demanda de l'accompagner à Hollywood, histoire de lui donner un coup de main. Elle n'eut pas l'occasion de le regretter : Brenda sut la soutenir en permanence, et s'attacher Tommy, qui était toujours moins inquiet et coléreux en sa présence. Sa langue acérée et son vocabulaire un peu cru dissimulaient une sagesse et une chaleur que la mère et le fils en étaient venus à adorer.

La voiture s'arrêta devant l'entrée principale ; Sam sortit d'un bond et lui ouvrit la portière.

– Je n'aurai plus besoin de vous ce soir, Sam, merci, dit Katherine, qui se sentait si lasse que sortir de la limousine exigea d'elle un effort surhumain.

– Merci, madame Bennett. Bonne soirée. Je suis heureux que tout se soit bien passé pour vous aujourd'hui.

– Merci, Sam. Nous avons eu de la chance.

Pedro vint ouvrir la porte, noire et luisante – bien que Katherine ait remarqué que la peinture commençait à s'écailler. Quand ils étaient venus s'installer, deux ans auparavant, elle avait pourtant été enduite d'une couche de laque si épaisse qu'on l'aurait cru éternelle. Encore la pollution !

Franchissant le grand vestibule dallé de marbre, elle entra dans le séjour.

– Tommy ? Tommy, tu es là ?

Maria, sa fidèle cuisinière, survint, en s'essuyant les mains sur son tablier :

– Il est allé voir les Lakers avec Brenda, madame Bennett.

L'une des bizarreries de Brenda était en effet sa passion pour le basket-ball.

– Ils ont dit qu'ils mangeraient un morceau après le match, ce ne sera pas la peine de les attendre.

Katherine acquiesça de la tête tout en regardant autour d'elle. La blancheur immaculée de l'épais tapis, des murs tendus de soie damassée, du velours des sofas et des fauteuils lui fit presque mal aux yeux. Elle ne s'y sentait pas à l'aise ; ce n'était qu'un décor stérile, conçu pour qu'elle s'y exhibe en vêtements chics, une toile de fond pour ces incessantes séances de pose destinées aux magazines chic.

Le soleil couchant se reflétait sur sa montre en or ornée de diamants. Six heures tout juste.

– A quelle heure désirez-vous dîner, *señora* ? demanda Maria.

– Oh ! je n'ai pas vraiment faim... apportez-moi simplement des œufs à la coque et des toasts vers sept heures, s'il vous plaît.

Maria disparut dans la cuisine, d'où provenaient des rires. C'était l'heure du journal télévisé ; la pièce résonnait de bavardages familiaux. Katherine eut envie d'aller se joindre à Pedro, Maria et sa fille d'un premier mariage, Suzy, une adolescente très jolie. Les jardiniers devaient être là aussi, et Sam devait boire une Budweiser tout en leur racontant les événements de la journée. Oui, une vie normale, songea Katherine. Mais sa propre existence n'était qu'un îlot de solitude et de vacuité.

Elle grimpa l'escalier, moquetté de blanc. Divorcer de Johnny n'avait pas été chose facile. L'alcool et les drogues l'avaient profondément changé, mais elle n'avait pas aimé qu'au tribunal on le dépeigne comme un menteur éhonté, une pathétique épave. Certes, elle avait dû mettre un terme à leur mariage pour se protéger elle-même : il se retrouvait ivre-mort à des soirées, racontait à la presse des histoires grotesques sur elle. Mais le pire, c'était la souffrance de Tommy à voir son père se transformer en bouffon alcoolique. Johnny avait été autrefois un jeune acteur prometteur, à peu près équilibré ; il était devenu un névrosé, et les réunions des Alcooliques anonymes, la psychothérapie et les séjours en clinique n'y avaient rien fait.

C'était lui qui avait brusquement décidé de rendre leur divorce aussi déplaisant que possible. Son escroc d'avocat, qui s'était fait une spécialité de défendre des violeurs, avait mis Katherine à la question, tandis que Johnny la regardait à peine. Sa démarche incertaine montrait assez qu'il était toujours sous l'emprise de la boisson – et sans doute de la drogue.

Enfin, tout cela était terminé. Vingt-cinq ans de vie commune, vingt ans de mariage, détruits d'abord par l'alcool et la drogue, puis par une semaine d'invectives haineuses dans un tribunal. Il allait falloir s'en remettre, car elle travaillait dès le lendemain. L'épreuve lui avait laissé l'impression d'avoir les chairs à vif. Il faut que je dorme, se dit-elle. Si seulement je pouvais dormir un peu !

En ouvrant la porte de sa chambre, elle se dit une fois de plus que cette demeure résumait tout ce qu'elle détestait à Hollywood : une apparence nouveau riche, prétentieuse. La pièce aurait pu sans peine accueillir un jet privé, en plus d'un ou deux hélicoptères. Un décor blanc, comme le reste de la maison. Des murs tendus de taffetas crème, où alternaient miroirs et verre gravé. D'épaisses peaux d'ours cernaient l'énorme lit rond, sur lequel s'étendait un couvre-lit de satin à leurs initiales : J. et K. Il faudra que tout ça disparaisse, songea Kitty en levant les yeux vers le miroir au plafond.

Elle s'était pourtant vivement opposée au décorateur et à son mari à ce sujet. Johnny ne manquait jamais de lever les yeux lors des rares occasions où ils faisaient l'amour, et c'est ce qui avait finalement décidé Katherine à rompre. Elle ignorait ce qui s'était passé ; tout ce qu'elle savait, c'était que Johnny, autrefois sensible, intelligent, s'était transformé en un libertin indifférent, que seul le voyeurisme de bas étage semblait encore pouvoir exciter. Elle aurait pu faire semblant, si Johnny n'avait pas été défoncé en permanence. Elle l'avait supplié d'arrêter de boire et de se droguer, mais il ne voulait, ou ne pouvait, plus.

Du temps où tous deux étaient encore acteurs à New York, ils s'en sortaient à peu près correctement, jouant dans des pièces off-Broadway, tournant dans des publicités ou tenant parfois de petits rôles dans des feuilletons télé. Puis, de manière tout à fait inattendue, Katherine avait décroché celui de Georgia dans *Les Skeffington*, et leur existence en avait été bouleversée.

C'était le feuilleton qu'ABN diffusait en *prime time* : l'histoire d'une riche famille de Los Angeles possédant la moitié des vignobles californiens. Trois personnages principaux : Charles, le patriarche au cœur de pierre, plus d'une fois marié, père de nombreux enfants ; Candice, sa troisième épouse, la « sainte » ; et Georgia, l'épouse précédente, parfaitement dépourvue de scrupules et tenant le rôle de la garce.

Elle n'était d'ailleurs, au début, qu'un personnage secondaire, mais au bout de trois ans et demi passés à l'incarner, Katherine était devenue l'une des plus grandes vedettes de la télévision – « celle que vous adorerez haïr », pour reprendre la formule bien connue. Cette accession à la célébrité s'était produite en quelques mois – tandis que, de son côté, Johnny avait sombré dans l'alcoolisme. Et elle ne pouvait rien y faire, sinon se sentir coupable. C'était ça, le show-biz. Parfois elle avait l'impression de rejouer *Une étoile est née* dans la vie réelle.

Pour compenser, ou se faire pardonner – elle ne savait plus –, Katherine avait accepté d'acheter ce gros tas de marbre et de malachite qui, à vrai dire, n'était guère dans leurs moyens, et Johnny y avait passé de longues heures avec leur décorateur, Tracey, un compagnon de bouteille, et de Dieu sait combien de lignes de coke. Sa consommation de drogue et d'alcool n'avait cessé d'augmenter depuis, et leur union prit fin au moment où la demeure était presque entièrement remise en état.

Ôtant sa veste et ses chaussures, Katherine se mit à marcher de long en large, tirant furieusement sur sa cigarette. Terminé. Terminé pour de bon. Jusque-là, ils avaient été heureux. Avec des hauts et des bas, comme tout le monde, mais l'affection et leur amour pour Tommy les liaient étroitement. En dépit de la chaleur qui régnait dans la pièce, Kitty frémit. Si seulement Johnny était encore là – du moins celui d'autrefois, pas le bloc de bois qu'il était devenu.

Et si seulement Tommy était rentré. Malgré tous les problèmes qu'il posait, elle tenait à lui comme à la prunelle de ses yeux. Il avait été très secoué par le divorce et, ces derniers temps, se montrait presque grossier envers elle. Mais même s'il semblait ne plus vouloir lui adresser la parole, préférant, en quête d'affection, se tourner vers Brenda, Kitty l'aimait toujours du fond du cœur.

Elle écrasa sa cigarette, se rendit dans sa chambre et appuya sur le bouton de son répondeur. Il n'y avait que deux messages, dont l'un de sa mère. Véra Cribbens vivait à New York : venue aux États-Unis après avoir épousé un GI, elle s'était retrouvée veuve assez tôt. Son activité principale consistait désormais à manger du chocolat en regardant la télévision. Bien entendu, nul n'était plus heureux qu'elle du succès de sa fille, et nul n'était plus critique ; Katherine avait dû apprendre à encaisser les remarques bien intentionnées, mais souvent blessantes, que sa mère lui prodiguait. Véra s'était montrée particulièrement féroce lors du divorce, dont elle avait appris la nouvelle dans *The Star*.

– Un homme comme lui ! Comment peux-tu faire ça, Kit-Kat ?

Katherine avait expliqué, d'un ton las, que Johnny était un alcoolique et un drogué mais, Véra n'ayant rien lu à ce sujet dans la presse, les paroles de sa fille l'avaient laissée de marbre.

Ce soir, le message était bref :

– Ta jupe était trop longue ! Kitty, tu as des jambes superbes, tu devrais les montrer ! Et ton rouge à lèvres m'a paru abominable, c'est le genre de chose que Cher pourrait mettre. Appelle-moi, Kit-Kat !

Le second message était de Steven Leigh, un des scénaristes des *Skeffington*. Vite devenu l'un des confidents les plus intimes de Katherine, il l'avait beaucoup soutenue au cours des dernières semaines : il comprenait ses problèmes, et avait l'art de savoir proposer des solutions.

– Bonsoir, Kitty. J'ai appris la nouvelle. Je t'avais dit que tu gagnerais. On a vraiment été contents pour toi. Il faut fêter ça. Est-ce que ça te dirait, lundi soir au Morton's ? Il est temps que tu montres ton beau visage en ville.

Katherine sourit, puis prit un air pensif. On ne sait jamais trop ce qui se passe derrière les portes closes des mariages des autres, mais apparemment, celui de Steve et Mandy Leigh paraissait solide. Mandy semblait heureuse de rester à la maison et de s'occuper de leurs deux filles, tandis que Steve travaillait au studio comme un forcené.

Katherine fut déçue de n'avoir reçu que deux messages. Rien ne l'agaçait davantage que les grandes effusions superficielles qui, à Hollywood, passent pour de l'amitié, et ses rares vieux amis étaient restés à New York. Même certains d'entre eux avaient l'air d'être mal à l'aise : quand elle leur téléphonait, ils restaient sur la défensive, un peu surpris qu'elle daigne encore leur adresser la parole. Ce qui, bien entendu, était absurde. Mais Kitty ne pouvait feindre en permanence d'être quelqu'un d'ordinaire, alors que la moindre de ses sorties – ne serait-ce que pour passer au drugstore – se soldait par une émeute de chasseurs d'autographes.

Beaucoup d'acteurs avaient connu la même accession presque immédiate à la célébrité, et Katherine n'aurait pu prétendre sans mentir ne pas apprécier certains aspects de la situation. Faire son entrée dans le monde de la richesse et du pouvoir, se voir offrir ce qu'il y a de mieux – voyages, jets privés, cadeaux des maisons de couture... Mais certaines des choses les plus ordinaires de la vie lui manquaient.

Elle était assez sagace pour se rendre compte qu'on ne peut vraiment se faire des amis à Hollywood que si on y est né. Les gens qui y vivent ne s'y fréquentent qu'entre eux, à niveau social égal. Katherine avait des amis – les Johnson, les Hawn, les Lasker –, mais aussi le sentiment que l'effondrement de son mariage ne les avait pas accablés outre-mesure. Non qu'ils lui aient voulu du mal, bien entendu. C'était simplement, sans doute, qu'elle leur paraissait avoir trop de chance. A bien y réfléchir, Steven et Brenda étaient probablement les seuls à qui elle puisse faire totalement confiance.

Brett et l'attaché de presse de Katherine devaient déjà avoir reçu des dizaines d'appels : demandes d'interviews, invitations à des galas caritatifs – généralement à peu près aussi drôles qu'un séjour de six mois sur une île déserte –, messages de fans. Tout cela serait traité avec la plus grande efficacité, pour ne pas importuner Kitty. Et pourtant, ce soir, il ne lui aurait pas entièrement déplu d'être importunée.

Elle contempla la pièce, qui la rendait claustrophobe, avec ses murs tendus de miroirs la reflétant sous tous les angles, soulignant chaque défaut de son corps et de son visage – des défauts que le public ne verrait jamais. Elle eut envie de hurler. Il régnait dans la chambre une chaleur étouffante ; elle enclencha l'air conditionné, puis comprit que, comme d'habitude, il ne fonctionnait pas. Elle appela Maria par l'interphone :

– Maria, pourquoi est-ce qu'on n'a pas réparé l'air conditionné ?

– Je suis désolée, *señora*, un homme est venu aujourd'hui. Il a dit que c'était une très vieille installation, qu'il y faudrait beaucoup de travail. Il reviendra lundi.

– Lundi ! On est jeudi, il va falloir passer le week-end à étouffer dans ce four ?

– Je suis désolée, *señora*, dit Maria d'un ton d'excuse. Vous voulez que Pedro vous apporte un ventilateur ?

– Oui, répondit Katherine, les dents serrées. Apportez-en deux !

Elle eut soudain désespérément envie d'un peu d'air frais. Passant un short et un T-shirt, elle se rendit dans le jardin. Elle adorait jardiner ; peu de gens savaient – et ses fans n'auraient jamais deviné – qu'elle passait des heures à arroser ses plantes. Pour la première fois depuis des semaines, elle eut l'impression de respirer librement, et inhala longuement ce qui, à Los Angeles, passe pour de l'air, mais qui n'est jamais qu'une soupe d'un jaune brunâtre. Le smog était bien visible à l'horizon, surmonté – du moins là où les vapeurs des pots d'échappement ne l'obscurcissaient pas – d'un ciel bleu pâle tirant sur le gris.

La pelouse était parsemée d'énormes plaques de terre brune stérile, et des mauvaises herbes poussaient dans les massifs de fleurs. Se penchant pour inspecter ses rhododendrons, Katherine constata que les trois quarts des bourgeons avaient bruni. Encore un coup du jardinier ! A mille dollars par mois, tout ce qu'il semblait capable de faire, c'était de ramasser les feuilles mortes avec une machine si bruyante qu'on ne pouvait plus s'entendre parler. Kitty adorait son jardin, mais il lui fallait bien reconnaître que c'était un désastre. Comme moi, pensa-t-elle. Un désastre auquel elle avait consacré des milliers de dollars, un temps et une énergie considérables. Sous la chaleur accablante, les arbres, les plantes et les fleurs semblaient se flétrir. Elle mit en marche les arroseuses : deux d'entre elles ne fonctionnaient pas.

– Pedro ! lança-t-elle, irritée.

Il vint de la cuisine en courant :

– *Si, señora ?*

– Qu'est-ce qui arrive aux arroseuses ?

– Désolé, *señora*. J'ai appelé le jardinier il y a deux semaines et il a dit qu'il s'en occuperait, mais... il n'a encore rien fait. Je suis désolé.

– Ne vous excusez pas, Pedro, ce n'est pas de votre faute.

Elle contempla tristement les restes desséchés de ses camélias favoris, et se penchait pour en arracher une mauvaise herbe, quand une sorte de sixième sens la fit se redresser. Il lui sembla apercevoir quelque chose sur la colline d'en face. Mains sur les hanches, elle contempla l'horizon. Pas de doute possible : à cinq cents mètres de là, deux paparazzi tentaient de se cacher derrière un arbre.

En italien, *paparazzo* désigne un gamin insupportable. Le terme est parfaitement adapté, songea Kitty, qui eut l'impression d'entendre le déclic de leurs obturateurs. C'est moi la proie, aujourd'hui. Ils avaient déjà des milliers de photos d'elle au tribunal, mais celle-là – en short et en T-shirt froissé – avait toutes les chances de faire la une du *National Enquirer*.

Se dirigeant vers la demeure, elle en referma violemment les portes de verre coulissantes, puis pénétra dans la pièce où elle prenait le petit déjeuner : vaste autant que froide, en forme de coquille, meublée de fauteuils d'acier et d'une table de marbre ronde. Pedro apparut, souriant :

– La *señora* désirerait-elle boire quelque chose avant le dîner ?

– Oui, Pedro, merci. Une double vodka *on the rocks*, s'il vous plaît.

Et tant pis pour son régime, tant pis pour son visage boursouflé, tant pis pour les poches qu'elle avait sous les yeux. Tant pis pour tout le reste. Elle était Katherine Bennett, vedette de télévision, mais elle était seule, divorcée, abandonnée, et elle avait envie de s'enivrer.

Son œuf à la coque donnait l'impression d'être resté un mois entier dans le frigo, le toast était froid, l'assiette de porcelaine avait été décorée par Maria de fragments de persil flasques. Irritée, elle la repoussa, finit son verre et alluma une cigarette.

– Pedro ! Une autre vodka, s'il vous plaît !

– *Si, señora,* répondit-il en faisant son apparition presque aussitôt.

Il souriait – il souriait toujours, comme d'ailleurs Maria. Katherine se demandait souvent pourquoi. Il est vrai qu'un couple d'âge mûr venu de Tijuana, qui gagne trois mille dollars par mois, nourri et logé, tous frais payés – télévision par câble comprise – et a droit à un week-end libre sur deux, a toutes les raisons de sourire. Kitty était entrée plus d'une fois dans la cuisine pour découvrir Pedro, Maria et Suzy, ainsi que d'autres membres du personnel, fort occupés à engloutir pâtés, fromages et fruits exotiques de chez Gelson, l'un des traiteurs les plus chers de la ville. Il est vrai qu'ils ne buvaient que du Coca *light*, commandé par caisses entières.

Chaque fois que Katherine voulait un jus de pomme, de l'eau d'Évian ou du vin blanc, il n'y en avait plus. Bien entendu, les excuses ne manquaient pas, cela ne se produirait plus – et bien entendu cela se reproduisait toujours. Un jour où ils étaient en congé, elle avait examiné de près le contenu de leur réfrigérateur. Un vrai cauchemar de diététicien : guacamole, sauces à la crème, toutes les glaces imaginables, beurre en tube... Le congélateur regorgeait de viande : veau, poulet, hot dogs, steaks. Katherine – qui était au régime – avait cessé de discuter du problème avec Brenda. Celle-ci pesait près de cent kilos et aimait trop manger pour résister à la tentation de se bourrer de cakes, de pizzas et de crèmes glacées.

Pedro et Maria n'étaient pas pour autant mauvais, loin de là. Les amis de Katherine louaient souvent leur sérieux, leur bonne humeur et leur honnêteté, et cela avait toutes les chances d'être vrai. Elle n'avait d'ailleurs pas le temps d'éplucher la note de chez Gelson, que Pedro lui tendait poliment chaque dernier vendredi du mois, bien que son montant lui parût à chaque fois parfaitement grotesque. Cinq mille dollars en moyenne, c'est quand même un peu cher. Mais elle était une star, et les stars ne sont pas censées importuner leur personnel, ou passer au peigne fin leur note d'épicerie.

Katherine finit sa seconde vodka et se dirigea avec lassitude vers le fumoir. Il y avait une assiette de noix de cajou au centre de l'énorme table de malachite. Elle s'en fourra plusieurs dans la bouche – tant pis pour ce que son habilleuse dirait demain.

Le téléphone sonna : elle décrocha aussitôt. C'était Steven.

– Bonsoir, superbe créature ! Comment ça va ?

– Steve ! Bonsoir ! Merci de ton message.

– J'aurais bien voulu être là.

– C'était de la folie pure ! Tellement fou, à vrai dire, que tu aurais adoré ça.

– Oui, j'aurais pu m'en servir pour les scènes au tribunal. Tu es sûre de pouvoir travailler demain ?

– Oui, oui, tout va bien, répondit Katherine en se servant une troisième vodka. Tout est O.K. Le travail me fera du bien.

Elle se rendit compte qu'elle bafouillait un peu, ce qui la fit glousser.

– Comment les autres se sont-ils débrouillés sans moi ?

– Comme d'habitude – cris, hurlements, accès de colère, toute la lyre –, mais pas de bagarres. Albert et Éléonore ont régné sur le plateau pendant toute la semaine. Ces deux-là ne t'aiment guère et, avec toute la publicité que tu t'es faite, ils te détestent encore plus.

– Inutile de me le dire ! Mais ce sera intéressant de voir comment ils se comporteront demain. Ils seront ravis de voir que j'ai une mine d'épouvantail. Steve, si seulement je ne m'étais pas laissée affecter à ce point par tout ça !

– Allons, allons ! Tu as été mariée vingt ans à ce type, Kitty. C'est humain.

– Oui, bien sûr, répondit Katherine en se fourrant dans la bouche une nouvelle poignée de noix de cajou.

– Comment est-ce que Tommy prend ça ?

– Mal. Il est furieux contre moi. Il est allé assister au match des Lakers avec Brenda.

– Ah ! il est jeune, il sortira de tout ça. Écoute, Kitty, ne t'inquiète pas, prends un Valium et essaie de dormir. Ou bien préfères-tu passer chez nous ?

– Non, merci. Je viens juste de manger un œuf à la coque et deux livres de noix de cajou. Je ferais mieux d'aller dormir, je ne veux pas avoir l'air d'un tonneau demain.

– Kitty, tu es superbe et les gens t'adorent, n'oublie jamais ça. A demain, sur le plateau.

Katherine raccrocha et, prenant son verre, se promena dans la pièce, examinant de vieilles photos d'elle, de Johnny et de Tommy, exposées dans des cadres d'argent. Une famille heureuse... Un rire bruyant vint l'arracher à la tristesse de ses pensées. Brenda était de retour ! Katherine traversa le séjour et poussa les portes battantes de la cuisine.

– Je te croyais avec Tommy ! lança-t-elle – jamais elle n'avait été aussi heureuse de la voir.

– Il est parti avec un copain après le match, expliqua Brenda, attablée avec les deux Mexicains. Je viens de rentrer, et Pedro et Maria m'ont préparé un petit en-cas.

Il y avait sur la table une montagne de pâtes et de salade. L'odeur était si délicieuse que Katherine eut envie de s'asseoir avec eux et d'en dévorer une pleine assiettée.

Elle avait faim en permanence. Mais il lui fallait toujours rester près de quatre kilos en dessous de son poids normal : la caméra arrondit toujours le visage d'une femme.

– Avec qui est-il parti ?

– Avec ce gamin de Westwood dont la mère présente je ne sais plus quel jeu télévisé, dit Brenda dédaigneusement.

– Todd ?

– Oui, c'est ça. Todd était avec nous pendant le match, occupé à flirter avec deux filles.

– Je crois que Tommy est assez grand pour s'y intéresser aussi.

– Oui, c'est un grand garçon ! Seize ans dans deux mois ! Quel genre de soirée d'anniversaire donnerons-nous ? Le genre *Playboy*, avec des bunnies partout ?

– Nous ferons tout ce que voudra Tommy, dit Katherine en souriant.

Il lui était difficile d'admettre que son fils était désormais un jeune homme.

– Tu vas l'attendre ? reprit-elle.

– Bien sûr ! dit Brenda. Kitty, tu te fais trop de soucis, comme si tu n'en avais pas assez comme ça ! Tu veux que je te donne la réplique pour préparer la scène de demain ?

– Non, merci. Je l'étudierai dans la voiture en partant pour le studio. C'est une scène avec Éléonore, rien de difficile, on a déjà fait ça des milliers de fois.

Embrassant Brenda sur la joue, Katherine dit bonsoir à tout le monde et se dirigea vers sa chambre en emportant avec elle une bouteille de vodka. Ce soir, elle n'aurait pas d'autre compagnie.

Todd Evans et Tommy Bennett descendaient Van Nuys Boulevard dans une BMW noire que Tommy conduisait beaucoup trop vite.

– Ralentis, bon sang ! hurla Todd. Les flics vont nous tomber dessus.

– Trouillard ! lança son compagnon, évitant de peu un motocycliste, lequel tendit le poing en hurlant des insanités qu'ils n'entendirent pas.

Tommy éclata de rire et but une gorgée de Budweiser. Todd jeta un nouveau regard anxieux dans le rétroviseur.

– Tu devrais me laisser conduire. Si mon père apprend que je t'ai laissé le volant de sa voiture, ça va chauffer.

– Écoute, c'est moi qui ai gagné le pari, et tu m'as promis que tu me laisserais conduire.

Tommy acheva sa bière, écrasa dans sa main la boîte en fer-blanc et la jeta par la vitre, manquant de peu un piéton, et appuya sur l'accélérateur.

– Et si on se trouvait des nénettes ?

– Et où penses-tu en dénicher sur Van Nuys Boulevard à cette heure-ci ?

– Là, par exemple, répondit Tommy en désignant d'un signe de tête un bar éclairé au néon, devant lequel traînaient quelques adolescents. On a toutes les chances d'y dégoter des lycéennes, et peut-être même une ou deux profs.

– D'accord, allons-y, dit Todd en toute hâte.

Tout valait mieux que de laisser Tommy au volant.

Ce dernier se gara à grands crissements de pneus. Todd frémit : son père allait se rendre compte que quelqu'un avait fait joujou avec sa voiture. Et si lui avait son permis, ce n'était pas le cas de Tommy, trop jeune de deux mois : que la police le pince à conduire, et tous deux étaient bons pour de sérieux ennuis.

L'Edelweiss était bondé. Il y régnait une odeur de bière, de fumée de cigarettes et de ces parfums bon marché qu'affectionnent les adolescentes. Les deux jeunes gens parvinrent à grand peine jusqu'au bar, où ils commandèrent deux bières avant de contempler l'assistance avec ce qu'ils imaginaient être une expression blasée. Tous deux étaient grands et avenants ; certaines des filles leur jetèrent un regard et échangèrent des clins d'œil en gloussant. Tommy avait les cheveux noirs et les yeux verts de sa mère. Pour le reste, il portait l'uniforme habituel des adolescents : blue-jean douteux, T-shirt et blouson de cuir noir. Todd avait de longs cheveux bruns et, avec ses lunettes et sa veste de tweed, s'imaginait être une sorte de Woody Allen en plus sexy, et moins dégarni.

Ils étaient là depuis dix minutes quand une petite brune retint l'attention de Tommy.

– Vise-moi un peu ça, chuchota-t-il.

– Super, répondit Todd sur le même ton. Vraiment super.

– Je crois que je vais y aller, dit Tommy avec cette confiance en soi qu'on acquiert sans peine au bout de six Budweiser.

– Elle a l'air accompagnée, chuchota Todd d'un ton préoccupé.

La jeune fille était avec deux garçons.

– Et alors ? Je suis plus grand qu'eux.

Mais beaucoup plus jeune, songea Todd. L'un des deux doit avoir au moins dix-huit ans !

Tommy vida son verre, commanda deux autres bières qu'il régla, et s'avança lentement vers la fille. C'était une très jolie brune d'environ dix-sept ans, dotée de longs cheveux auburn et d'yeux pâles – comme ceux de sa mère.

Sa mère. La droguée du boulot. Ces derniers temps, elle ne s'était pas intéressée à lui un seul instant. On aurait dit qu'elle ne pensait qu'à sa carrière, à ses vêtements, à son image. Dire qu'ils avaient été si heureux à New York. Parfois Tommy pensait que c'était elle qui avait transformé son père – si chaleureux, si bon, et bien meilleur acteur qu'elle – en épave. Il préférait ne pas songer au divorce de ses parents : cela le mettait en fureur, à tel point qu'il lui venait l'envie de frapper quelqu'un.

Comme il approchait de la table où la fille était assise avec une amie, un des deux hommes, grand et maigre, vint s'interposer :

– T'as un problème, mec ?

Tommy lui jeta un regard arrogant :

– Je crois que je connais cette jeune personne. Jennie ? lança-t-il par-dessus le vacarme du juke-box.

– Oui, dit l'intéressée d'une voix froide. Et alors ?

– Je suis Tommy Bennett, on était ensemble au lycée.

– Je t'ai dit de dégager, tête de nœud, reprit l'adversaire de Tommy en posant sur sa poitrine un poing énorme.

– Retire tes sales pattes, répondit Tommy d'une voix qu'il voulait menaçante. Et tout de suite, sinon tu cours aux ennuis.

– Ah bon ? Avec qui, toi ? Petit connard ! Tu ne ferais pas peur à une mouche.

Tommy lui décocha un coup de poing et tout le monde se tourna vers eux : une bonne bagarre par un morne jeudi soir, rien de tel pour rompre la monotonie ! En quelques secondes les deux adolescents échangèrent force coups, tandis que les filles couraient en tous sens en poussant des cris aigus.

– Je vais te faire la peau, petit taré ! hurla l'adversaire de Tommy.

De l'autre côté du bar, le patron de l'établissement leva les yeux au ciel et, s'emparant du téléphone, composa le numéro de la police.

Katherine était assise devant sa coiffeuse, se brossant les cheveux comme sa mère le lui avait appris dès qu'elle eut trois ans : cent coups de brosse chaque soir. Elle contempla d'un regard vide son reflet dans le miroir, et ce qu'elle vit ne lui plut guère. Sa peau était blafarde, ses yeux cernés et gonflés, à cause des larmes qu'elle versait depuis des mois. Bref, elle faisait vraiment ses quarante-trois ans. Certes, la magie des éclairages de Jasper pourrait effacer la plus grosse part des dégâts, mais sa lassitude posait comme un voile sur ses traits. Il n'y avait ni lumière ni feu dans son regard.

Il lui fallait pourtant venir à bout du rituel. Elle appliqua vigoureusement sur sa peau une crème à soixante dollars, en insistant tout particulièrement sur la zone située juste en dessous du menton, qui lui paraissait devenir flasque, puis se leva et, dents serrées, fit cent pompes de suite. Elle était censée les faire chaque soir, mais elle les avait négligées à plusieurs reprises la semaine précédente. Ses abdominaux la firent bientôt souffrir – des muscles qui ne tarderaient pas à se transformer en graisse si elle n'y travaillait pas régulièrement. Bien que se sentant fatiguée au point de pouvoir à peine se tenir debout, elle prit ses haltères et, se contemplant d'un air lugubre dans les miroirs de la pièce, les souleva à cinquante reprises.

Puis, elle se dirigea vers le lit en titubant, rampa sur le nid de dentelle et de soie rose, ferma les yeux en priant pour que le sommeil survienne. Mais elle était épuisée ; les images du tribunal ne cessaient de danser devant ses yeux. Ouvrant le tiroir de la table de chevet, elle y prit une pilule qu'elle avala avec un soupir résigné. Elle finit sa vodka, s'étendit et attendit que l'oubli efface tout.

La sonnerie du téléphone la tira d'un profond sommeil. C'était Pedro sur la ligne intérieure.

– Désolé de vous déranger, *señora*, mais c'est la police. Ils disent qu'ils veulent vous parler en personne.

– La police ? dit Katherine qui, secouant la tête, se redressa sur le lit. Pourquoi ?

– Ils n'ont pas dit, *señora*. Mais ils veulent vous parler.

– Merci.

Elle appuya sur le bouton de la prise d'appel et, pleine d'appréhension, dit :

– Allô !

– Madame Katherine Bennett ?

– Oui.

– Nous avons ici un nommé Thomas John Bennett qui déclare être votre fils.

– Qu'est-ce qui lui est arrivé ? dit-elle d'une voix terrifiée.

– Il est en état d'arrestation, madame Bennett, et il faudrait que vous passiez immédiatement au commissariat, 7789 Van Nuys Boulevard.

– J'arrive, dit Katherine soudain dégrisée. Il est blessé ? Il va bien, au moins ?

Mais on avait déjà raccroché.

2

Katherine se levait ordinairement à quatre heures trente du matin, afin de se préparer pour la journée de tournage qui l'attendait. C'était bientôt l'heure. Elle resta immobile, perplexe et ne sachant que décider. Se rendre à Van Nuys Boulevard et tirer Tommy de là (elle frémissait à la pensée de ce qu'il avait pu faire) ? Mais alors, elle serait en retard au studio, qui se trouvait très exactement dans la direction opposée.

Kitty risquait gros et ne l'ignorait pas. Ses patrons ne se préoccupaient nullement de la vie privée de leurs stars : devoir lui accorder quatre jours pour son divorce les avait considérablement agacés. Cela voulait dire reporter les scènes où elle apparaissait, donc de gros problèmes de réaménagement du planning. Il fallait six jours pour tourner un épisode des *Skeffington.* Elle savait que le producteur avait regroupées ses scènes sur deux jours ; il lui serait donc nécessaire d'être là. Mais Katherine devait aussi être là pour Tommy, à qui elle tenait plus que tout – et encore plus depuis le divorce. Elle se décida. Il était urgent qu'elle voie son fils. Tant pis pour le studio.

On frappa à la porte : Maria fit son apparition, tenant un plateau sur lequel étaient déposés un expresso, des mangues et du jus de fruits.

– Est-ce que la *señora* sera prête à cinq heures pour la voiture ?

– Oui, Maria. Dites à Sam que nous n'allons pas au studio, mais au commissariat de Van Nuys Boulevard. Demandez-lui s'il sait où ça se trouve.

– *Si, señora.*

Katherine enfila un jean et un T-shirt, puis avala son café et composa un numéro de téléphone.

– Allô ! dit une voix grave.

– Ben ?

– Oui. Katherine, qu'est-ce qui se passe ? demanda le manager d'un ton plus bougon encore que d'habitude.

– Ben, j'ai un très gros problème.

Elle hésita : Ben devait tout rapporter aux producteurs, et elle soupçonnait que l'un d'eux avait une ligne directe avec la plus grosse feuille à scandale du pays, le *National Sun.*

– Ben, je ne peux pas venir avant une heure ou deux. C'est vraiment urgent, et très important. C'est une affaire de famille.

– Une affaire de famille ? Kathy, il n'y a rien de plus important que d'être maquillée dans trois quarts d'heure, et sur le plateau à sept heures. Tu as été absente quatre jours, aujourd'hui nous devons filmer en extérieur à l'aéroport, et, avec ce temps pourri, nous ne pouvons pas prendre le moindre risque. On a besoin de toi, et en vitesse.

– Mais je ne joue que dans trois scènes, trois scènes, et il y en a cinq ! Est-ce que tu peux m'accorder une heure ? Ben, je t'en prie, c'est vraiment urgent.

Ben resta de marbre :

– Katherine, écoute, tu t'es absentée quatre jours pour ton foutu divorce. La chaîne nous pompe l'air pour finir ces deux épisodes, alors on a mis tes scènes de côté. Mais ce coup-ci on est au bout du rouleau. Si on ne les tourne pas aujourd'hui, plus cinq autres que le monteur nous réclame, on sera dans la mouise avant d'avoir compris. Qu'est-ce qu'il peut y avoir de plus important que ça ?

– Rien, dit Kitty à contrecœur. D'accord, Ben. Je serai là à l'heure, je te le promets.

– Tu as intérêt ! lança-t-il avant de raccrocher.

Elle appela Brenda par le téléphone intérieur.

– Qui est-ce ?

– Brenda, désolée de te réveiller, mais il arrivé quelque chose à Tommy.

– A Tommy ? Quoi donc ?

– Ne crie pas ! La police vient d'appeler. Tommy est en état d'arrestation, il faut que quelqu'un aille le sortir de là, et ce fichu studio ne veut pas me lâcher.

– Pas besoin d'en dire plus ! Je m'en charge. Pourquoi l'ont-ils arrêté ?

– Ils n'ont pas voulu me le dire. J'espère qu'il n'y a rien de grave ! Je garderai mon portable à côté de moi en permanence, tu pourras me téléphoner dès que tu sauras. Tu as le chéquier ?

– Oui. J'y vais tout de suite ! Et ne t'inquiète pas. Je te tiens au courant.

Katherine jeta un coup d'œil sur le réveil et s'immobilisa : il était près de cinq heures un quart. Il fallait qu'elle y aille, et séance tenante.

Dans la salle de maquillage, Éléonore Norman vit Katherine arriver en retard, la chevelure en bataille, l'air absent. Elle-même était déjà assise dans un fauteuil de cuir, les yeux mi-clos ; ses cheveux blonds – mais on commençait à voir les racines – étaient tirés en arrière en une vague queue de cheval.

– Bonjour, Éléonore, dit Katherine d'un ton froid.

– Bonjour, Katherine, répondit sa partenaire d'un ton plus glacial encore.

Venue d'Angleterre encore enfant, au début des années 50, Éléonore Norman n'avait pas tardé à devenir une des stars de l'écran. Depuis cette époque, les ragots ne cessaient de la poursuivre. Tout le monde se demandait comment diable une mioche anglaise parfaitement inconnue avait pu décrocher le premier rôle dans *Heidi*, alors que de New York à Los Angeles toutes les gamines du pays se battaient pour l'avoir depuis des mois.

Des rumeurs ignobles affirmaient que sa mère – veuve coriace à la langue acérée – n'avait pas hésité à l'offrir tout entière au producteur de Palladium Pictures. Personne n'avait jamais rien pu prouver, mais nul n'ignorait que mère et fille passaient souvent le week-end dans la demeure de Fritz Pallenberg à Bel Air – et qu'elles en étaient d'ordinaire les seules visiteuses.

C'était trente ans auparavant. La mère d'Éléonore était morte, comme le producteur, mais le scandale s'attachait toujours à ses pas. Elle n'avait jamais confié à personne ce qui s'était passé entre elle et Pallenberg, pédophile notoire. Parfois, elle se réveillait en sursaut, affolée, en nage, suite à un cauchemar qui réveillait ses vieux démons. Mais elle avait à peu près réussi à vivre avec eux, et Dirk, son amant, faisait de son mieux pour les tenir à l'écart.

Son maquillage mis au point, Éléonore passa dans la pièce voisine pour s'y faire coiffer, se versa un peu de café dans un gobelet en plastique, puis s'empara de l'édition du matin de *Variety*, qu'elle feuilleta négligemment avant de se plonger dans la rubrique des potins d'Army Archard :

> *Selon des rumeurs en provenance des plateaux où l'on tourne* Les Skeffington, *le gros succès d'ABN pour la troisième année consécutive, l'interprétation de Katherine Bennett cette saison pourrait bien lui valoir un Emmy. D'après nos informations, elle se révèle sensationnelle dans le rôle de la belle Sudiste dépravée, au point de faire oublier Scarlett O'Hara. A suivre de très près !*

Éléonore écrasa son gobelet, qu'elle jeta dans une poubelle. Quelle garce ! Comment un tel article pouvait-il paraître ? Elle était l'héroïne, et la principale interprète féminine, des *Skeffington* : Albert et elle en étaient les piliers, Katherine Bennett n'était censée jouer que les seconds rôles. Mais les scénarios semblaient vouloir lui accorder de plus en plus d'importance. Elle avait de plus en plus de scènes, de plus en plus de dialogues, comme si son personnage prenait davantage de poids. Jetant *Variety* dans un coin, Éléonore sortit le script de son sac et y jeta un rapide coup d'œil. Le temps d'en avoir terminé, elle était furieuse.

Katherine avait au moins trente à quarante lignes de plus qu'Albert ou elle. Comment les producteurs pouvaient-ils oser ? Avait-elle souffert toute sa vie au cinéma pour jouer les seconds couteaux auprès d'une vague actrice de Broadway ? les jours, les mois, les années interminables de son enfance n'avaient donc servi à rien ?

Éléonore frémit en se souvenant de l'enfant actrice qu'elle avait été. Elle avait dû se donner tant de mal pour satisfaire tout le monde, et surtout sa mère ! Elles n'avaient plus de famille, et guère d'amis. L'instinct maternel de Jemina Norman se réduisait à une farouche ambition pour sa fille. Quand Éléonore atteignit sa majorité, elle avait le teint de pêche et de crème d'une rose anglaise, mais intérieurement elle était aussi dure et coriace qu'un brodequin militaire. Ce qui valait mieux car, si le public voyait toujours en elle une star, Hollywood la considérait comme une *has been*, qui n'avait tourné que de rares films, pendant son adolescence. Tout l'argent qu'elle avait gagné avait disparu, sa mère, volontiers prodigue, n'ayant pas compris que la carrière d'une enfant est brève. Elle fut donc réduite aux séries télé sans prestige, aux emplois d'hôtesse dans des talk-shows.

Sa chance tourna avec le rôle de Candice Skeffington. Elle redevint célèbre et se jura de ne plus jamais jouer les seconds rôles auprès de qui que ce soit – en particulier une vague théâtreuse new-yorkaise.

– Bonjour, très chère.

La silhouette imposante d'Albert Amory fit son entrée dans la pièce. Sa perruque auburn était mouchetée d'argent, et un épais maquillage orangé dissimulait le réseau de rides qui lui couvrait le visage. Ses yeux étaient vifs, sa bouche sardonique. Il avait l'air d'un vieux chêne : solide, invincible.

– Éléonore, comment vas-tu par cette belle journée ?

– Très bien, Albert, merci. Ou plutôt j'allais bien avant de lire ça.

Chaussant ses lunettes, l'acteur lut l'article en fronçant les sourcils.

– Et elle a au moins quarante lignes de plus que moi dans l'épisode de la semaine prochaine ! Al, qu'allons-nous faire ?

– Ne m'appelle jamais Al ! gronda-t-il.

– Excuse-moi, j'avais oublié.

Elle lui caressa la main, en s'efforçant de ne pas en ôter le maquillage qui en recouvrait presque entièrement, mais pas tout à fait, les taches brunes.

– Albert, que pouvons-nous faire ?

– Nous trouverons bien quelque chose. Après tout, c'est nous les vedettes du feuilleton ! Nous sommes les Skeffington, j'en suis le patriarche et tu es ma femme.

Albert parlait des personnages du feuilleton comme s'il s'était agi de sa propre famille. Près de quarante ans passés dans les théâtres anglais, à jouer toutes sortes de rôles, des maîtres d'hôtel aux rois, lui avaient donné assez de stature pour incarner celui-là à la perfection. La célébrité lui était venue assez tard, et il était bien décidé à ne plus jamais la laisser s'enfuir.

– Et nous en resterons les vedettes, ma chère, conclut-il. Quoi qu'il faille faire.

Katherine relut son rôle tandis que Blackie, le maquilleur, faisait de son mieux pour réparer les dégâts sur son visage las.

Cela faisait si longtemps que George Black travaillait pour le studio que personne ne se rappelait plus depuis quand. Dans les années 40, un accident lui avait coûté un œil, et mis un terme à une carrière de cascadeur prometteuse. Après l'avoir dédommagé, les producteurs lui avaient offert de travailler au département maquillage.

Il fut vite surnommé Blackie, à cause de ses cheveux noirs, de son teint basané et du bandeau qui couvrait son orbite vide. Il paraissait sortir d'un film de pirates de la grande époque, et pourtant il était d'un tempérament très doux et protecteur : il savait toujours prêter une oreille compatissante aux malheurs des actrices qu'il maquillait chaque jour. Bien entendu, il avait ses préférées. Katherine était du nombre et s'était confiée à lui plus d'une fois.

Le script prévoyait que Georgia Skeffington se rendait en Alaska pour un voyage d'affaires ; la première scène la verrait arriver dans son jet privé. Katherine avait laissé Maximilian, le costumier, faire à son idée pour sa garde-robe. D'ordinaire, elle veillait au grain, parce qu'il avait tendance à exagérer un peu – mais ces derniers temps son divorce l'avait entièrement absorbée.

Une fois maquillée et coiffée, le chauffeur du studio la conduisit vers un petit aéroport privé dans les faubourgs de L.A. Kitty serrait son téléphone portable, vérifiant toutes les cinq minutes qu'il était en état de marche, mais Brenda n'appelait toujours pas et elle se sentait de plus en plus nerveuse.

Le ciel de juillet était d'un bleu pâle zébré de nuages. Il faisait encore frais, bien qu'on sentît déjà venir une chaleur étouffante.

– Il paraît que la journée va être abominable ! soupira Blackie. Eddie et Maria m'ont dit qu'hier il faisait si chaud dans la vallée que l'eau de leur piscine s'évaporait !

– Espérons que Maximilian en a tenu compte pour ce que je porterai !

Maximilian – personne ne connaissait son nom de famille – était depuis longtemps l'un des costumiers les plus célèbres d'Hollywood, et le succès des *Skeffington* n'avait fait qu'accroître sa renommée. Cet Espagnol d'âge mûr ne se vêtait jamais, à l'européenne, que de complets immaculés. Son épaisse chevelure était d'un noir de jais, sa peau bronzée, mais sans une ride – Maximilian traitant son visage comme s'il était en porcelaine. Il était l'incarnation même de la perfection, et comptait bien qu'il en soit de même pour les actrices dont il s'occupait.

Ce jour-là, il lui lança un grand sourire plein d'orgueil :

– *Corazón,* je suis désolé ! Il se pourrait que cette tenue soit un peu chaude pour la scène d'aujourd'hui. Mais après tout, elle revient d'Alaska, non ? Est-ce que ça te plaît ?

Katherine contempla l'ensemble que Becky, l'habilleuse, tenait à bout de bras. Une robe longue de cachemire rouge vif, avec un col montant et des manches bordées de fourrure, le tout recouvert d'une lourde cape de laine rouge, elle-même bordée d'astrakan noir. Sans compter une toque elle aussi en astrakan, des gants de cuir rouge, des bottes montant jusqu'aux genoux.

– Mais ça pèse une tonne ! s'écria-t-elle en prenant le costume que Becky lui tendait.

– *Corazón,* tu ne le porteras qu'aujourd'hui. Pour le reste de l'épisode, je t'ai choisi des petites robes de mousseline toutes flottantes.

– Très bien ! Sur des plateaux où il y a l'air conditionné, je suis en robe de mousseline, et dehors par 35°, je suis en cachemire ! Bien vu, Maximilian.

L'homme de l'art et son assistante échangèrent des regards peinés.

– Bon, bon, je plaisantais. Je le mettrai, évidemment. Tout le monde sait qu'il faut souffrir pour l'art. Allons-y,

Becky ; ils sont prêts à répéter, et il ne faut pas faire attendre le grand tragédien anglais.

Tout le monde éclata de rire.

– *Corazón,* dit Maximilian, si on pariait que le vieux taré a encore oublié son texte ?

Le téléphone portable de Kathy sonna alors qu'elle venait juste de se coiffer de la toque en astrakan. La voix paraissait lointaine, la ligne étant mauvaise, mais elle reconnut Brenda :

– Kitty ? je suis au commissariat depuis trois heures, mais ces salauds ne veulent pas relâcher Tommy.

– Et pourquoi ? Ils devront bien, si on paie la caution ? Ils refusent ?

– Oui. Et ils ne veulent pas me dire pourquoi.

On frappa à la porte.

– Katherine, c'est à toi ! Le metteur en scène dit qu'il va falloir se dépêcher !

– J'arrive ! Brenda, écoute-moi. Qu'est-ce que Tommy a fait ?

– Il s'est battu dans un bar avec un autre gamin. Ça n'a pas l'air très grave, sauf que les flics disent qu'il avait bu.

– Est-ce que l'autre a porté plainte ?

– Personne ne veut rien me dire ! lança Brenda d'un ton furieux. Je l'ai vu, il va bien, mais ils ne veulent pas le laisser sortir sans un avocat et un mot de toi.

– Mon Dieu, mon Dieu, qu'est-ce que nous allons faire ?

On frappa plus fort à la porte, et la voix de Ben lança :

– Katherine, bon sang, toute l'équipe attend dehors, par 35° !

– Rien qu'une seconde ! J'essaie d'entrer dans ce fichu costume !

Puis elle baissa la voix :

– Brenda, j'ai déjà essayé d'appeler mon avocat, mais il est à New York. Je suis tombée sur son répondeur et je ne connais pas le numéro de son associé ! Il va falloir que je demande à Steven, il est le seul qui puisse m'aider. C'est de la folie, ici !

– Il n'y a pas de quoi rire ici non plus. Kitty, Tommy est vraiment aux cent coups, je ne l'ai jamais vu comme ça. Il pleure toutes les larmes de son corps, mais il est aussi très agressif. Il veut sortir de là, et il y a de quoi ! Tu ne peux pas savoir avec qui il a passé sa nuit en cellule ! Des vendeurs de dope, des maquereaux, des clochards... Il va falloir le désinfecter avant de le ramener à la maison !

Il y eut un coup très violent à la porte, qui s'ouvrit toute grande, révélant Buzz Smith, ex-vedette moustachue du temps de *Starsky et Hutch*, qui devait mettre en scène l'épisode des *Skeffington* de cette semaine-là. Il s'avança et se mit à hurler :

– Bon Dieu, Kathy, tu te prends pour qui, à nous faire attendre comme ça ? Il est à peine huit heures du matin, on crève déjà de chaud, et ça fait un quart d'heure qu'on t'attend ! On a cinq scènes à finir ! Bouge-toi le cul, sinon il va falloir que je téléphone à la chaîne !

– Il faut que j'y aille, Brenda, dit Kathy en essayant de réprimer la panique qu'elle sentait monter dans sa voix. Je trouvérai Steven et lui demanderai de passer au commissariat, je suis sûre qu'il s'occupera de tout. Mais surtout reste là-bas !

– Pas question que je m'en aille ! Tommy a peut-être fait des bêtises, mais il ne méritait pas ça !

– Appelle-moi quand tu sauras quelque chose, à n'importe quel moment. Je garde le portable à portée de main.

Katherine attendait, dans la cabine du Learjet, que le mot magique, « Action ! », la libère enfin de cette rôtissoire dont elle était prisonnière. La sueur lui coulait dans le dos, s'arrêtant à sa taille, prisonnière d'une ceinture horriblement serrée. Il faisait si chaud qu'elle avait l'impression de sentir fondre son mascara. Une mouche bleue venue d'on ne sait où s'en prenait à son visage. La maquilleuse avait laissé à Kathy un miroir et de la poudre pour réparer les dégâts, mais chaque fois qu'elle se repoudrait, elle était de nouveau trempée moins de cinq minutes après.

Puis vint le mot magique.

– Aaaction ! hurla Buzz depuis le tarmac, et aussitôt les deux figurants qui jouaient le pilote et le copilote parurent s'animer ; ils ouvrirent la porte de l'appareil à l'intention de Katherine.

Elle s'arrêta en haut des marches, respirant avec gratitude l'air du dehors, bien qu'il fût brûlant, et jeta autour d'elle le regard hautain qu'exigeait son rôle. Puis, montée sur des talons aiguilles de près de dix centimètres, elle descendit les marches avec une lenteur étudiée, avant de venir saluer Albert Amory, à qui cette atmosphère de sauna valait bien des problèmes. Sa perruque, fixée sur son crâne chauve par une colle spéciale, ne cessait de bâiller à l'arrière, et sa fine moustache noire, un peu militaire, si soigneusement peignée d'habitude, pendouillait misérablement. Aussi avait-il massacré son texte quatre fois de suite. La cinquième prise ne déçut pas l'assistance. Il était censé commencer par :

– Georgia ! Comment vas-tu ? Tu es plus belle que jamais !

Cela fait, Buzz pourrait se dispenser des plans généraux, et passer aux gros plans ; ce qui libérerait Katherine de son grille-pain volant. Mais une fois de plus, Albert se trompa :

– Georgia, qu'est-ce que tu fais ici ? lança-t-il d'une voix de stentor – alors que le personnage qu'il incarnait était censé être venu à l'aéroport exprès pour la rencontrer !

– Coupez ! hurla Buzz. Albert, bon Dieu, suis ton texte !

Le metteur en scène était aussi agacé que le reste de l'équipe. Tout cela leur coûtait un temps précieux, sans parler des frais de location de l'avion – trois mille cinq cents dollars de l'heure, ce qui était censé être une affaire...

– Qu'est-ce qui ne va pas, bon Dieu ? poursuivit Buzz. Tu as une seule réplique, bon sang de bonsoir, et tu n'es pas foutu de la dire correctement !

– Désolé, mon vieux, désolé, répondit Albert, en lançant ce qu'il croyait être un sourire irrésistible, tandis que le coiffeur, la maquilleuse et l'habilleuse venaient réparer les dégâts. Katherine resta sur les marches, stoïque. Pas question de s'en mêler. Elle était gênée pour lui, mais il lui fallait garder des réserves pour quand elle rentrerait dans l'avion, et le sort de Tommy l'inquiétait toujours autant.

Albert multiplia les excuses tandis que la maquilleuse s'en prenait avec vigueur à sa perruque, qui paraissait vouloir résister.

– Bon Dieu, il est filmé de si loin qu'on ne verra pas s'il porte une perruque ou un sombrero ! explosa Buzz. Lâchez-le une bonne fois pour toutes ! Si on ne met pas la scène en boîte, on va voir tous les pontes du studio débarquer pour nous botter le cul !

Katherine remonta paisiblement vers son sauna, tandis qu'Albert lui jetait un regard venimeux, et lui susurra d'une voix douce :

– Et cette fois-ci, ne te plante pas, vieux débris !

Ce que bien entendu il fit la fois d'après, et la suivante, mais Kathy ne pouvait se permettre de trahir sa peur et son exaspération. Il fallait qu'elle joue son rôle, celui de la hautaine Georgia, et non celui de Katherine Bennett.

Vint enfin le moment béni où, la scène tournée, Buzz put s'écrier :

– Coupez ! Bon Dieu, trois heures sur cette scène à la noix. Décor suivant !

Katherine alla s'asseoir dans la minuscule salle d'embarquement, parce que l'endroit était à peu près calme, et s'éventa en sirotant de l'eau glacée. Il faisait trop chaud pour discuter, c'est-à-dire échanger les banalités de rigueur sur un plateau de tournage. Au demeurant, elle attendait désespérément que le téléphone sonne.

Steven avait promis de s'occuper de tout, mais cela faisait des heures qu'il était parti.

– Katherine, on y va ! lança Charlie, le second assistant, avec son habituel sourire un peu tordu.

Elle se leva, serra autour d'elle la cape de fourrure qui lui donnait l'impression d'étouffer, et sortit en direction de la piste, dont le goudron semblait prêt à fondre.

En fin de matinée, elle se sentit au bord de l'hystérie. Elle avait essayé en vain de contacter son avocat, et appelé chez elle pour entendre Maria lui dire que ni Brenda ni Tommy n'étaient de retour.

L'équipe quitta l'aéroport pour s'installer dans une maison voisine. Vint l'heure du déjeuner. Kathy ôta son lourd costume, revêtit un léger kimono de coton, se noua une écharpe autour de la tête pour maintenir sa chevelure, et prit sa place, comme tout le monde, dans la file d'attente pour le buffet, installé sur des tables pliantes au milieu d'une petite clairière.

Des badauds curieux se rassemblèrent autour d'eux, certains désignèrent Katherine du doigt.

– C'est la Pêche de Georgie, lança une femme obèse en pantalon de survêtement décoré de tournesols. Elle n'a pas l'air très en forme, aujourd'hui ! ajouta-t-elle en gloussant à l'adresse de deux de ses amies, encore plus grosses qu'elle, et qui firent des commentaires peu flatteurs sur le kimono de Kathy.

Celle-ci savait qu'il valait mieux faire semblant de n'avoir rien entendu. Elle avait l'habitude : les gens parlaient d'elle en sa présence comme si elle n'existait pas, comme si elle n'était qu'une image sur leur écran de télévision. Aujourd'hui, de toute façon, elle ne pouvait penser qu'à Tommy. Pourquoi diable Steven ou Brenda n'avaient-ils pas appelé ? Que se passait-il donc ?

Elle vérifia pour la cinquantième fois les piles de son téléphone portable, puis arriva enfin à hauteur des tables et examina les salades, les pâtes et les viandes froides. En dépit de tout, elle mourait de faim, aussi chargea-t-elle son plateau. C'est à ce moment qu'elle s'entendit appeler :

– Katherine ! Kitty ! Kitty !

Elle se raidit. Deux hommes approchaient. Des journalistes, de toute évidence, et on lisait dans leurs yeux : scoop ! Katherine jeta un coup d'œil autour d'elle, cherchant un refuge, mais il n'y en avait nulle part. *Les Skeffington* avait beau être en tête des indices d'écoute, les mesures de sécurité demeuraient minimales, et rien n'empêchait les vedettes d'être importunées en public. Les lieux de tournage étaient choisis pour leur seul caractère pratique, sans que les acteurs aient droit à la moindre intimité. Elle avait dû s'y faire, comme le reste de l'équipe. De toute façon, pour les hommes en costume trois-pièces qui, sur Franklyn Boulevard, au cinquième étage d'un bâtiment aux vitres fumées, contrôlaient les finances de la chaîne, les acteurs étaient au mieux un simple équivalent des rasoirs jetables.

– Kitty, Kitty ! Nous venons tout juste d'apprendre que votre fils a été arrêté, il est au commissariat de Van Nuys ! Quels sont vos commentaires ? lança un des deux journalistes.

– Oui, intervint l'autre, il paraît qu'il s'est battu dans un bar avec un gars de son âge. Dites-nous ce que vous en pensez !

– Je n'ai rien à déclarer, dit-elle d'un ton sec. Laissez-moi tranquille.

Elle chercha des yeux l'attaché de presse du studio – lequel, comme d'habitude, n'était pas là. Pourquoi diable n'avait-elle pas demandé à être accompagnée de Kingsley, son agent de publicité personnel ? Serrant les dents, elle sortit de la file d'attente, posant son plateau sans y avoir touché, bien que son estomac protestât.

La pleureuse en chef de la chaîne 2 eut son sourire le plus charmeur :

– Courage, Kitty, vous n'êtes pas la seule mère dont le fils ait été arrêté. Quelle est votre réaction ?

Katherine respira profondément, consciente du fait qu'elle était obligée de dire quelque chose : quatre caméras étaient braquées sur elle.

– Comme n'importe quelle mère, je suis profondément bouleversée par l'arrestation de Tommy. Je ne suis pas encore au courant des faits, parce que le studio ne m'a pas laissée aller le voir.

Elle sentit la colère monter dans sa voix et s'efforça de se calmer :

– Je suis toutefois convaincue que, quoi qu'il ait pu se passer, Tommy ne s'est rendu coupable de rien, et j'espère qu'il sera libéré. Je serai toujours au côté de mon fils.

Elle s'éloigna en toute hâte, mais les journalistes la suivirent en la harcelant toujours. Katherine fit un signe à Charlie, qui survint et lança en souriant :

– Allez, les gars, la récré est terminée. Miss Bennett doit déjeuner, et ensuite on doit bosser, alors décampez !

Les journalistes s'éloignèrent en grommelant, tandis que Kitty entrait dans sa loge minuscule. Elle s'effondra sur le sofa et éclata en sanglots.

Blackie était en train d'achever de la maquiller quand le portable sonna.

– Kitty ! dit Steven, hors d'haleine. Ça y est ! Tommy est libre, je viens de le faire sortir, et il va bien, ne t'inquiète plus !

– Qu'est-ce qu'il a fait ?

– Une simple bagarre entre gamins dans un bar. Rien, vraiment ! Je suppose que les flics avaient besoin de « faire des crânes », comme ils disent. Je me suis occupé de tout, ne te tracasse pas. Retourne au boulot, et dis le texte que je t'ai écrit comme si c'était du Shakespeare !

– C'est l'heure, Kitty ! hurla Ben.

– Steve, qu'est-ce que je ferais sans toi ? On dirait que mon avocat a disparu sous terre.

– Comme d'habitude ! Plus tu as de gens qui travaillent pour toi, moins ils t'aident. Enfin, Tommy est rentré entier à la maison, et il t'attend en bon fils reconnaissant.

– Steve, jamais je ne pourrai te remercier.

– Les amis sont là pour ça, Kitty. Il est temps que tu ailles bosser, ma belle.

– J'y vais ! lança-t-elle.

Lorsque Katherine rentra en fin de journée, Brenda vint l'accueillir :

– Où est-il ?

– Il dort ! répondit Brenda en souriant. Le pauvre gamin n'a pas pu fermer l'œil de la nuit ! Tu ne peux pas imaginer ce que c'est ! On dirait un film d'épouvante !

Kathy fut déçue de ne pas voir son fils :

– Quand est-il allé se coucher ?

– Il y a une heure environ. Il voulait t'attendre, mais il était épuisé. La caution s'élevait à deux mille dollars, Steven s'en est occupé. C'est un véritable ami que tu as là.

– Tu l'as dit ! Et j'ai bien besoin d'amis, ces temps-ci. Katherine jeta un coup d'œil à sa montre : il était huit heures du soir.

– Brenda, tu veux manger un morceau avec moi ?

– Non, j'ai déjà dîné à la cuisine avec Tommy et les autres, mais je vais rester avec toi pendant que tu dévoreras une sole et des gâteaux de riz aux épinards. Je ne sais pas comment tu peux avaler ça ! conclut Brenda en frissonnant.

– Tu sais bien qu'une vedette de la télé doit peser cinq kilos de moins qu'un être humain normal.

– Hélas ! C'est vraiment dur d'être une vedette ! Oh ! à propos, j'ai reçu ceci pour toi.

Brenda tendit à Katherine une boîte en carton dorée.

– Qu'est-ce que c'est ?

– Aucune idée. Une surprise, sans doute !

Kitty en sortit un disque d'or encadré, sur un fond de velours rouge.

– C'est très mignon, tu ne crois pas ?

– Mmmm ! J'aurais préféré un bracelet ! Qu'est-ce que c'est comme disque ?

– C'est un vieux 78 tours, sans doute des années 30... La chanson s'appelle « J'ai trouvé une fille d'un million de dollars dans une boutique à cent sous » ! Et on lit sur la plaque de cuivre en dessous... « A Katherine Bennett, grande vedette et grande actrice, qui mérite bien plus qu'un million de dollars. »

– Passionnant ! dit Brenda, nullement impressionnée. J'en ai reçu un autrefois, de Tom Jones. Il disait qu'il était un de mes fans, et m'envoyait un de ses disques de platine. Je n'avais pas la moindre idée de ce que j'allais en faire. De qui ça vient ?

– Il n'y a qu'une carte sur laquelle on lit : « A la plus belle femme du monde, avec tout mon amour. »

– C'est follement original ! On a affaire soit à un Einstein, soit à un crétin !

– Ça me plaît, dit Katherine en déposant l'objet sur le manteau de la cheminée. C'est sans doute la seule chose qui dans la maison ne soit pas blanche ou argent ! Et d'ailleurs je n'ai jamais eu de disque d'or !

Brenda la serra dans ses bras avec affection :

– Je vais me coucher, j'ai bien besoin d'une bonne nuit de sommeil ! Ton fils sera sans doute debout dès l'aurore, et prêt à s'amuser avec ses jeux vidéo !

– Réveille-moi dès qu'il sera debout, Bren. Je veux vraiment le voir avant d'aller travailler. Heureusement, le boulot commence à huit heures, demain ! soupira Katherine. Si seulement je pouvais passer plus de temps avec lui !

– Tu fais de ton mieux, et tu ne peux pas faire plus. Bonne nuit, Kitty.

Restée seule dans l'immense pièce blanche, Katherine examina de nouveau le disque d'or.

– A la plus belle femme du monde... chuchota-t-elle.

Cela venait-il d'un vrai fan ? Ou d'un authentique malade mental qui serait fou d'elle ? En montant l'escalier menant à sa chambre si solitaire, elle se demanda qui pouvait être l'admirateur anonyme.

3

Tommy ouvrit lentement les yeux. Il avait un mauvais goût dans la bouche, son palais lui faisait mal, le sang lui battait aux tempes. Le petit jour filtrait à travers les rideaux tirés, éclairant faiblement ce que le décorateur de sa mère avait conçu comme la chambre d'adolescent idéale. Le coûteux mobilier suédois, l'énorme sofa rouge à rayures blanc et bleu n'étaient nullement à son goût, mais il avait plus ou moins réussi à les dissimuler sous une avalanche de vêtements sales, que Brenda s'était vu interdire de déplacer. Le papier peint était orné de voitures de course, que Tommy avait pareillement tenté de cacher en couvrant les murs de posters de ses chanteurs de rock préférés.

Il jeta un coup d'œil à sa pendule à quartz. 10 h 30 – il avait dormi quatorze heures d'affilée ! S'emparant de la télécommande, il alluma le poste et mit MTV. Un groupe de rap tournoyait à l'écran en chantant son dernier succès, qu'il reprit en chœur, tellement perdu dans la musique qu'il entendit à peine frapper à la porte.

– Je peux entrer ? demanda Brenda.

– Bien sûr !

Brenda portait, non sans peine, un énorme plateau, chargé de toutes les gâteries qu'on peut s'accorder au petit déjeuner.

– J'ai pensé que tu devais avoir faim ! dit-elle en tirant une table près de son lit. Alors je t'ai apporté un peu de tout.

– Merci, Bren. Ça a l'air bon !

Tous deux éclatèrent de rire.

Tommy avala son jus d'orange d'un trait, le fit suivre d'une papaye et de quelques fraises, puis demanda :

– Où est Maman ?

– Partie au studio. Elle était vraiment peinée de ne pas pouvoir te voir, mais j'ai refusé de te réveiller.

– Je le regrette aussi, dit-il en avalant trois œufs et une demi-livre de bacon, sans jamais quitter des yeux l'écran de télévision.

Brenda s'assit au bord du lit et lui jeta un regard un peu hésitant :

– Tu peux me dire ce qui s'est passé ?

– Pas maintenant, Bren. Ce n'était rien, en fait. Je me suis comporté comme un idiot, voilà tout. Tu sais ce qui se passe quand j'ai picolé. Je suis vraiment désolé.

– Combien de fois t'ai-je répété de ne pas boire ? Non seulement tu n'as pas encore l'âge légal pour ça, mais de surcroît ça fait ressortir ton mauvais côté.

– Je sais, je sais. Mais je ne peux pas être le seul de ma bande à ne pas boire. Et d'ailleurs, Bren, qu'est-ce que tu veux que je fasse d'autre ici, à part regarder la télé ?

– Si tu avais un peu de cervelle, tu ferais quelque chose de ton temps, comme nous lorsque nous avions ton âge, au lieu de le gaspiller bêtement.

– Oui, oui, bien sûr... dessiner, monter des maquettes d'avion... C'était bon pour le Moyen Age, ça. C'était avant MTV.

– Tommy Bennett, tu veux trop faire le malin, et il serait grand temps que tu la fermes un peu. Ta mère est très inquiète, à tel point qu'elle a à peine dormi.

– C'est moi qui devrais m'inquiéter ! répliqua Tommy en venant à bout de ce qui restait des œufs. Bren, elle se fout éperdument de ce qui peut m'arriver, tu le sais bien. Elle ne s'intéresse qu'à sa carrière débile, à sa publicité débile, à ses belles robes... C'est à cause de ça que Papa s'est mis à picoler : Maman ne se soucie que d'elle-même.

– Tommy, comment oses-tu dire une chose pareille ? Tu sais bien que ça n'est pas vrai ! Ta mère t'adore, mais son travail est épuisant, et personne ne sait mieux que moi à quel point c'est difficile.

– Oui, oui, oui, répondit le jeune homme en bâillant. Écoute, je ne vois pas ce qu'il y a de difficile à parader devant la caméra, couverte de maquillage, vêtue de façon ridicule, à balancer des répliques idiotes. Tout ça est complètement naze, et c'est à cause d'elle et de ce feuilleton crétin que Papa s'est conduit comme il l'a fait.

– Tommy, répliqua Brenda d'un ton ferme, c'est toi le crétin. Tu n'es qu'un irresponsable et tu ne penses qu'à toi. Et qu'est-ce que ton père, d'après toi, aurait fait par la faute de ta mère ?

Tommy lui jeta un regard mauvais.

– Tu sais parfaitement de quoi je parle. Je me sens fatigué, je vais me recoucher.

Il monta encore le son de la télé, s'étendit et ferma les yeux.

S'emparant du plateau vide, Brenda hurla par-dessus le vacarme :

– D'accord, rendors-toi ! Ça te fera du bien de cuver un peu ! Mais je vais te dire une chose, Tommy Bennett. Ton père a commencé à lever le coude bien avant que ta mère devienne célèbre. Je te le dis parce qu'il est temps que tu saches la vérité et que tu cesses de la rendre responsable de tout.

Tommy se couvrit la tête du drap :

– Brenda, je ne veux pas en entendre davantage. Je suis fatigué, laisse-moi tranquille !

Brenda était déjà près de la porte. Elle fit volte-face :

– Tommy, un jour tu comprendras, dit-elle d'une voix basse, mais furieuse. Et peut-être qu'alors tu te rendras compte à quel point ta mère se soucie de toi.

– Mandy, où est ma chemise bleue ? lança Steven Leigh en sortant de la salle de bains, une serviette autour de la tête. Il était en retard, comme d'habitude.

Mandy reproduisait avec le plus grand soin les mouvements que, sur l'écran de télévision, le professeur d'aérobic exécutait. Sans détourner la tête, elle répondit :

– Là où elle est d'habitude ! Second tiroir à partir de la gauche, sous la jaune !

C'était une jolie blonde d'une trentaine d'années, qui avait conservé le visage rond, un peu enfantin, et les grands yeux bleus rêveurs qui, quelques années auparavant, avaient séduit Steve. Elle était alors secrétaire, et lui scénariste débutant. Ils étaient vite tombés amoureux et, à peine un an plus tard, elle lui avait donné deux jumelles.

– Va voir ce que font les filles ! poursuivit-elle. On n'entend pas le moindre bruit, et ce n'est pas bon signe !

– D'accord.

Il descendit les marches en toute hâte, sans cesser de boutonner sa chemise. L'appartement était petit et plutôt en désordre – tout trahissait la présence d'enfants. Les filles étaient assises à table, les yeux rivés sur un dessin animé à la télé, sans avoir entamé leur petit déjeuner.

– Bonjour les belles !

– Papa ! Papa ! glapirent-elles en venant s'accrocher à ses jambes tandis qu'il s'efforçait de se verser du café.

– Allons, allons, lâchez Papa, il faut qu'il aille travailler ! dit-il avant de secouer leurs queues de cheval, ce qui les fit glousser d'allégresse.

– Allez, finissez-moi ces cornflakes, sinon jamais vous ne grandirez.

Le dessin animé céda la place aux nouvelles que Steve suivit tout en buvant son café, une fillette sur chaque genou. Après les gros titres, le présentateur annonça que le fils de Katherine Bennett avait été arrêté, tandis qu'on voyait Katherine filmée la veille alors qu'elle quittait le tribunal.

– Un ami de la famille est venu verser la caution du jeune homme, qui a été libéré sans qu'aucune charge soit retenue contre lui, poursuivit le journaliste.

– Papa, Papa, s'écrièrent les jumelles, regarde, c'est toi !

Steven grommela. C'était lui, en effet, tenant par la main un Tommy d'humeur morose, vêtu d'un jean froissé et d'une chemise ouverte, plus ébouriffé que jamais. Tous deux sortaient du commissariat en toute hâte, suivis par une Brenda manifestement à bout de souffle.

Mandy entra et contempla l'écran :

– Tu es une vraie star, maintenant ! Tu as vraiment manqué ta vocation !

Steven jeta un coup d'œil à sa montre :

– Et ça ne va pas s'arranger, parce qu'on va passer la journée à réécrire le scénario. Gabe Heller pense qu'on accorde trop d'importance au personnage de Katherine. Il faut que je trouve des intrigues dans lesquelles son rôle tienne moins de place.

– Et pourquoi donc ? Elle est le meilleur atout du feuilleton.

– C'est bien là le problème.

Steven partit en voiture pour le studio, en songeant à Katherine. Elle se confiait de plus en plus souvent à lui, ce dont il était flatté, d'autant plus qu'il aimait parler avec elle. Il n'est jamais facile pour une star de trouver un ami sur qui compter. Mais il s'inquiétait de voir qu'elle ne semblait pas se rendre compte à quel point elle se préparait des ennuis. Ces deux dernières années, elle avait bien dû se préoccuper de l'échec de son mariage avec Johnny – et peut-être ne savait-elle pas vraiment courber l'échine devant ceux qui décident.

Steven était bien parti pour devenir le principal scénariste des *Skeffington*, et il avait parfois le sentiment d'être pris entre la nécessité de satisfaire ses employeurs, et le besoin de protéger Katherine. A dire vrai, il lui fallait bien reconnaître que les sentiments qu'il lui portait le troublaient. Son travail était de plus en plus prenant, et il s'irritait volontiers d'entendre Mandy se plaindre : s'occuper de la maison et des enfants était un trop lourd fardeau, selon elle. Pour autant, il n'ignorait pas que leur couple était une réussite qui faisait l'envie de tous leurs amis – à commencer par Katherine. Mais il lui arrivait d'avoir des rêves érotiques dans lesquels celle-ci jouait un grand rôle. Il parvenait à tenir ces images à distance pendant la journée, mais le soir, avant de s'endormir, ou au petit matin, encore à demi éveillé, elles lui revenaient. Et la journée lui paraissait toujours meilleure quand il avait l'occasion de voir Kitty.

Katherine finit sa journée relativement tôt, et rentra en toute hâte chez elle pour trouver Tommy jouant au basket près du garage. Elle le serra dans ses bras :

– Chéri, j'étais tellement inquiète ! Comment te sens-tu ?

Le jeune garçon détourna la tête ; son regard vert – comme celui de sa mère – paraissait hésitant, un peu tendu.

– Très bien, M'man. Pas de quoi faire des salades.

– Écoute, chéri, je ne veux pas discuter de ce qui s'est passé, parce que j'ai l'impression que, quoi que ça ait pu être, il fallait que tu t'en débarrasse, non ?

Il ne répondit pas. Katherine prit un ton plus sec :

– Tommy, je sais que récemment les choses ont été difficiles, et que ce qui s'est passé entre ton père et moi a été pénible pour toi, mais tu en connais les raisons, n'est-ce pas ?

– Ouais, dit le jeune homme en lançant le ballon, qui atterrit en plein dans le panier. Je sais tout ça, M'man.

Elle tenta de poser le bras sur son épaule, mais il se dégagea.

– Je pensais à ce que nous pourrions faire pour ton seizième anniversaire. Le feuilleton va s'arrêter un moment pendant l'été, et je me suis dit que peut-être nous pourrions nous rendre quelque part, rien que nous deux. Où aimerais-tu aller ?

– Je ne sais pas. Où tu voudras.

– Il n'y aura plus d'école. Si nous allions à Paris ? A Londres ? Dans le sud de la France ? J'adore ces endroits, et je crois qu'ils te plairaient aussi.

– J'aimerais aller avec Todd à Fire Island, dit-il d'une voix maussade. Ses parents ont loué une maison là-bas pour le mois d'août.

Elle le prit fermement par le bras et le conduisit dans la demeure :

– Très bien, mais ton anniversaire tombe le 16 juillet. Nous allons dîner ensemble pour en discuter. Tommy, je veux vraiment passer plus de temps avec toi, que nous puissions faire des tas de choses ensemble.

– C'est vrai ?

– Tu sais bien que oui.

– Bon, bon. Paris, alors ? dit Tommy en prenant un air faussement désabusé. J'ai toujours voulu aller au Crazy Horse Saloon !

– Oui, et ensuite nous descendrons dans le sud de la France pour quelques jours. Je suis sûre que tu adoreras ça.

– Et Fire Island ? Je pourrai y aller ?

– Oui, c'est promis. Nous passerons deux semaines en France, et ensuite tu pourras rejoindre Todd.

En espérant qu'il ne te vaudra pas de nouveaux problèmes, pensa-t-elle.

Ce soir-là, Tommy et Katherine dînèrent ensemble, bavardant comme une mère peut le faire avec son fils, tout en observant les lumières de la ville. Mais il refusa de parler de sa nuit en prison, comme de dire quels sentiments il éprouvait envers son père.

Pas la peine de remuer des souvenirs pénibles, songea Katherine en se brossant les cheveux cent fois de suite, comme tous les soirs, avant de tomber sur le lit, épuisée.

Au moins, nous avons fait un pas dans la bonne direction. Nous commençons à être un peu plus proches.

Comme Katherine allait sortir de sa loge, son portable sonna.

– Je savais qu'il arrivérait quelque chose d'horrible à Tommy après ton divorce ! Kit-Kat, c'est dans tous les journaux !

Kitty soupira :

– Maman, ça n'a rien à voir avec mon divorce et tu le sais parfaitement. Après tout, ce n'est qu'un adolescent.

– J'adore ce garçon comme s'il était mon fils – un de ceux que j'ai perdus, dit Véra, qui ne perdait jamais aucune occasion de rappeler ses nombreuses fausses couches à sa fille. Je crois qu'il devrait venir passer ses vacances avec moi. Il adore New York, et je parie que la ville lui manque.

– Katherine, bon sang, qu'est-ce qui se passe ? On est prêts, nous autres ! s'écria l'assistant du metteur en scène, qui cognait à la porte, exaspéré.

– J'arrive, j'arrive ! Je parle à ma mère ! Maman, pourquoi ne viens-tu pas ici ? Tommy serait ravi, et moi aussi.

– Oh ! non, chérie. Je ne peux pas prendre l'avion, tu sais que c'est mauvais pour mon asthme.

Nouveaux coups à la porte.

– Écoute, Maman, il faut que j'y aille.

– Bien sûr, rétorqua Véra d'un ton glacé. Tu n'as jamais le temps de parler à ta pauvre vieille mère.

A dire vrai, elle ne parlait pas tout à fait sérieusement, mais Katherine sentit quelle solitude il y avait dans sa voix. La télé, le chocolat et les journaux à sensation ne suffisent pas à remplir une vie.

– Maman, je t'appellerai demain, je te le promets, et nous pourrons bavarder. A bientôt, je t'embrasse, dit Kitty en raccrochant.

Plus tard, elle appela Steve pour les inviter à dîner, sa femme et lui, mais ils comptaient se rendre à San Diego chez la mère de Mandy.

– Viens plutôt déjeuner avec moi demain, dit-il. Dans mon bureau. J'ai une surprise pour toi.

Quand Katherine vit ce qu'il avait déposé sur la table basse, elle fut ravie. Un grand pot de caviar Sevruga, de la crème aigre dans un bol de porcelaine blanche, des oignons finement hachés, des œufs et du persil. Deux pommes de terre cuites fumaient sur un plat d'argent, et une vodka russe attendait dans un seau à glace.

– Et mon tour de taille ? Maximilian va me tuer !

– Le cœur ne peut souffrir de ce que l'œil ne voit pas, dit Steve en tirant une chaise. Il n'en saura rien.

– Quelle belle réplique ! Elle est tirée de quel film ?

– C'est de moi.

– Quelle fête ! s'écria Katherine en riant. Mais de l'alcool... c'est contre les règlements du studio. On va se faire virer !

– Jamais de la vie. Vodka ?

– Et pourquoi pas ? Leurs oukases me fatiguent, pas toi ?

– Certains sont acceptables, d'autres n'ont pour fonction que de tenir en respect le prolétariat humilié !

Steven déposa une cuillerée de caviar sur sa pomme de terre, qu'il arrosa généreusement de jus de citron.

– Comment as-tu fait cuire tout ça ?

– Et les fours à micro-ondes ? Je suis loin d'être aussi bon cuisinier que Mandy, mais je sais ce que j'aime manger après une matinée de boulot dans les mines de sel de Gabe Heller ! Et comme je sais que toi aussi tu adores le caviar...

– En effet ! Ça change du thon sur pain de seigle !

Quand elle se laissait aller, Katherine avait un solide appétit, et tous deux grignotèrent avec enthousiasme, en silence, tranquilles comme seuls peuvent l'être deux véritables amis qui se connaissent bien, puis Steven finit par demander :

– Comment va Tommy ?

Katherine se rembrunit :

– Je viens juste de l'appeler. Il avait l'air... enfin, ça semblait aller. Je ne l'ai pas vu ce matin parce qu'il dormait encore, il dort beaucoup ces temps-ci. Je lui ai permis de ne pas aller à l'école pendant quelques jours, car je crois qu'il a été très secoué par tout ça.

– Au moins Gabe a-t-il empêché la presse d'envahir le plateau.

– Je sais, dit-elle en frissonnant. De vrais cafards ! J'ai toujours envie de les écraser du pied. Steve, tu sais ce qui est terrible ? C'est qu'ici je n'ai plus confiance en qui que ce soit.

– Allons, allons, pas de parano. Tout le monde n'est pas ton ennemi. Tu as lu l'article dans la rubrique d'Army ? C'était flatteur.

– Oui. Ça me change d'avoir de bons échos !

Elle but une gorgée de vodka, les yeux brillants.

– Tu le mérites. Je parie que les deux Rosbifs, mâle et femelle, ont dû s'en arracher les cheveux – enfin, ceux qui leur restent !

Kitty éclata de rire. Elle mangea avec délice : c'était la première fois depuis des jours qu'elle se nourrissait pour de bon, et elle commençait à avoir l'impression que malgré tout la vie valait la peine d'être vécue.

– Et j'ai des scènes superbes dans cet épisode, et le suivant !

Steven détourna le regard. Il lui était impossible de lui apprendre que Gabe Heller avait ordonné leur remplacement par d'autres au profit d'Éléonore et d'Albert. Lui-même avait combattu pied à pied – plus peut-être qu'il n'aurait fallu pour sa propre sécurité –, mais il ne pouvait se permettre de perdre son boulot. Il se rendit compte qu'il ne pouvait pas non plus lui ôter ses illusions, faire disparaître les premiers signes de bonheur qu'il ait vus sur son visage depuis des mois.

– Je crois que ça se passera bien, pour Tommy, dit-elle. Je sais qu'il souffre encore du divorce, mais je vais essayer de compenser. Je vais tâcher d'être la meilleure mère qu'un gamin de son âge puisse avoir.

Steven leva son verre :

– C'est à cela qu'il faut trinquer !

Une semaine plus tard, le *National Sun*, le plus racoleur de tous les journaux à sensation, faisait paraître en première page le texte suivant :

> *Je suis si mal que j'ai envie de mourir. Je déteste ma mère. Ce n'est qu'une garce arrogante. Elle est tout à fait comme le personnage qu'elle joue dans ce feuilleton débile. Mon père est un gars formidable qu'elle a transformé en ivrogne. Si seulement je pouvais être mort...*

Steven, l'air contrit, apporta le journal à Katherine le matin même, dans sa loge. Elle lut l'article avec horreur. Deux pages entières évoquaient les souffrances de Tommy, contraint de vivre avec elle, et citaient de nombreux passages prétendument extraits de son journal intime. C'était si vil qu'elle ne put y croire.

– Qu'est-ce que je vais bien pouvoir faire ? Tommy va être furieux, et Johnny et ma mère en seront malades ! Il va me mettre tout ça sur le dos, j'en suis sûre.

– Où est-ce qu'ils ont pu pêcher tout ça ? Tommy tenait vraiment un journal ? demanda Steve.

– Je crois que oui, mais ce devait être il y a longtemps, dit Katherine d'un ton las. Je ne sais pas comment ce torchon a pu mettre la main dessus, ou pourquoi personne au studio n'a tenté d'étouffer l'affaire. Pourrais-tu m'appeler Brenda ?

Un coursier frappa bruyamment à la porte. Il passa la tête et tendit à Steve une grande enveloppe de papier brun :

– Les rewritings ! aboya-t-il avant de disparaître.

– Encore ? demanda Katherine. Ils vont devenir fous, cette semaine !

– Désolé, répondit Steven en haussant les épaules, un peu mal à l'aise. On essaie simplement d'améliorer ton rôle.

Si Katherine avait été moins préoccupée, elle se serait sans doute rendu compte qu'il répondait à côté, mais elle avait déjà saisi son téléphone. A l'autre bout du fil, il résonna longuement avant que Brenda ne vienne répondre.

– Allô !

– Brenda, tu as lu ce qu'écrit ce torchon ?

– Oh ! que oui. Maria l'a rapporté ce matin en revenant des courses – et c'est à ce moment-là qu'elle a découvert que son mari avait disparu.

– Avait disparu ? Qu'est-ce qui se passe ?

– Il se passe que tout se déglingue. Pedro s'est volatilisé sans prévenir – en emmenant Suzy avec lui ! Maria en devient folle !

– Mais c'est la fille de Maria, et elle n'a que dix-sept ans ! Quel cauchemar !

– De toute évidence Pedro et elle étaient... très liés.

Charlie frappa à la porte :

– C'est l'heure, Katherine !

– J'arrive ! lança-t-elle avant de demander à Brenda : alors ils sont partis pour de bon ?

– En effet. En emmenant tout : vêtements, voiture... Oh ! mon Dieu, j'entends Maria d'ici, elle est en pleine hystérie. Je suppose que Pedro est lié à cet article répugnant.

– Bien sûr que oui, répondit Katherine tandis que de nouveau Charlie frappait à la porte. Il a volé le journal intime de Tommy et l'a vendu à ce torchon. C'est vraiment ignoble. Écoute, Brenda, il faut que j'y aille, je te rappellerai plus tard. S'il te plaît, ne dis rien à personne et, pour l'amour du ciel, essaie de cacher ça à Tommy.

Katherine raccrocha. Steven vint vers elle et la prit dans ses bras :

– Souviens-toi, Kitty, je serai toujours là si tu as besoin de moi.

– Je sais, chuchota-t-elle. Tu ne peux pas savoir à quel point c'est important pour moi, Steve.

Katherine prit soin de laisser son portable débranché pendant toute la journée, bien décidée à appeler Véra avant qu'elle ne la joigne, en espérant qu'elle serait de meilleure humeur.

Elle appela à huit heures du soir. Une voix ensommeillée lui répondit.

– Je suis navrée, Maman – je t'ai réveillée ?

– Non, Kitty. J'étais au lit, mais pas encore endormie. J'ai cherché à te contacter toute la journée ! Qu'est-ce que c'est encore que cette histoire dans la presse ?

– Des mensonges, Maman. C'est un journal qu'il tenait autrefois. Je m'en occupe.

– Oui, oui... pauvre garçon... ça n'arrivérait pas s'il était avec moi...

– Maman, je dirai à Tommy de t'appeler demain. Il va bien, je te le promets.

John Bennett s'éveilla au sortir d'un sommeil agité. Il avait très mal à la tête, comme toujours ces temps-ci. Quand on descend deux bouteilles de vodka par jour, avec autant de joints qu'on peut en fumer sans que vos poumons explosent, il est quelque peu difficile d'avoir l'esprit libre. Sans sortir de son lit, il se pencha pour s'emparer d'une bouteille traînant sur le sol.

– Elle est vide, bon Dieu !

Se levant, il se rendit dans le séjour, puis dans la cuisine, qu'il passa au peigne fin, mais sans y trouver autre chose qu'une boîte de bière entamée. Retournant dans sa chambre, il enfila un pantalon de survêtement, un T-shirt et des mocassins puis, après avoir vérifié qu'il avait de l'argent sur lui, sortit pour se diriger vers le drugstore Seven Eleven, judicieusement situé non loin de l'appartement qu'il occupait à West Hollywood.

Comme il tendait vingt dollars au caissier, pour ses deux bouteilles de vodka, les gros titres du *National Sun* attirèrent son regard.

– Bon Dieu, c'est mon fils !

Il jeta un autre dollar au serveur, s'empara d'un exemplaire du journal et repartit.

De retour chez lui, il s'assit sur le lit et se mit à lire, non sans s'interrompre de temps à autre pour boire au goulot. Les allusions qu'on faisait à lui le firent sourire : elles étaient aussi flatteuses que celles visant Katherine étaient féroces. Il ne se sentait pas mieux pour autant. Il y avait encore de l'amour pour son fils au fond de sa cervelle imbibée d'alcool, mais plus l'énergie suffisante pour lui témoigner son affection.

Il alluma une Camel et inhala profondément. Johnny était gros fumeur, comme le prouvait la couleur des murs : le papier jaune orné de fleurs avait pris une teinte brune. Il vivait là depuis que Katherine et lui s'étaient séparés. Elle payait le loyer, guère élevé par rapport aux tarifs pratiqués à Hollywood, mais l'appartement était situé dans un quartier suffisamment décent pour qu'il puisse sans honte donner son adresse à un employeur potentiel.

Johnny vint à bout de l'article et alluma une autre cigarette. Il était temps de s'occuper de cette garce. Il était temps de la faire souffrir autant que lui avait souffert.

Katherine répondit dès la seconde sonnerie. C'était l'heure du déjeuner ; elle était heureuse d'être seule. Elle relisait une fois de plus l'article répugnant sur son fils, tout en mâchonnant un sandwich au thon et en buvant du thé glacé. Son agent de relations publiques était harcelé d'appels depuis le début de la matinée, et les journalistes s'efforçaient sans arrêt de l'approcher, allant jusqu'à graisser la patte à des membres du personnel.

– Allô !

– Salope ! Ton foutu ego va bousiller l'existence de ton fils. Grosse vache ! Comment oses-tu lui faire ça ? Tu te prends pour qui ?

– Johnny, je n'ai pas l'intention de t'écouter, répondit Katherine en essayant de rester calme. Tout ça n'est qu'un ramassis de mensonges et tu le sais parfaitement.

– Pas les extraits de son journal ! Il était tout à fait comme ça il y a deux ans !

– En effet. Il était. Écoute, je travaille et nous allons en rester là. Je te signale à tout hasard que ces extraits ont été pris dans un journal intime qu'on a volé dans la chambre de Tommy. Quand il a écrit ça, c'était encore un gamin.

– Bien sûr ! Et comment ont-ils eu le journal ?

– Ça m'ennuie de le reconnaître, soupira Kitty, mais c'est de ma faute... j'ai été assez sotte pour l'engager. Il s'agit de Pedro.

– Ce foutu Chicano ? Tu devrais surveiller ton personnel de plus près ! Tu n'as jamais su choisir les gens qui t'entourent !

– C'est sans doute pourquoi je t'ai épousé.

– Très amusant. Je vais vous dire quelque chose, madame Katherine Bennett. Une fois que j'aurai refait surface, et crois-moi j'y arrivérai, j'obtiendrai que Tommy vienne vivre avec moi.

– Je t'ai toujours dit que tu pouvais être avec lui chaque fois que tu le veux, mais j'ai l'impression que tu n'en as jamais envie.

– J'étais malade. Mais ça va mieux, et du boulot se présente.

– Ah bon ? Lequel ?

– Ça n'est pas tes oignons. Tu n'es quand même pas la seule à connaître du monde en ville ! Moi aussi, j'ai des amis. Et ils n'ont pas oublié que j'étais un bon acteur, pas une potiche de télé quelconque. Du temps où on était à New York, est-ce que tu as jamais été nommée à un prix quelconque ?

– Non.

– Moi, si ! Tu te souviens ? « Le meilleur espoir de l'année ? »

Katherine s'en souvenait parfaitement. C'était en 1970, près de vingt ans auparavant. Et depuis, qu'avait-il fait, hormis quelques petits rôles et une poignée de doublages ? Elle repoussa cette pensée. C'était trop mesquin. Johnny avait beau être son pire ennemi, elle aurait préféré que tout aille bien pour lui.

– Johnny, qu'est-ce que tu voulais me dire ? C'est l'heure du déjeuner et j'ai mon texte à apprendre.

– La grande diva est très occupée, comme d'habitude ! Une vraie petite abeille industrieuse !

– Écoute, il faut que j'y aille. Tu veux voir Tommy ce week-end ?

– Pourquoi ? Tu veux t'en débarrasser ?

Katherine s'efforça de surmonter son exaspération :

– Non ! Je pensais que tu pourrais exercer tes droits paternels, pour une fois. Ça te changerait.

– Je te le dirai... dans un jour ou deux...

La voix de Johnny se brouilla ; il avait l'air endormi. Il a déjà levé le coude ce matin, songea-t-elle.

– Je l'emmène en France pendant quinze jours, en profitant de l'arrêt des tournages. Tu n'y vois pas d'inconvénient ?

– Non, non, c'est bien.

– Très bien, Johnny. Appelle-moi quand tu veux si tu désires le voir.

Elle raccrocha et se contempla dans le miroir. Un visage

hagard lui rendit son regard. Des lèvres peintes, des yeux peints, remplis de terreur.

Comme par hasard, c'est à ce moment précis qu'on frappa à la porte :

– Encore dix minutes, Katherine.

– J'y serai !

Elle se hâta d'avaler quelques bouchées de thon. Aujourd'hui, pensa-t-elle, ils ne me reprocheront pas d'être en retard. Pas cette fois-ci.

Quand Kitty rentra, Maria vint l'accueillir à la porte. Son corps replet était secoué de sanglots :

– *Señora,* oh !, *señora*, je suis tellement honteuse, je ne sais pas ce qui a pris à Pedro ! Je vous en supplie, pardonnez-moi ! J'ai demandé à la Vierge de lui pardonner ! Je sais que Pedro n'a pas toujours été quelqu'un de bon. Il avait ses défauts, comme tous les hommes. Mais je croyais l'avoir changé... Maintenant il est parti, et avec ma fille !

Nouveaux sanglots.

– Maria, voyons, il ne faut pas vous torturer.

Katherine se sentait complètement épuisée après sa journée au studio. Elle aurait voulu s'en aller voir Tommy, mais Maria s'accrochait à elle, au bord de l'hystérie. Brenda sortit du bureau, une pile de fax à la main :

– Tu veux les bonnes nouvelles ou les mauvaises ?

– Je vais préparer le dîner, *señora*, dit Maria, qui s'éloigna en pleurant toujours.

Katherine ôta son manteau et se laissa tomber sur le sofa du séjour en soupirant :

– Brenda, pas de mauvaises nouvelles avant que j'aie bu un verre !

Brenda lui tendit aussitôt un Martini :

– Le voilà ! Je l'ai préparé dès que j'ai entendu les pneus crisser sur le gravier.

– Où est Tommy ? Il a lu cet article ignoble ?

– Eh bien... je ne sais pas trop. Il se peut que quelqu'un lui en ait parlé au lycée. Il est allé au cinéma avec Todd, il reviendra vers neuf heures.

– Très bien. Donne-moi d'abord les bonnes.

– *Les Skeffington* a encore gagné un point d'audience, d'après les derniers sondages.

– Pas de quoi me passionner, mais c'est bien pour Gabe et Luther. Tu n'as rien de mieux ?

– Les détachants ont réussi à faire disparaître la tache de ta robe de mousseline verte.

– Magnifique ! Ça, ça me fait plaisir !

Katherine vida son verre d'un trait et se sentit pleine d'une énergie dont elle avait bien besoin.

– Bon, les mauvaises nouvelles, maintenant.

Brenda lui tendit un fax :

– Ça vient tout juste d'arriver de chez Gabe. J'ai peur que ce ne soit une convocation au palais.

Katherine prit la feuille de papier et lut :

Chère Katherine, veuillez passer à mon bureau demain matin à neuf heures pour une réunion importante. Amitiés, Gabe.

– Délicieux ! Aussi dépouillé que menaçant !

– Pas forcément. Ne va pas imaginer le pire, dit Brenda d'un ton léger. Ils veulent peut-être que tu changes de coiffure, ou que tu te fasses refaire le nez !

Elles gloussèrent, puis Katherine soupira.

– Non, je crois que c'est plus mauvais que ça. Le feuilleton va connaître des changements considérables, je le sens ; c'est à peine si Steve a osé me regarder en face aujourd'hui. Enfin, comme le disait toujours ma chère vieille mère : quand le viol est inévitable, il faut se détendre et l'apprécier.

C'est alors qu'elle jeta un coup d'œil à la pile de courrier que Brenda avait en main :

– Qu'est-ce qu'il y a dans ce paquet ?
– Encore un disque d'or ! Tu veux le voir ?
– Bien sûr !

Ouvrant le carton, Katherine découvrit un disque semblable à celui qu'elle avait posé sur le manteau de la cheminée.

– « Tu es mon étoile porte-bonheur ! », lut-elle en souriant. Et la carte dit : « Si seulement c'était vrai ! »

– Kitty, ce type me fait vraiment l'effet d'être cinglé.

– Ah ! s'il est comme celui qui m'envoyait des confiseries, il faudra appeler la police.

– Oh ! ce n'était rien ! Il était complètement marteau !

– J'ai le sentiment que celui-là est tout à fait normal, dit Katherine en contemplant de nouveau le disque.

Katherine et Brenda traversèrent en toute hâte le parking menant au bureau de Gabe Heller.

– Je me demande ce qu'il me veut, dit Kitty.

– Te baiser, ou t'offrir ton propre feuilleton.

– On peut toujours rêver ! Dans les deux cas, ce serait un miracle.

– En tout cas, ne te laisse pas marcher sur les pieds, dit Brenda en s'éloignant. Bonne chance !

Katherine fut conduite sans délai vers le saint des saints de Gabe, impressionnant ensemble de bureaux interconnectés, qui bourdonnaient d'activité.

Presque aussi large que haut – ce qui n'était pas peu dire –, le producteur était assis derrière un bureau de verre si gigantesque que lui-même avait l'air d'un nain. Son énorme crâne chauve était coiffé d'une casquette de base-ball. Un troupeau de sofas au chintz d'un vert et bleu criard, de fauteuils obèses et de fausses commodes Régence envahissait la pièce avec une profusion méthodique. Luther Immerman, l'autre producteur des *Skeffington*, se tenait assis dans un coin.

Luther était petit et brun. Il avait combattu des années durant dans les implacables collines d'Hollywood, et finalement réussi à atteindre le sommet. A cinquante-cinq ans, il était le numéro 1 des producteurs de télévision, avec trois feuilletons passant en *prime time* : autant de succès dont *les Skeffington* était le plus éclatant. Il était le cerveau du tandem qu'il formait avec Gabe, et le plus dur des deux : tout le monde ou presque avait peur de Heller, mais en réalité il n'était, par-delà une férocité superficielle, qu'un gros matou.

Aujourd'hui, toutefois, il avait l'air très sévère. Katherine eut un sourire froid, et s'assit dans un des fauteuils. Derrière le bureau, les murs étaient couverts de défenses d'éléphants et de massacres de cerfs, entre lesquels s'étageaient un bon millier de plaques de bronze et de récompenses diverses accumulées par Gabe au cours de sa longue carrière. Sur un rayonnage chargé d'exemplaires reliés en cuir, de tous les scénarios qu'il avait produits, attendait un jéroboam de champagne, dont l'étiquette, couverte de signatures, représentait toute l'équipe de *Serial Killer II*, énorme succès de la dernière saison cinématographique. Le bureau était encombré de tant de souvenirs que Katherine eut du mal à se concentrer.

Gabe Heller était entré à seize ans à la MGM – à la salle du courrier. C'était déjà un passionné de cinéma ; lentement, mais sûrement, il gravit les échelons, pour finir producteur. Après avoir accumulé les succès au cours des années 60 et 70, il avait décidé de croiser dans les eaux, potentiellement lucratives, de la production télévisée, et vite connu des succès encore plus considérables.

Il adorait Hollywood et les stars qui en avaient fait ce qu'elle était, mais il croyait du fond du cœur à la vieille maxime des propriétaires de studios : il ne faut jamais laisser l'asile aux mains des pensionnaires. C'est bien pourquoi Katherine avait été convoquée ce matin, invitée à fouler son tapis d'Aubusson. Il n'était pas devenu ce qu'il était en jouant les saint Vincent de Paul. Il ne perdit pas de temps :

– As-tu lu ceci, Katherine ? demanda-t-il en lui tendant un fax reproduisant un article paru dans un journal new-yorkais que Véra lisait avec passion.

> *La diva déchira sa coûteuse cape de fourrure et, la jetant au visage du frêle Albert Amory – 69 ans cette année –, hurla : « J'en ai assez de ce vieux c... S'il n'est pas capable de se souvenir de son f... texte, trouvez un autre acteur : je ne vais pas rester là, par quarante degrés, à travailler avec un vieil e....é comme lui ! » La Pêche de Georgie quitta ensuite le plateau pour se réfugier dans le hall de l'aéroport – qui possédait l'air conditionné –, où elle but une bouteille entière de vin blanc, refusant de revenir travailler tant qu'elle ne serait pas filmée en gros plans, ceux d'Amory étant insérés ensuite.*

– Comment peux-tu croire à de telles âneries ? s'exclama Katherine.

– Des membres de l'équipe ont déjà confirmé l'incident, intervint Luther.

– Tiens donc ! Pourrais-je demander qui ? Les petits copains d'Albert Amory ? Son agent de publicité ? Son maquilleur ? Le type chargé de recoller sa perruque ? Bon Dieu, ça n'est qu'un amas d'inepties complètement fabriquées ! Demandez à tous ceux qui étaient là ce jour-là ! Il faisait une chaleur d'enfer, Albert était incapable de se souvenir de son texte – et le metteur en scène furieux ! Pourquoi suis-je le bouc émissaire dans tout ça ? Vous ne vous rendez pas compte que ce sont des mensonges ?

– L'histoire semble déjà avoir été reprise dans le monde entier, dit Luther d'un ton glacé. C'est très mauvais pour toi, Kitty.

– Et ça n'est pas qu'une question de publicité, dit Gabe d'un ton las.

Il avait de l'affection pour Katherine, dont il admirait le cran et l'énergie, mais il fallait qu'il la tienne en laisse. Le favoritisme lui était interdit.

Au cours des deux dernières années, il avait eu d'énormes problèmes avec Albert Amory. Dire que celui-ci était jaloux de ses partenaires aurait été un euphémisme. Se flattant d'être un gentleman à l'anglaise, un acteur de la vieille école, Albert témoignait d'une morgue extrême envers ceux qui ne pouvaient se flatter d'une carrière théâtrale aussi prestigieuse que l'avait été la sienne – bien que les mauvaises langues l'aient tenu pour largement imaginaire. La perspective de l'entendre encore une fois raconter que Richard Burton et lui avaient débuté ensemble à l'Old Vic mettait l'équipe de tournage au bord de la crise de nerfs.

Sa vieille amitié avec Gabe Heller remontait à la Seconde Guerre mondiale : au cours d'une longue semaine dans Londres, ravagée par les bombardements, tous deux s'étaient liés d'amitié à l'occasion d'une virée consacrée à chasser la gnôle et les filles. Ils étaient très jeunes, Gabe venait de se marier. Certains connaisseurs d'Hollywood juraient que les événements survenus alors expliquaient l'influence excessive qu'Albert Amory, quarante ans plus tard, exerçait encore sur le producteur.

Gabe savait que Katherine exaspérait Albert parce qu'elle refusait d'admettre qu'il y eût un ordre de préséance parmi les acteurs. Dans la plupart des feuilletons, toute l'équipe choisit un chef en son sein ; s'agissant des *Skeffington*, c'était censé être Albert Amory.

Une clause de son contrat prévoyait qu'aucun autre comédien ne pourrait toucher davantage que lui. Une autre lui donnait un droit de regard sur le choix des premiers rôles féminins, surtout lorsqu'il devait les embrasser, une troisième spécifiait que, dans un épisode sur trois, il devait avoir plus de dialogue que tout le monde. Une dernière clause stipulait qu'il aurait autant de publicité que tous ses partenaires réunis. Il avait déjà fait renvoyer trois attachés de presse d'ABN, qui selon lui accordaient trop d'importance à Katherine Bennett.

Cela faisait deux saisons que Gabe se voyait bombardé de plaintes. Un incident, en particulier, avait provoqué une fureur que le producteur n'était pas prêt d'oublier. C'était la fameuse scène du bain de mousse – une idée de Steven Leigh. Comme à chaque fois qu'on tournait une scène vaguement érotique, un photographe d'ABN était venu prendre des clichés. Au développement, il se rendit vite compte que, sur l'un d'eux, on apercevait les tétons de Katherine.

Par l'intermédiaire d'un technicien peu scrupuleux, le négatif prit aussitôt la direction d'un magazine à scandales, et de là fut repris dans la presse du monde entier. Loin de porter tort à Katherine, l'événement lui avait valu un considérable accroissement de popularité.

C'est dans une rage folle qu'Albert Amory était entré chez Gabe, tenant le magazine en question du bout des doigts, presque comme si c'eût été une crotte de chien :

– Cette fille n'a aucune moralité ! Gabe, nous sommes un spectacle familial ! Cette... cette créature va précipiter notre perte ! Il faut que tu te débarrasses d'elle.

Puis, jetant un regard en coin au portrait de l'énorme Selma, femme de Heller depuis plus de quarante ans, l'acteur avait chuchoté :

– Tu as eu des nouvelles de tu-sais-qui à Londres, ces temps-ci ?

– Non, répondit le producteur en bredouillant. Mais ne t'en fais pas, Alb, je vais arranger ça.

Depuis, un ancien tâcheron venu de la presse à sensation avait été chargé de présenter Albert et Éléonore, les deux « bons » du feuilleton, sous le jour le plus favorable possible, et Katherine et Tony Bertolini sous le plus mauvais. Kitty incarnait son personnage de manière tellement convaincante que c'était un jeu d'enfant pour le service de presse que de la présenter comme étant Georgia à la ville comme à la scène.

Ce qui n'empêchait nullement le public d'adorer Georgia Skeffington ; bien qu'elle fût une manipulatrice, une créature machiavélique dévoreuse d'hommes, Katherine jouait le rôle avec beaucoup de charme et d'humour.

– Nous ne pouvons pas, je dis bien nous ne pouvons pas laisser nos acteurs se comporter d'une manière aussi scandaleuse et peu professionnelle, dit Gabe.

– Est-ce que vous allez comprendre, une bonne fois pour toutes, que je n'ai rien fait de ce dont vous m'accusez ? lança Katherine, au bord des larmes. Il faisait si chaud... j'ai ôté ma cape... Je ne l'ai pas jetée au visage d'Albert ! Oh ! et puis merde...

A quoi bon discuter ? De toute évidence ils savaient que cela ne tenait pas debout. Ils n'avaient même pas besoin d'un prétexte.

– Nous avons aussi cru comprendre que tu t'es présentée en retard pour le maquillage pratiquement chaque matin, cette saison, dit Luther qui consultait une épaisse liasse de papiers.

– Ah non ! J'ai besoin de moins de temps que les autres pour me maquiller, et j'ai dit à l'assistant metteur en scène de noter sur la feuille de présence qu'il me fallait une demi-heure seulement. Mais il n'écoutait pas...

Les deux producteurs non plus, à en juger par l'attitude de Luther, qui poursuivit, inflexible :

– Non seulement tu as refusé de porter quatorze tenues différentes que Maximilian avait préparées spécialement pour toi, mais de surcroît, à cinq ou six reprises, tu as piqué une colère et tu es partie en claquant la porte...

– C'est faux ! J'ai simplement signalé, et ça c'est passé une fois ou deux, que telle ou telle robe n'allait pas avec mon personnage. Vous n'allez quand même pas croire tout ce que vous lisez dans les journaux !

– Des gens du département costumes disent que tu cries, tu hurles, tu insultes les gens.

– Rien de tout cela n'est vrai, parvint à articuler Katherine, qui eut envie d'éclater en sanglots – mais il était hors de question de leur donner cette satisfaction.

– Tout est là, Katherine, reprit le producteur en montrant une pile de coupures de presse. Tu sais ce qu'on dit : il n'y a pas de fumée sans feu.

– C'est incroyable ! Vous me condamnez pour des choses que je n'ai jamais faites, sur la foi d'articles de journaux !

– Katherine, dit Luther d'un air mauvais, à partir d'aujourd'hui tu ferais mieux de te comporter comme il faut. Tu as peut-être remarqué que tu as moins de scènes dans le prochain épisode. Il ne faudrait pas grand-chose pour que Georgia ait un grave accident. Elle se retrouvérait dans le coma pour plusieurs semaines, le temps que nous décidions si elle survit ou pas. Nous t'avons faite, nous pouvons te détruire. Ne l'oublie jamais.

– Ce n'est pas mon intention, répondit Katherine d'un ton calme. Ce sera comme vous voulez, mais souvenez-vous d'une chose que je vais vous répéter une fois de plus : tout ça est faux et archifaux.

Elle se leva et les regarda bien en face avant d'ajouter simplement :

– J'ai besoin de ce boulot.

C'était violer une des règles fondamentales d'Hollywood : il ne faut jamais dire à qui que ce soit qu'on a besoin de quoi que ce soit. Mais voilà : elle gagnait quarante mille dollars par semaine, et ne pouvait se permettre d'y renoncer.

– Alors, joue le jeu, Katherine, dit Gabe d'un ton aimable. Fais ce qu'on te dit, et surtout, plus de vagues ! Je sais que nous nous entendrons parfaitement.

Katherine hocha la tête avec amertume.

– Nous te verrons à la cérémonie de remise des oscars de la télé la semaine prochaine, ajouta Luther. Et surtout, ne nous garde pas rancune de tout ça, d'accord ?

Kitty avait prévu de ne pas assister à la sauterie en question, mais c'était désormais impossible. Elle leur dit au revoir et s'en alla.

– Tout sera prêt dans cinq minutes, dit Brenda en la voyant arriver dans sa loge. Comment ça s'est passé ? Tu as eu le temps de déjeuner ?

– Le déjeuner, c'était moi ! siffla Katherine. Brenda, je te jure que si je ressors entière des prochaines semaines, ce sera un miracle.

4

Katherine frappa à la porte de la chambre de Tommy.

– Qu'est-ce qu'il y a ? lança une voix maussade.

– J'ai besoin de te parler, c'est important.

– Je n'ai rien à te dire, M'man. Tu as lu cet article à gerber ?

– Oui, chéri, et je sais à quel point tu dois en être bouleversé. Oublie-le, ce n'est qu'un tas de mensonges. S'il te plaît, laisse-moi entrer, il faut que nous discutions.

Il y eut un bruit de pas, et son fils apparut : moitié homme, moitié enfant, les cheveux en bataille, le visage exprimant la souffrance.

Sa chambre était une vraie décharge publique : vidéos, bandes dessinées, piles de vêtements sales... mais ce n'était pas le moment de lui faire des reproches. Elle voulut l'embrasser, mais il se dégagea et alla s'étendre sur le lit. MTV était branché à fond.

– Quand l'as-tu lu ? demanda-t-elle, résignée.

– Ce matin, et jusqu'au bout ! Comme tout le monde dans ce foutu lycée ! Je n'ai pas la moindre idée de la façon dont je vais faire face aux autres ! J'ai l'air d'un parfait connard !

– Tommy, dit Kitty en s'asseyant d'un air hésitant au bord du lit, je sais que tout ça doit être difficile à comprendre pour toi, mais j'en ai souffert presque autant que toi. Je me sens responsable. Ça doit être abominable pour toi.

– Ça oui ! Mais n'oublie pas que je ne suis plus un enfant. Ça n'est pas parce que des choses de ce genre t'arrivent qu'elles devraient m'arriver à moi. Tu es la star de ce feuilleton débile, ça ne veut pas dire pour autant que ma vie doit être bousillée.

– Non, chéri. Tu as parfaitement raison. C'est scandaleux, et ce sont des salopards. J'ai déjà chargé mes avocats de s'en occuper, et je te promets qu'ils vont le regretter.

– M'man, ils ont volé le journal que je tenais autrefois, quand j'étais un môme. Volé !

– Oui, je sais. C'est innommable.

– Et ils se sont bien gardés de dire que j'étais un gamin, que je ne connaissais rien à rien ! Ils ont fait comme si j'avais écrit ça la semaine dernière ! Je vais passer pour le pire crétin de la planète !

– Tommy, pour le moment il n'y a absolument rien d'autre que je puisse faire. J'ai confié l'affaire à Barry Lefkovitz, et il va empêcher qu'on publie quoi que ce soit d'autre.

– Tu crois que ça change grand-chose, pour moi ?

Katherine ne répondit rien. Elle aurait voulu le prendre dans ses bras, le bercer comme quand il était petit, pour apaiser sa souffrance. Mais c'était impossible.

– Je vais dormir, M'man. Bon Dieu, heureusement qu'il n'y a pas cours demain.

– C'est une bonne idée. Dors, et ne te préoccupe plus de ce que disent les autres, ils auront tout oublié dans une semaine. Crois-moi, Tom, les journaux d'aujourd'hui c'est la poubelle de demain.

– J'essaierai, répondit-il avec un faible sourire.

– Enfin, dit-elle d'un ton léger, plus qu'une semaine et on arrête le tournage ! Brenda nous a réservé les billets d'avion aujourd'hui, nous pourrons bientôt partir en vacances !

Il parut s'animer :

– C'est vrai ? On commence par où ?

– D'abord nous allons à Londres, où nous resterons quatre jours. Il y a énormément de choses à voir là-bas : des théâtres, des musées, des monuments... c'est magnifique et tu adoreras ça ! Je n'y suis pas allée depuis des années. Ensuite nous nous rendrons à Paris.

– On ira au Crazy Horse ?

– Bien sûr, et partout ! On se bourrera de croissants et de chocolats chauds toute la journée à la terrasse des cafés !

– En regardant le monde passer ?

– Oui, dit-elle en souriant. Ensuite, nous irons dans le sud de la France, nous installer dans une petite maison que j'ai louée aux environs de Saint-Tropez. Nous y serons quinze jours ensemble, puis tu iras à Fire Island, et je resterai encore un peu.

– Ça se présente super bien ! Tu sais, M'man, j'essaierai de ne pas prendre ça trop mal. Toute cette histoire ne me tourmente pas vraiment, mais c'est les autres, tu vois ? Je crois que ça a été très dur pour toi aussi, hé ? ajouta Tommy en voyant la tristesse envahir le visage de Katherine.

– Plutôt ! Mais tu sais ce qu'on dit : quand les choses vont mal, elles ne peuvent qu'aller mieux. Et puis on a toujours la ressource de se payer du bon temps. C'est bien ce que j'ai l'intention de faire en France, et je compte m'appliquer.

Elle se pencha et le prit dans ses bras :

– Chéri, il faut que je me lève très tôt, demain matin, à cinq heures, et toi il faut que tu te reposes.

– D'accord.

Elle se leva et, avant de quitter la pièce, fit volte-face pour lui sourire.

Il fut tenté de lui dire qu'il avait toujours autant d'affection pour elle, qu'il l'aimait, mais ne put s'y résoudre. Il se contenta d'agiter la main, puis avala une énorme bouchée de pizza et se tourna vers la télévision.

Brenda jeta sur le sofa le script du dernier épisode de la saison :

– Surprise, surprise ! Jette donc un coup d'œil sur ce tas d'inepties !

– Qu'est-ce qu'il y a dedans ?

Katherine essayait depuis une demi-heure une robe de satin et de dentelle rose conçue par Maximilian. Brenda jeta à celui-ci un regard entendu ; chacun savait qu'il était les yeux et les oreilles du studio.

Becky et lui se regardèrent. Ils avaient déjà lu le script, savaient donc de quoi Brenda parlait, et préféraient ne pas être là quand Katherine découvrirait ce qui l'attendait. Non qu'ils n'aient pas eu d'affection pour elle, mais le boulot c'était le boulot. Maximilian se hâta de mettre un terme à l'essayage, et tous deux quittèrent la pièce sans perdre de temps.

Katherine alla s'asseoir et entreprit de refaire son maquillage :

– Bon, Brenda, il faut que je le lise, ou bien préfères-tu me donner tous les détails ignobles ?

Brenda soupira :

– Je ferais mieux de tout te dire. Quand l'épisode prend fin, la méchante Georgia, la sainte Éléonore et le sournois Tony sont tous trois pris au piège sur un yacht qui explose.

– Vraiment ? C'est d'une originalité renversante ! Je suppose que quelqu'un meurt ?

– En effet, répondit Brenda, l'air sombre. Le problème, c'est que le public ne connaîtra son identité qu'au début de la prochaine saison. La dernière réplique du script, dont tu apprécieras la pertinence, n'est autre que : « Mon Dieu, ils sont morts ! » Et on ne dira pas qui, on ne dira pas combien de gens ont passé l'arme à gauche.

Katherine contempla fixement le script.

– Si je comprends bien, ma destinée dépend de ce petit tas de papier.

– Je n'irais pas jusque-là, mais il faut regarder les choses en face : tu n'es pas exactement en odeur de sainteté, ces temps-ci, et ces piranhas en costume trois-pièces veulent ta peau. Et ils feront comme ils l'entendent ! Une explosion en mer, c'est joli, bien propre... il ne restera même pas un faux cil. Tu crois vraiment qu'ils vont se gêner ?

Katherine fronça les sourcils. Au même moment, on frappa à la porte :

– Sur le plateau dans cinq minutes, Katherine !

– Enfin, mes vacances en France me donneront l'occasion de réfléchir un peu.

– Ne pense à rien pour le moment, dit Brenda en l'aidant à enfiler une robe de satin noir. Tout ça ne t'empêche pas d'être bien meilleure que tous ces crétins qui se prétendent acteurs. Dire qu'Albert ne parvient toujours pas à se souvenir de son texte, même avec des pancartes partout sur le plateau !

– Je crois que, contrairement à Richard Burton, il n'a pas suffisamment appris sur les genoux de Laurence Olivier.

– Richard Burton n'aurait même pas *pensé* à accepter un rôle pareil !

– Laisse tomber.

Katherine se coiffa avec soin d'un énorme chapeau de paille et d'organza, semé de roses noires.

– Je me fiche éperdument de devoir retourner à Broadway gagner mon pain. Il y a autant de piranhas qu'ici, mais au moins là-bas ils vous disent la vérité !

Elle jeta un coup d'œil au miroir :

– Tu ne crois pas que ce genre de tenue est un peu voyant ?

– A peine, dit Brenda en souriant, à peine. Je n'irais pas jusqu'à me montrer avec dans un bal de charité, mais pourquoi renoncer aux habitudes de toute une vie parce qu'il y a une caméra ?

La mère de Kitty l'appela le dimanche après-midi, pour l'entretenir du dernier amour supposé de sa fille, tel que *The Star* en avait parlé.

– La semaine dernière c'était Clint Eastwood, cette semaine Don Johnson ! Kitty, qu'est-ce qui se passe ?

– Maman, tout ça n'est qu'un tas d'inepties. Laisse tomber.

– Kit-Kat, il faut que tu sois prudente, tu sais. Tu n'es plus si jeune, et voilà que tu te fais la réputation d'être une fille facile. Ce n'est pas convenable.

– Maman, pour l'amour du ciel, j'ai bientôt quarante-quatre ans, je ne suis plus une gamine. Crois-tu vraiment que je sors avec tous les mâles disponibles ? Tout ça est parfaitement ridicule !

– Les journaux l'affirment, en tout cas, et ils n'ont pas toujours tort. Tu sais ce qu'on dit : il n'y a pas de fumée sans...

– Je sais ! Écoute, il faut que j'aille prendre une douche. Ce soir, c'est la cérémonie des oscars de la télé, et la limousine va arriver d'un instant à l'autre.

– Déjà ? Ça va durer combien de temps ?

– Des siècles, Maman, des siècles. Ça commence à cinq heures et demie. Comme tu me l'as élégamment fait remarquer, je ne suis plus toute jeune, et j'ai besoin d'aide pour affronter tous ces fichus paparazzi.

– Je te regarderai à la télé. Qui sera ton cavalier ?

– Tony, mon complice dans *Les Skeffington.* Il est pédé, alors ne t'inquiète pas.

– Pédé ! Sois prudente, Kit-Kat, surtout pendant ces scènes de baiser. Elles sont d'un réalisme !

– Maman, voyons !

Katherine entendit sonner :

– Maman, Blackie attend à la porte. Il faut que je me dépêche. Au revoir, j'espère que tu aimeras la cérémonie !

– Bonne chance, chérie.

Katherine reposa l'appareil d'un air sombre. Sortir ! Elle ne se souvenait même plus de la dernière fois où elle était sortie accompagnée. Comme si elle avait pu penser à la bagatelle ! Sa carrière ne lui en laissait pas le temps. Les portes de son cœur étaient solidement cadenassées, et elle entendait bien qu'elles le restent.

Les préparatifs pour la cérémonie commencèrent dès deux heures de l'après-midi. Cela lui laissait trois heures et demie avant que la limousine blanche envoyée par le studio ne vienne la chercher.

Maximilian arriva d'abord avec la robe. Un justaucorps de mousseline couleur chair était tendu de dentelle noire aussi fine qu'une toile d'araignée, ornée par endroits de perles de jais. Pourvu de longues manches, et très, très étroit, il moulait Katherine de si près que Maximilian la mit en garde : pas question de manger quoi que ce soit, ni surtout de faire le moindre geste brusque.

– Bella ! s'écria-t-il. Tu as bien fait comme je t'ai dit ? Tu as mangé très peu la semaine dernière ?

– En effet ! Presque uniquement du poisson. J'ai horreur de ça ! Fais-moi sortir de ce truc, j'étouffe, et d'ailleurs il est temps de penser aux peintures de guerre.

Mona, qui coiffait Katherine depuis trois ans, se chargea de lui laver et de lui arranger les cheveux. Il fallut une heure à Blackie pour la peindre et la poudrer. Katherine en profita pour réfléchir à tout ce qu'elle ferait avec Tommy en Europe. C'était très excitant : ce serait la première fois qu'ils voyageraient à l'étranger ensemble ! Pourvu qu'ils ne se querellent pas !

– Et voilà ! dit le maquilleur en se levant.

Katherine, les yeux mi-clos, examina son reflet dans le miroir :

– Pas mal. Un peu poupée Barbie, peut-être. Je crois qu'il faudrait un peu plus d'eye-liner sur l'œil droit.

– Non ! C'est l'ombre sur l'œil gauche qui est trop lourde.

Un coton-tige permit de réparer les dégâts. Tous deux étudièrent d'un œil critique le visage, d'un ovale parfait, subtilement ombré d'une bonne douzaine de poudres et de fonds de teint différents.

– Superbe ! dit Blackie. Prends garde, Éléonore Norman ! Chérie, tu es belle à croquer, et j'espère vraiment que tu vas l'emporter ce soir.

– Merci, Blackie, mais je n'ai pas beaucoup d'espoir. La cérémonie récompense la popularité, et de ce point de vue Éléonore n'a rien à craindre. De plus, il y a deux nouvelles dans le feuilleton. Enfin, je ne peux pas dire que je sois une nouvelle venue ! Je me demande même si je n'ai pas dépassé la date de péremption !

– Jamais de la vie ! s'exclama-t-il en rassemblant ses affaires. Tu es la meilleure actrice de la série, et l'une des meilleures de toutes les émissions en *prime time* ! Ne te laisse pas marcher dessus par tous ces fumiers !

– Ce n'est pas mon intention ! Bon, il est l'heure, dit-elle en jetant un coup d'œil à sa montre. Tony et Kingsley seront là dans quarante-cinq minutes, et ce soir il est tout simplement interdit d'être en retard !

A quelques centaines de mètres de là, Éléonore Norman se prêtait à des tortures similaires. Le maquilleur en avait terminé : elle tint pourtant à essayer une troisième paire de faux cils. Ce qui parut absurde à l'homme de l'art, mais pourquoi s'en faire ? Il était grassement payé pour ôter dix à quinze ans à ces dames, et comme on était dimanche les tarifs seraient doublés.

Craig, le coiffeur d'Éléonore, lui apporta une énorme perruque blonde qu'elle inspecta avec soin.

– Tu crois qu'elle est assez grosse ?

– Assez grosse ? Dolly Parton en sera folle de jalousie !

Il agita la fausse queue de cheval fixée à l'intérieur de son Stetson : astucieux moyen de dissimuler sa calvitie.

– Et maintenant un petit coup d'ascenseur.

– Oh ! non, pas ça, dit-elle en gloussant.

– Nous voulons avoir vingt-trois ans, n'est-ce pas, quand les méchantes caméras sont sur nous ? Alors nous allons penser beauté, et bien lever la mâchoire !

S'emparant d'une mèche de cheveux sur le front, il la tira en arrière d'un coup sec, et commença à en faire une tresse minuscule.

– Aïe !

– Tais-toi donc ! dit Craig, à qui ce petit moment de sadisme plaisait fort. Il y en aura d'autres avant que j'en aie terminé ! Alors détends-toi pendant que je te raconte quelques anecdotes bien juteuses.

Éléonore ferma les yeux et l'écouta lui narrer par le menu les ragots les plus croustillants d'Hollywood et de Beverly Hills. Craig connaissait tout et tout le monde : c'était une des raisons pour lesquelles les dames l'aimaient tant, ce qui lui permettait de demander mille dollars par intervention.

Maximilian était arrivé avec la robe d'Éléonore et, assis dans le salon, admirait les centaines de photos d'elle qui ornaient les murs. Aucun doute là-dessus : elle avait été une enfant très belle, et une jeune femme sublime. L'âge, et une passion maladive des bains de soleil, avaient malheureusement porté grand tort à sa beauté : sa délicate peau d'Anglaise était sillonnée de petites rides.

Éléonore n'avait rien d'une sotte : non contente d'accorder à ceux qui réparaient les dommages des ans tout le temps qu'il leur fallait, elle les couvrait de cadeaux, les emmenait dans ses voyages à l'étranger, bref les récompensait généreusement de leur fidélité.

Craig, le coiffeur, était un extra qu'elle s'accordait en cas d'événement important, comme la cérémonie de ce soir. En temps normal, elle s'en remettait à Kris, jeune homme tranquille et modeste, véritable sorcier des perruques. Aujourd'hui, il se contentait de regarder tandis que Craig bavardait. Mais c'était lui qui serait chargé de veiller, tout au long de la soirée, sur la coiffure et le maquillage de la star. Plus d'une matrone de Beverly Hills admirait Éléonore pour son apparente indifférence : elle ne jetait jamais le moindre coup d'œil dans un miroir. Mais c'est que Kris demeurait en permanence dans les parages, prêt à intervenir.

Dirk, l'amant de l'actrice, suivait également les préparatifs. C'était un Scandinave à la chevelure de neige et au teint coloré, assez attirant, pour peu qu'on aimât le genre sinistre, mais taciturne jusqu'au monosyllabisme. Lors des soirées, les femmes se donnaient le plus grand mal pour ne pas être assises à côté de lui ; on disait qu'Éléonore l'avait rencontré grâce aux petites annonces. D'autres chuchotaient qu'il était porté sur les jeunes Noirs filiformes, ou les travelos moustachus. Mais comme il ne se confiait à personne, Éléonore exceptée, Hollywood ne savait rien de sa vie privée – vraiment privée !

Lorsque l'actrice perdait son calme sur le plateau, ce qui lui arrivait fréquemment, on pouvait faire confiance à Dirk : il savait toujours l'apaiser. Quoi qu'il se passât entre les draps de satin rose du lit d'Éléonore, tout montrait qu'elle en était satisfaite. Dirk, Kris et Nina – à la fois camériste et maquilleuse – formaient le triumvirat secret grâce auquel son monde continuait à tourner.

Une fois coiffure et maquillage menés à bien, Nina glissa le corps mince et voluptueux de l'actrice dans le fourreau blanc, orné de paillettes, que Maximilian avait apporté.

Deux globes bronzés, qui témoignaient des vastes compétences du Dr Sylvester Brown, paraissaient vouloir échapper à un décolleté si profond qu'il descendait presque jusqu'à la taille, tandis que deux jambes minces gainées de soie se laissaient deviner à travers une fente qui remontait jusqu'aux hanches.

Éléonore était sans rivale dès qu'il s'agissait de vous taper dans l'œil, ou de pleurer à gros sanglots. Les scénaristes des *Skeffington* écrivaient spécialement des scènes pour qu'elle puisse ouvrir les vannes : elle était la plus grande pleureuse que la télévision ait jamais connue. Sa bouche s'ouvrait, ses lèvres tremblaient, son nez se mettait à frémir, ses cils battaient avec fureur. Puis, ses yeux se remplissaient de larmes, tandis que son visage prenait une expression si accablée que le téléspectateur le plus endurci se sentait pris de pitié. A peine le metteur en scène s'était-il écrié : « Coupez ! » que le déluge s'interrompait.

– Alors, qu'en penses-tu ? demanda-t-elle en se tournant vers Dirk une fois qu'ils furent seuls. De quoi ai-je l'air ?

– Magnifique, dit-il en s'avançant lentement. Tout simplement magnifique.

– De ta part, c'est un bien long compliment. Merci, chéri. Je suis si nerveuse que je pourrais me ronger les ongles jusqu'au coude !

– Et pourquoi ? dit-il d'une voix douce. Veux-tu que je t'apaise, mon ange ?

– Oui... chuchota-t-elle... mais Dirk... fais attention... il ne faut pas que... tu déranges quoi que ce soit.

– N'aie pas peur.

Prudemment, il sortit un sein, qu'il entoura de sa main, puis l'autre, que ses lèvres expertes vinrent caresser. Rejetant la tête en arrière, tout en prenant soin de ne pas déséquilibrer la massive perruque blonde, elle se mit à geindre doucement. Puis la main de Dirk descendit et se glissa sous sa jupe. Ses doigts s'agitèrent avec compétence : ce n'était pas la première fois, et il savait exactement comment la conduire au plaisir. Cette fois, ce fut un record, même pour elle : une minute suffit pour qu'elle pousse le petit cri aigu signalant l'extase. Dirk remit soigneusement les deux seins en place, et lui tendit des Kleenex.

– Tu te sens mieux ?

Puis il lut dans ses yeux et, prenant sa main, lui embrassa la paume :

– Plus tard, quand tu auras gagné. Prête ?

– Prête à tout ! répondit-elle en souriant.

La cérémonie promettait d'être la plus prestigieuse de toutes : des starlettes partout, vêtues de robes fendues jusqu'au nombril ; des agents au sourire sournois ; des épouses de Beverly Hills arborant des robes à vingt mille dollars, couvertes de deux millions de dollars de bijoux ; des dizaines de paparazzi, toutes les chaînes de télévision.

Katherine sortit de la limousine blanche. Ce fut comme une apparition : on aurait dit qu'elle était nue, et couverte de toiles d'araignée. Des acclamations jaillirent de la foule de badauds.

– Georgia, je t'adore ! hurla Darren, le plus ardent de ses fans.

Jamais il ne manquait la moindre de ses apparitions publiques dans un rayon de cent kilomètres autour de L.A. Il se précipita et, franchissant le cordon de police, vint lui offrir une rose jaune. Katherine avait en effet déclaré, lors d'une interview, qu'elle les adorait : et depuis, il ne cessait d'en arriver, chez elle ou au studio. Elle en avait franchement assez ; mais elle prit la fleur, la respira pensivement puis, d'un geste grandiose, la jeta dans la foule qui poussa des cris de joie.

Des micros se tendirent vers elle comme autant de têtes de serpent :

– Êtes-vous heureuse d'être nominée ?

– Qu'est-ce que cet événement signifie pour vous ?

Warwick Kingsley, l'agent de relations publiques de Katherine, était à ses côtés : il repoussa les journalistes et la fit avancer sans perdre de temps. Elle n'en avait pas fini pour autant : ce fut le tour des caméras, puis des photographes.

Ils étaient près de deux cent cinquante, représentant la presse du monde entier. Katherine dut se prêter au jeu, prendre la pose en avançant avec lenteur, pour que chacun puisse avoir son quota de clichés. Mais, comme tous jouaient des coudes, ils ne tardèrent pas à hurler, se battant presque pour prendre la meilleure photo possible de Katherine et de Tony.

Tous deux seraient, dès demain, présentés par la presse comme étant très liés. Mais quelle importance ? Il était beau, et très gentil. Il était aussi homosexuel, ce qui ne pouvait faire de bien à son image de *sex symbol*; aussi avait-il besoin d'être vu en compagnie de l'une des plus belles femmes de la ville. Ce qui d'ailleurs convenait parfaitement à Katherine, maintenant qu'elle n'avait plus personne dans sa vie. Avec Tony, elle n'aurait rien à craindre...

A peine pensait-elle en avoir terminé, que Katherine entendit de nouvelles acclamations. Kingsley la tira par la manche :

– Éléonore vient d'arriver, et les médias veulent de nouveaux clichés.

– C'est vraiment nécessaire ? chuchota-t-elle.

– J'ai bien peur que oui, sinon il y aura des articles très désagréables demain dans la presse.

– Très bien, patron. Où est la sublime diva ?

Comme par miracle, Éléonore fit aussitôt son apparition.

– Chère Kitty ! Tu es superbe !

– Toi aussi, chérie.

Les deux femmes s'embrassèrent, mais de loin, restant à vingt bons centimètres de leurs joues peinturlurées, sans perdre l'occasion d'examiner mutuellement leurs robes dans le moindre détail. Les photographes furent pris de frénésie : il était rare de pouvoir prendre en photo les deux vedettes les plus populaires de la télé, leurs clichés se retrouvéraient en couverture de bien des revues.

Il y avait entre les deux actrices un constraste fascinant : on aurait dit le jour et la nuit. Aux cheveux noirs de Katherine, à ses lèvres carmin, à son teint pâle, à son fourreau de dentelle s'opposaient la chevelure blond cendré et la peau dorée d'Éléonore, resplendissante dans sa robe pailletée, et qui traînait avec elle une énorme étole de renard. Mais la fête ne dura pas et, au grand mécontentement des photographes, les agents de relations publiques des deux femmes les emmenèrent chacune dans un coin.

– Quel cauchemar ! marmonna Katherine à Tony en s'effondrant sur un des sièges disposés autour d'une table du Beverly Hilton Ballroom, où toute l'équipe était déjà rassemblée.

Albert jeta un coup d'œil à sa montre :

– Tu es en retard ! Le spectacle commence dans trois minutes !

– Fais-moi donc un procès ! Éléonore est arrivée encore plus tard.

Katherine alluma une cigarette, sans se soucier du regard désapprobateur de l'acteur, lui sourit, et lança dans sa direction un anneau de fumée parfait.

– Il serait temps qu'on interdise de fumer dans les lieux publics ! grommela-t-il.

– Albie, ça te va bien de dire ça ! J'ai vu tes vieilles photos des années 40, tu as toujours une cigarette au bec !

Tony sourit et en alluma une à son tour.

– Notre petite famille n'est-elle pas délicieuse ? lui chuchota Katherine à l'oreille. Tout le monde s'adore, non ?

Steve et Mandy bavardaient à la table voisine, mais dès que le scénariste aperçut Kitty, il se leva pour l'embrasser.

– Si jamais tu deviens encore plus belle, ils devront t'interdire d'antenne.

– C'est dans quel film ?

– C'est de moi ! Une formule inoubliable, écrite tout spécialement pour toi.

Katherine sourit. Pourquoi ne pourrait-elle pas rencontrer quelqu'un comme Steve ? Quelqu'un ayant les pieds sur terre, beau, drôle, qui ne se prendrait pas au sérieux. Elle jeta un coup d'œil à Mandy. Celle-ci, en grande conversation avec Maximilian, était apparemment si sûre de l'amour de son mari qu'elle ne s'inquiétait jamais à la pensée qu'il puisse la délaisser pour une autre.

Steve et Katherine se perdirent dans leur badinage. A quatre tables de là, un homme nommé Giancarlo Valmerio admirait l'air espiègle de l'actrice.

– Cette femme a la plus belle bouche que j'aie jamais vue, dit-il à son compagnon – un tout petit monsieur ressemblant à une grenouille qui aurait bon cœur.

– Kitty Bennett ? Pourquoi ne pas le lui dire ? Mais tu es peut-être trop timide ?

– Timide, moi ?

Des sourcils noirs délicatement incurvés se dressèrent au-dessus d'yeux d'un vert si parfait qu'en comparaison ceux de Katherine auraient paru ternes.

– Je lui ai déjà dit qu'elle était belle – mais elle ne sait pas qui je suis.

Sortant un calepin de la poche de son habit de soirée, il y prit une carte sur laquelle il écrivit :

Miss Bennett, vous avez la plus belle bouche du monde.

Billy Crystal commençait à chauffer le public, quand un serveur apporta le message à Katherine. Elle lui demanda qui l'avait envoyé ; l'homme eut un geste en direction de la table à laquelle Giancarlo était assis.

Elle le regarda, et son cœur se mit à battre. Il était assez loin d'elle, mais cela suffisait pour voir que c'était un homme superbe, aux yeux admirables. S'apercevant qu'elle le dévisageait, il leva sa flûte de champagne, pour lui porter un toast silencieux qu'elle lui rendit. Pourquoi pas ? songea-t-elle. D'où sort-il donc ? Des hommes aussi beaux ne poussent pas sur les arbres des collines d'Hollywood...

Puis elle le perdit de vue : une armée de maîtres d'hôtel mexicains commençaient à servir le dîner. Elle en fut déçue. « Vous avez la plus belle bouche du monde. » Kitty sourit en relisant le message, qu'elle plaça avec soin dans son sac à main. Vous n'êtes pas mal non plus, M. La Merveille, pensa-t-elle.

Les acteurs des *Skeffington* savaient déjà qu'ils seraient les grands vainqueurs de la soirée. Gabe Heller leur avait dit qu'Albert Amory accepterait en leur nom la prestigieuse statuette dorée. Ce qui ne dérangeait personne, et surtout pas Katherine, qui détestait prendre la parole en public.

Les nominés pour chaque récompense furent appelés un à un, et les vainqueurs s'avancèrent sur la scène d'un pas généralement incertain, la plupart des invités étant diversement ivres, et parfois défoncés. *Les Skeffington* remporta le prix de la meilleure série dramatique ; toute l'assistance acclama les dix comédiens qui, derrière Albert, montèrent sur le podium.

C'est à ce moment que les choses cessèrent de se dérouler comme prévu. La starlette blonde qui tenait la statuette dépassa Albert et Éléonore, pour la déposer dans les mains de Katherine, non sans balbutier : « Félicitations, Miss Bennett, vous l'avez mérité. » L'espace d'un instant, Kitty demeura stupéfaite devant l'énormité de la bourde, mais son instinct d'actrice reprit le dessus et, s'avançant vers le micro, elle déclara : « Je tiens à vous remercier, au nom de toute l'équipe, du grand honneur que vous nous faites. Je vais remettre ce prix à notre illustre chef de groupe. »

Elle tendit la statuette à Albert, mais celui-ci secoua la tête, refusa de la prendre, et lança à l'assistance : « Elle a tout dit, je n'ai rien à ajouter ! »

Puis, sans regarder Katherine, il quitta la scène et s'éloigna, lançant à mi-voix :

– Tu la voulais tellement, maintenant garde-la !

– Je t'ai vue t'en emparer ! intervint Éléonore. Katherine, vraiment !

Tony Bertolini prit la main de Kitty et chuchota :

– Ne te laisse pas faire ! J'ai tout vu ! Et surtout, reste calme.

– Et comment ? Tony, tu sais bien ce qui s'est passé ! Cette idiote m'a mis la statuette dans les mains ! Qu'est-ce que j'aurais dû faire ? La laisser tomber ?

– Tu as fait ce qu'il fallait. Maintenant, remets-toi et oublie tout ça. On va rencontrer la presse, alors poitrine en avant, et toutes dents dehors !

L'entrée était pleine de photographes et de journalistes ; on se serait cru dans un sauna. Katherine jeta la statuette à la responsable des relations publiques, qui parvint à convaincre Albert de la prendre, tandis que toute l'équipe souriait à belles dents.

– Regardez par ici !

– Par ici !

– Kitty, souriez, souriez !

– Souriez, Albert !

Le supplice se termina enfin, et Katherine quitta les lieux avec une envie folle de s'enfuir.

Mais c'était impossible, pour le moment du moins. Il restait à annoncer qui était l'actrice préférée des téléspectateurs et, sans avoir grand espoir en ce domaine, il fallait qu'elle soit là.

La rumeur voulait que celle qui décrocherait la timbale obtienne le rôle d'Emma Hamilton dans une mini-série qu'ABN préparait. L'agent de Katherine était persuadé qu'elle avait toutes ses chances, que la chaîne s'intéressait vraiment à elle. Il convenait toutefois d'attendre la proclamation des résultats : aucune décision ne serait prise avant.

Cela parut interminable, mais, pour finir, Don Johnson, en habit de soirée et superbement bronzé, donna le nom des cinq actrices nominées.

Éléonore sortit son poudrier, répara en hâte des dégâts imaginaires, et retint son souffle. Patty O'Rourke, la plus jeune des heureuses élues, tira une nouvelle bouffée de son joint et gloussa à l'adresse de son petit ami, lequel avait jugé bon de venir en T-shirt et blouson de cuir noir.

Donna Mills était satisfaite. Elle savait qu'elle ne gagnerait pas, ayant reçu le prix l'année précédente, mais il lui était très agréable d'être nominée encore une fois, surtout face à une telle concurrence.

Jessica Brandon but une gorgée de vin blanc et sourit à Harold, qu'elle avait épousé cinquante ans plus tôt.

– Bonne chance ! chuchota-t-il.

– Je n'en ai aucune, répondit-elle à voix basse. Mais c'est quand même amusant, non ?

Katherine aperçut Giancarlo Valmerio, qui apparemment avait changé de place : il n'était plus qu'à trois tables d'elle. Il leva de nouveau son verre et elle se sentit rougir comme une écolière.

– Et la lauréate est...

Kitty retint son souffle.

– ... Éléonore Norman.

Elle eut un petit soupir.

– Ah ! on ne peut pas gagner à tous les coups, dit Tony pour la réconforter, après qu'Éléonore fut montée sur scène pour faire un petit discours qui ne dura pas moins de sept minutes.

– Aucune importance. Ça sera pour la prochaine fois.

Remporter le prix aurait donné un incroyable coup de fouet à sa carrière. Il était désormais impossible qu'elle incarne Emma Hamilton et, en dépit de la chaleur qui régnait dans la salle, Katherine frissonna. Les vents du changement soufflaient, et ne donnaient pas l'impression d'être porteurs de bonnes nouvelles.

Une fois le dernier prix décerné, personne ne prit la peine de faire honneur au soufflé au chocolat ni au café tiède. Toutes les célébrités d'Hollywood se dirigèrent vers la sortie d'un seul élan, non sans emporter œillets, roses rouges et marguerites teintes en bleu déposées sur les tables. La ruée fut telle qu'on aurait cru des bagnards s'évadant d'Alcatraz. Katherine sortit, échappant à grand peine à la foule et aux fans en délire, mais elle eut beau regarder autour d'elle, l'homme aux superbes yeux verts semblait avoir disparu.

– C'est bien ma chance, dit-elle à Tony comme tous deux se laissaient tomber à l'arrière de la limousine. On dirait qu'il s'est volatilisé !

Tony, on s'en doute, avait lui aussi remarqué le bel inconnu.

– Il doit être pédé, de toute façon, répondit-il gaiement. Dans cette ville, c'est le cas de presque tous les beaux blonds. Ou alors il est serveur, ou même acteur !

Katherine plissa le nez :

– Plus question ! J'ai déjà donné ! Les acteurs sont rarement capables d'amour, parce qu'ils sont trop préoccupés d'attirer celui du public, de leurs fans, ou de qui que ce soit.

– J'en suis bien d'accord. La plupart sont des égocentriques forcenés. Mais les actrices ?

– C'est pareil ! Nous adorons toutes les applaudissements, même si nous ne voulons pas le reconnaître. C'est vraiment une profession d'idiots. Marlon avait bien raison.

– Oui, mais Brando a beau dire, il en a quand même bien profité. Enfin, encore deux semaines, et tu seras en route vers le Gai Paris ! Tu vas t'amuser comme une folle !

– Je l'espère, Tony. Je l'espère vraiment.

5

Le lendemain, au studio, la première voix que Katherine entendit fut celle de sa mère, sur son téléphone portable. Véra la plaignit longuement d'avoir perdu face à « cette poufiasse britiche », ce qui était d'autant plus ironique qu'elle-même était d'origine anglaise... D'énormes ballons étaient suspendus au-dessus d'un gâteau affectant la forme de la statuette offerte en récompense, et orné de deux mains dorées qui paraissaient applaudir.

Il y eut ensuite la séance photos. D'abord Éléonore avec toute l'équipe, pour fêter le succès du feuilleton. Puis Éléonore seule, bien au centre de la scène, reine mère du studio, toute douceur et légèreté, prête à être l'amie de tout le monde.

Sa carrière allait prendre de l'ampleur et elle ne l'ignorait pas. Au déjeuner, son agent l'appela, triomphant : « Ça y est, ma toute belle, tu as réussi ! Tu vas être Emma Hamilton ! Toutes mes félicitations ! »

De son côté, Katherine se voyait annoncer des nouvelles inquiétantes. Elle grignotait gâteaux de riz et blanc de poulet dans sa loge, tout en répétant son texte, quand le portable sonna. Elle crut que Véra revenait à la charge :

– C'est toi, Maman ?

Mais c'était Tommy, dont la voix trahissait l'anxiété.

– Qu'est-ce qui se passe, chéri ?

Il y eut des sanglots à l'autre bout du fil, puis l'adolescent réussit à balbutier :

– C'est Papa... je l'ai eu au téléphone et... il est... il est...

– Tommy chéri, s'il te plaît, arrête de pleurer et dis-moi ce qui se passe.

– C'est Papa... il m'a dit... il est... on lui a dit que...

– Quoi donc ? demanda Katherine, inquiète, en jetant un coup d'œil à sa montre.

Il était deux heures moins cinq. Bon Dieu, pensa-t-elle, pourquoi tout ce qui arrive dans ma famille, dans ma vie, se produit-il toujours à la fin de la pause déjeuner, alors qu'on va frapper à la porte à tout moment ?

– Papa est atteint d'un cancer, finit par dire Tommy.

Katherine se mit à trembler :

– Tommy, tu es sûr ? Ton père en est sûr ?

– Oui, oui.

Brenda classait le courrier ; elle leva les yeux et vit que Katherine blêmissait.

– Chéri, dis-moi tout.

– J'allais partir au lycée ce matin, quand Papa a appelé. Il m'a dit qu'il voulait me voir, que c'était vraiment important. Je lui ai expliqué que j'étais en retard, mais il m'a répondu que le lycée passait après. J'ai déjà essayé de te joindre, Maman, ajouta Tommy d'un ton de reproche, mais tu n'étais pas là.

– J'étais sans doute sur le plateau, chéri.

– Enfin, je suis passé chez lui. Bon sang, quel taudis ! Tu y es déjà allée ?

– Oui, chéri. Je sais que c'est dur pour toi, mais continue.

– Papa était dans un fauteuil, sans doute ivre. Il avait les yeux vitreux... Il m'a fait asseoir, m'a offert un Coca, puis m'a dit qu'il était allé voir un médecin hier, et que le gars lui avait appris qu'il avait un cancer.

– De quel type ?

– Je ne sais pas, il ne me l'a pas dit. Il était ivre, M'man, et je crois un peu défoncé aussi. Qu'est-ce qu'on va faire ? Il n'a pas d'argent pour le traitement, il dit qu'il va falloir l'opérer, et que ça va coûter des milliers de dollars.

– Il n'a pas d'assurance ?

Mais Katherine connaissait déjà la réponse, et à cet instant précis on frappa à la porte, tandis qu'une voix lançait :

– Katherine, dans cinq minutes sur le plateau !

– Tommy, écoute-moi bien, je ne veux pas que tout ça te bouleverse. Pour commencer, le cancer se guérit, de nos jours, tu le sais.

– Tu en es sûre ?

– Tout à fait.

Elle s'efforça de mettre dans sa voix un optimisme qu'elle n'éprouvait nullement. Il y avait toutes les chances que Johnny ait un cancer du poumon ; avec tout ce qu'il fumait depuis vingt ans, cela n'avait rien d'étonnant. Il en était à présent à trois paquets par jour ! Katherine avait cessé longtemps auparavant de vouloir le raisonner. Après tout, c'était sa vie à lui. Il n'allait pas en rester grand-chose, s'il était vraiment cancéreux, mais elle devait essayer de lui venir en aide, au nom de leur fils.

– Tommy, il ne faut pas que tu t'inquiètes. Il est deux heures. Est-ce que ça n'est pas l'après-midi où tu joues au base-ball ?

– Ouais.

– Alors vas-y, et tant pis si tu as manqué le lycée ce matin. Dis la vérité à tes professeurs, explique-leur que ton père est malade. Je vais l'appeler et voir ce que je peux faire.

– C'est vrai, M'man ?

– Bien sûr. Tu sais que je ferai tout ce que je peux.

– Et si Papa mourrait ?

– Ça n'arrivera pas.

– S'il meurt, il vaudra mieux pour toi qu'il ne t'arrive rien, dit-il d'un ton dur. Tu me le promets ?

– Oui, chéri.

De nouveau on frappa à la porte :

– Kitty, magne-toi le cul ! On a huit minutes de film à mettre en boîte pour ce soir, et on n'attend plus que toi !

– Tout de suite ! hurla-t-elle, avant de dire à Tommy d'une voix douce : rien ne m'arrivéra, chéri, je te le promets.

– Tu seras là, ce soir, pour dîner ?

– Je ne manquerais ça pour rien au monde.

Johnny contempla le papier peint d'un œil vide. Il commençait à se décoller depuis le plafond : des cafards s'étaient même installés dans les moulures.

Puis son regard tomba sur les photos posées sur le bureau. Kitty et lui avaient péniblement réussi à se les partager ; autrefois, elles étaient dans des cadres d'argent qui avaient depuis longtemps pris le chemin de la boutique du prêteur sur gages. Il avait conservé celles qui voulaient encore dire quelque chose pour lui. Ainsi celle de leur mariage : ils avaient l'air de deux enfants, assis à l'arrière de la décapotable, si jeunes, si heureux, si amoureux...

– ... si enceinte, ajouta-t-il cyniquement, avant de sortir le cliché de son cadre bon marché, et de le déchirer en menus morceaux qu'il dispersa sur le sol comme autant de confettis.

Cette belle gitane aux cheveux noir corbeau était bel et bien enceinte quand il l'avait épousée. Le contraire aurait été surprenant, tant ils faisaient l'amour. Ils étaient, suivant le dicton, gueux comme un rat d'église, et vivaient dans un taudis encore pire que celui qu'il occupait aujourd'hui.

Johnny était alors le seul des deux à avoir du travail ; elle se contentait de tenir la maison et de se faire à sa grossesse. Il était un jeune acteur plein de promesses, qui répétait une nouvelle pièce off-Broadway. Son agent lui promettait monts et merveilles, les critiques avaient déjà parlé de lui en termes flatteurs.

Combien de temps, déjà ? Vingt ans. Leur enfant aurait vingt ans aujourd'hui. L'enfant qu'elle avait tué.

Johnny alluma sa première cigarette de la journée, et but une gorgée de whisky au goulot. Bien sûr, elle jurait n'être responsable de rien. A l'en croire, elle était tombée de scène suite à un simple accident. Il lui avait reproché d'accepter un rôle alors qu'elle était enceinte de trois mois, il avait tenté de la raisonner, mais elle lui avait ri au nez :

– Johnny chéri, avait-elle dit en se serrant contre lui, ça ne durera que six semaines. La pièce est débile, mais on a besoin d'argent pour le bébé.

Et elle s'était tapotée le ventre en souriant :

– Et je veux cet enfant, Johnny, vraiment.

Il n'avait guère le choix. Quand Kitty avait décidé de faire quelque chose, rien ni personne ne pouvait l'en empêcher. Elle avait donc résolu de jouer une pièce minable écrite par un tâcheron quelconque, et le soir de la générale avait trébuché, se cassant un bras. Si bien que, lors de la première représentation, elle avait un plâtre, ce qui ne l'empêchait pas de courir se cacher derrière des armoires, de sauter dans des coffres, car elle jouait le rôle d'une femme terrorisée par une bande de voyous qui avaient pénétré dans sa maison. Toute l'histoire était parfaitement grotesque, mais Johnny avait bien dû admettre que sa femme avait du talent. Trois jours plus tard, naturellement, ce qui devait arriver était arrivé. Elle s'était effondrée sur scène devant trois cents personnes, avait eu une hémorragie, et, le lendemain, avait perdu le bébé.

Il jeta un coup d'œil à une autre photo. Lui, Kitty et Tommy, alors tout petit. Cette fois, ils avaient enfin l'enfant qu'ils désiraient tant, et Johnny gagnait assez d'argent pour qu'elle cesse de travailler et reste à la maison. Mais non. Katherine Bennett n'avait aucune intention de renoncer à devenir une grande actrice.

– Chéri, il y a vraiment de trop bons rôles à prendre, et je veux les jouer. Je me fiche éperdument d'être une star, je n'en serai jamais une, ça n'est pas mon genre, mais tant que je peux trouver du boulot, et que Tommy est assez petit pour que je l'emmène avec moi, où est le problème ?

Et il n'y en avait pas, se dit Johnny. Il était alors sur la pente ascendante : les critiques étaient enthousiastes, comme les spectateurs quand il venait saluer. De grands agents le contactèrent après qu'il eut joué *Hamlet*. Il contempla le cliché pris à cette occasion, fasciné par le visage pensif de cet acteur de trente ans. Son visage.

Puis il leva les yeux vers le miroir et vit la réalité. Son teint se brouillait, son épaisse chevelure, autrefois si noire, grisonnait et se dégarnissait. Il mangeait à peine, et pourtant il était boursouflé ; tout son corps était flasque et mou. Quant à la bagatelle... Comment avait-il pu se montrer à la hauteur tous les matins avec Kitty ? Et quand elle n'était pas aux environs, il y avait tant de jeunes actrices prêtes à se laisser convaincre... Tout cela était terminé.

Les médecins s'étaient montrés prévenants, mais guère optimistes. Il avait un cancer du poumon, qui toutefois ne s'était pas encore étendu. Ils pourraient l'opérer – contre espèces sonnantes et trébuchantes, bien entendu. Il n'avait plus qu'à réunir dix mille dollars pour l'opération. Enfantin. Johnny écrasa sa cigarette et en alluma une autre aussitôt. Il savait que Tommy en parlerait à sa mère, et que celle-ci avait toutes les chances de lui venir en aide. Il ne voulait pas lui demander l'argent directement ; mieux valait qu'elle vienne le lui offrir.

Le téléphone sonna à cet instant précis, comme par hasard.

– Johnny ? dit une voix chaleureuse. Tommy vient de m'appeler. Dis-moi que ça n'est pas vrai.

– Si. J'ai un cancer. John Wayne lui-même n'a pas su s'en sortir, et je n'ai pas beaucoup de chances. Le toubib a dit que si j'avais eu un accident de la circulation, il se serait rendu compte à l'autopsie que je fume trois paquets par jour, rien qu'à voir mes poumons.

– Ils peuvent faire quelque chose ? Je peux faire quelque chose ?

– Ils peuvent m'opérer, mais ça va coûter un maximum.

– Combien ?

– Dix mille dollars, rien que pour l'opération.

– Écoute, Johnny, tu es le père de Tommy, et tu sais qu'il compte plus que tout pour moi.

Bien sûr, pensa-t-il. Après ta carrière d'actrice, évidemment. Mais il se contenta de répondre :

– Je le sais, Kitty, je le sais.

– Veux-tu que je passe te voir ? Je suis en voiture, je rentre à la maison. Je peux m'arrêter un instant, si tu le désires.

– Non, je ne veux pas que tu me voies. Ça serait trop pénible.

– Johnny, je veux que tu te fasses opérer, et je paierai. Je le fais pour Tommy, alors ne discute pas. Envoie-moi les factures, ou plutôt envoie-les à Brett, qui s'occupe de mes affaires. Je te rappellerai demain. Au revoir, Johnny. Je suis vraiment accablée.

Il y a de quoi, songea-t-il en vidant la bouteille. Il y a de quoi.

Quand Katherine expliqua la situation à Brett, il eut un rire moqueur :

– Dix mille dollars ? Et où diable veux-tu que je les trouve ?

– Bon Dieu, Brett, je gagne quand même quarante mille dollars par semaine, non ?

– Sur lesquels l'Oncle Sam prélève 40 %. Ton agent prend 10 %, et moi 5 %, ce qui te laisse quelque chose comme dix-huit mille dollars. Avec tes avocats, ton personnel de maison, ton chauffeur, ta coiffeuse, les frais de scolarité de Tommy...

– Brett, laisse tomber. Je sais que les choses sont un

peu difficiles en ce moment, mais je devrais être augmentée la saison prochaine.

Ça m'étonnerait, se dit Brett, qui venait tout juste de lire, dans le *National Tattler*, un nouvel éreintement de Kitty.

– Brett, tu t'occupes de Johnny, et tu paies. D'accord ? dit-elle d'une voix froide.

– Je crois qu'il va falloir hypothéquer de nouveau la maison. Si tu n'avais pas décidé d'investir dans les fauteuils Art Déco, les défenses d'éléphant, les vases de Gallé... on dirait que tu ne te rends pas compte que l'argent ne dure pas toujours.

– Je l'ai gagné, jusqu'au dernier sou, et je devrais pouvoir en faire ce que je veux.

– Tout ça est bien joli, Kitty, mais tu ne peux pas continuer à le jeter par les fenêtres. Tu n'es pas Cher ou Madonna, qui gagnent des millions, tu n'es jamais qu'une salariée, certes privilégiée, et tu vas un peu loin.

– C'est pour ça que je te paie. Hypothèque la maison jusqu'au troisième sous-sol, je m'en fiche éperdument. J'ai bien l'intention de venir à bout des deux dernières semaines de tournage, puis de prendre des vacances, et ne viens pas me dire que je n'ai pas assez d'argent pour ça.

Il soupira :

– Bon, bon, c'est toi la patronne... Alors, et Emma Hamilton ?

– Tu n'es pas au courant ? Sa Sereine Sérénité, notre chère Rose Anglaise, a décroché le pompon. C'est la vie ! Il y aura toujours d'autres rôles.

Disant cela, Katherine était bien consciente de ne pas en voir passer beaucoup. Les responsables des castings ne voulaient pas lui faire jouer des personnages coriaces, parce qu'elle était un choix trop évident ; et dans le même temps, ils la jugeaient trop dure pour des rôles moins marqués. Situation sans issue, qui la rendait souvent amère, bien qu'elle sache avoir beaucoup de chance, quand on connaît le sort commun des acteurs.

– A propos, dit-elle, je veux que tu flanques mon agent à la porte.

– Mais ça ne fait que trois mois que tu l'as engagé !

– Je sais ! Et depuis, il n'a réussi à me dénicher qu'une seule proposition ! Alors, fais ce que je dis, Brett, et fiche-le dehors.

– Et que vas-tu faire ensuite ? Tu as déjà été représentée par William Morris, CAA et ICM. Il ne reste pas beaucoup d'agences de poids en ville.

– C'est ton boulot, Brett. Tu prends 5 % de mon salaire, donc tu me trouves un agent. Il faut que je m'occupe de ma vie, de celle de mon fils, et que j'essaie de garder la tête hors de l'eau. Et ça ne s'arrange pas, avec tout ce qui me tombe dessus.

Tommy était si excité à l'idée de découvrir l'Europe qu'il oublia tout à fait de se montrer désagréable avec sa mère. Ils passaient presque toutes les soirées ensemble, savourant la délicieuse cuisine de Maria, jouant à des jeux. Un soir, le jeune garçon lui proposa une partie de Scrabble :

– Je me suis entraîné, je suis sûr de te battre !

– Tu sais que c'est moi la meilleure, répondit Katherine en riant, et je te préviens, je ne te laisserai pas l'ombre d'une chance !

C'est d'elle que Tommy tenait le goût de la compétition ; il finit par l'emporter à l'issue d'une lutte extrêmement serrée.

– C'est la première fois que je te bats, M'man ! dit-il, triomphant.

– Et j'ai bien peur que ce ne soit pas la dernière ! Mon Dieu, il est neuf heures et demie, il est temps d'aller se coucher. J'ai un texte à apprendre, et toi, ô fils bien-aimé, tu vas au lycée demain.

– Comme vous voudrez, mon capitaine, répondit Tommy en la serrant dans ses bras, plus tendrement qu'il ne l'avait fait depuis très longtemps. Et merci pour ce que tu fais pour Papa, ajouta-t-il en chuchotant.

– Va te coucher, gamin. On rejoue demain, et je te promets que cette fois c'est moi qui gagnerai !

Plusieurs nuits d'un sommeil sans nuages rendirent à Kitty sa fraîcheur de peau, et le goût des exercices physiques lui revint également. Un matin, très tôt, elle sortit faire son jogging et, sur Benedict Canyon, se vit saluer par un homme qui courait en sens opposé.

Il eut un grand sourire :

– Bonjour ! Je m'appelle Jake Moffatt. Je viens de m'installer tout près de chez vous.

– Bonjour ! Je suis Katherine Bennett.

– Je sais qui vous êtes !

Jake Moffatt était une rock star britannique, fort célèbre en Angleterre, mais encore à peu près inconnue aux USA – pas de Tommy, toutefois, qui le comptait parmi ses favoris. Il avait de petites dents blanches et pointues, un visage en lame de couteau, un corps noueux. Si Katherine ne se sentait nullement attirée par lui, l'inverse n'était manifestement pas semblable, car au cours des trois jours qui suivirent, elle ne cessa de le croiser, comme par hasard. Le vendredi, il lui tendit une enveloppe :

– C'est pour une fête que je donne demain soir ! J'espère que vous viendrez ! Beaucoup de vos amis seront là, il y a quelque chose à célébrer.

– Et quoi donc ? demanda Kitty, que cette perspective enchantait toujours.

– Je viens juste de signer avec Face Records, à des conditions très avantageuses, alors j'ai décidé de mettre les petits plats dans les grands.

– Je dois aller à un match des Lakers avec mon fils, mais je pourrai peut-être passer après.

La rencontre terminée, Tommy annonça qu'il préférait aller chez Todd, qui lui aussi donnait une soirée.

– Tu ne vas pas boire, au moins ? demanda-t-elle un peu inquiète.

– Bien sûr que non, c'est fini, tout ça. Todd a invité tous les membres de la bande. Pourquoi ne vas-tu pas chez Jake t'amuser un peu ? Ça te changera !

Quand Katherine arriva, la fête battait son plein. Plusieurs dizaines de filles – dont beaucoup d'actrices, mais aussi un certain nombre de professionnelles farouchement décolletées, aux mini-jupes proches du néant – circulaient parmi les grands noms d'Hollywood. Une fontaine de Margarita coulait dans le patio de style espagnol. Jake l'accueillit avec chaleur, non sans la serrer d'un peu trop près. Elle réussit, sans trop trahir son irritation, à se libérer, et s'apprêtait à plonger dans la foule quand elle aperçut un couple qui lui fit battre le cœur un peu plus vite. C'était son mystérieux admirateur, le beau blond aux yeux verts, accompagné – qui l'eût cru ! – d'Éléonore Norman en personne. Elle suivit la scène avec inquiétude. On aurait bien dit qu'il se montrait poli, mais sans plus, tandis qu'elle était manifestement très intéressée. Rien de pire que de se duper soi-même...

La Rose Anglaise avait manifestement décidé de faire grosse impression – à tel point qu'on aurait cru une parodie d'elle-même. Une robe noire la moulait, décolletée jusqu'au nombril, et fendue très haut sur le côté, révélant des bas de soie noire et un porte-jarretelles rouge. Sa chevelure blond cendré lui bouffait tout autour de la tête, et ses boucles d'oreilles étaient si longues qu'elles venaient reposer sur ses épaules hâlées. Elle regardait le bel inconnu droit dans les yeux, tout en jouant négligemment, du bout des doigts, avec le revers de son smoking.

Kitty contemplait le spectacle, pétrifiée : peut-être devina-t-il qu'on les observait, car soudain il se tourna vers elle. Elle aurait aimé lui parler, mais comment faire, puisqu'il était occupé à discuter avec Éléonore ? Il leva son verre, sourit, donna l'impression de vouloir venir la retrouver. Malheureusement, à cet instant, Katherine fut bousculée, et, le temps qu'elle se reprenne, l'inconnu avait disparu, perdu dans la foule.

Steven, arrivé à sa hauteur, lui demanda comment elle allait, lui dit à quel point elle était belle – non sans se demander ce qu'elle avait, car elle paraissait distraite, perdue dans ses réflexions, comme quelqu'un à qui on vient d'apprendre une mauvaise nouvelle.

– Où est Mandy ? finit-elle par demander, avec effort.

– Elle s'est entraînée toute la journée pour le marathon de L.A., et elle est épuisée.

Il y avait dans la voix de Steve une certaine amertume ; Katherine le dévisagea. De toute évidence ce n'était pas le moment d'aborder la question plus en détail.

– Ça te dit ? demanda-t-il en indiquant, sous une tente installée en plein milieu du court de tennis, une table chargée de victuailles.

– Je meurs de faim !

Il y avait des saucisses, des oignons frits, de la purée, des haricots et des harengs fumés – bizarre assortiment que certains, à Beverly Hills, s'obstinaient à croire typiquement anglais, mais qui ressemblait davantage à un petit déjeuner. Tous deux s'assirent, bientôt rejoints par Jake et d'autres. Katherine ne cessait de jeter des coups d'œil vers l'entrée, au cas où le bel inconnu aurait fait son apparition, mais sans grands résultats.

Steven racontait une histoire drôle qu'elle semblait ne suivre qu'avec effort. Kitty paraissait penser à autre chose, attendre quelqu'un. Voyant son visage s'éclairer, il regarda autour de lui et comprit : un homme grand et blond, très beau... Il ne put s'empêcher d'éprouver un peu de jalousie.

Katherine avait déjà bu plusieurs Margarita ; elle eut envie de danser. Cela faisait longtemps qu'elle ne s'était pas sentie aussi libre, et elle se pencha vers Steve :

– Dansons !

Un orchestre jouait des rythmes sud-américains endiablés ; ils se lancèrent dans un fandango farouche. Katherine s'abandonna sans plus penser à rien – ni aux journalistes qui rédigeaient déjà sa nécrologie professionnelle, ni aux rumeurs d'Hollywood selon lesquelles sa carrière était sur le déclin, ni à ses quarante-trois ans, qui faisaient d'elle une des femmes les plus âgées de l'assistance – moins qu'Éléonore, certes, mais quand même... Ce soir, elle se sentait jeune et pleine de vie. Quand la musique prit fin, la foule qui les entourait éclata en applaudissements. Steve et Katherine prirent la pose – et c'est à ce moment que, du coin de l'œil, elle aperçut le bel inconnu.

Il était à l'entrée et la regardait. Elle n'ignorait pas que son maquillage avait dû couler, que ses cheveux étaient en désordre et son front en sueur, mais peu lui importait. Il était hors de question qu'il disparaisse de nouveau. Demandant à Steve d'aller leur chercher du champagne, elle traversa la piste de danse – pour voir Éléonore surgir de nulle part, prendre le bras de son admirateur et lui faire quitter les lieux.

Steve était déjà de retour :

– Tu dois mourir de soif !

– Oh ! que oui.

Elle en but une gorgée, puis vida son verre d'un trait. Une vraie merveille, d'autant plus que le champagne lui était tout spécialement interdit ; il a la réputation de vous ballonner les chairs.

– Ça te dirait de recommencer ? demanda Steve.

– Très certainement. Oh ! à propos, qui est donc ce type que j'ai vu avec Éléonore, ce soir ?

– Quel type ? Je n'ai pas fait attention. Tu es sûre que ce n'est pas son croque-mort scandinave habituel ?

– Non, c'était un grand blond. Alors, vraiment, tu ne l'as pas vu ?

Steve secoua la tête.

« Ah ! pensa Katherine, alors qu'ils repartaient danser, on dirait bien que jamais nous ne nous rencontrerons. »

C'était le dernier jour de tournage, et l'équipe préparait la scène précédant l'explosion du bateau. Tony, Éléonore et Kitty seraient filmés en gros plans, mais ceux-ci impliquaient de nombreux effets spéciaux, en particulier des petits pétards souvent un peu trop proches de leurs visages, et des murs enflammés juste derrière eux. Ayant décroché le rôle d'Emma Hamilton, Éléonore était d'excellente humeur, et se montra particulièrement amicale avec Katherine alors qu'elles se faisaient remaquiller entre deux plans.

– Tu étais vraiment superbe, samedi soir ! Je ne savais pas que tu dansais si bien !

– Oui, je ne sais pas ce qui m'a pris ! Tu n'étais pas mal non plus !

Elles échangèrent des sourires parfaitement insincères. Kitty entreprit de se remettre du mascara, et regarda fixement le miroir :

– Avec qui étais-tu ?

– Avec Dirk.

– Ah bon ? J'ai cru t'apercevoir avec un grand blond.

– Non. Tu me connais, toujours fidèle à mon étalon scandinave.

Les maquilleurs présents manquèrent en avaler leur chewing-gum ; chacun savait que l'Anglaise ne se refusait jamais la moindre occasion.

Depuis la cérémonie, Albert n'avait échangé que quelques mots avec Katherine. Il fallait maintenant tourner une scène dans laquelle Georgia était poursuivie par Charles Skeffington. Kitty était un peu nerveuse : son partenaire avait beau avoir soixante-neuf ans, il était encore solide, et rien n'est plus dangereux que deux mains autour d'un cou d'actrice quand la violence se donne libre cours. Elle décida donc d'aller se réconcilier avec lui.

– Que vas-tu faire pendant les vacances, Albert ? demanda-t-elle avec un sourire enjôleur.

– Comment ? C'est à moi que tu parles ?

Le vieux cabot paraissait perplexe. Il avait besoin de se

préparer pour la scène, et surtout d'éprouver une violente aversion pour sa partenaire. Ce qui n'était pas difficile, car il la détestait sincèrement ; qu'elle se montre aimable le mettait mal à l'aise.

– Je vais en Angleterre.

– Pour voir tes parents ?

Une fois de plus les maquilleurs se regardèrent. Il y avait vraiment des moments où Katherine allait un peu trop loin. Les géniteurs d'Albert étaient décédés depuis longtemps, et à en juger par son allure tremblotante, ces temps-ci, il semblait voué à suivre le même chemin.

– Je vais voir ma fille, répondit-il d'un ton glacial. Elle va avoir un bébé.

– Oh ! mais alors tu vas être grand-père ! C'est merveilleux !

Katherine se sentait vraiment heureuse pour lui – sans se rendre compte que ce n'était précisément pas ce qu'il aurait aimé entendre. A Hollywood, être marié est une chose, avoir un enfant en est une autre, mais il est hors de question d'être grand-père. Il n'y avait pas de petits-enfants dans *les Skeffington.*

Elle finit par comprendre qu'elle avait gaffé, et s'approcha d'Albert :

– Écoute, je suis vraiment désolée que nous ayons eu des petits accrochages tout au long de la saison.

Il regarda autour de lui comme pour chercher de l'aide, mais il était coincé dans son fauteuil, et Blackie appliquait sur ses mains un fond de teint destiné à couvrir les taches brunes. Toute évasion était donc impossible.

– Ah ! euh, merci, Katherine... de toute façon je... j'ai toujours cru que mieux valait pardonner et oublier...

– J'en suis bien d'accord, et heureuse que tu le penses, parce que ça me tourmentait, et je suppose que ça te tourmentait aussi. Comme nous ne nous verrons pas pendant six semaines, je crois que nous devrions nous quitter dans la bonne humeur. Amis ? demanda-t-elle en tendant la main.

Il la serra avec répugnance :

– Amis !

Comme il détestait cette femme ! Mais elle le mettait dans une situation impossible.

Katherine ne sut jamais si son petit numéro avait ou non fait son effet, mais le tournage de la scène se déroula sans la moindre anicroche. L'assistant de Gabe Heller fit venir champagne, bière et boissons gazeuses, ainsi que cinquante pizzas, dont l'équipe vint à bout en un temps record.

Katherine s'apprêtait à quitter sa loge, quand Brenda lui tendit un message du médecin de Johnny :

> *L'opération s'est bien déroulée. Le patient récupère bien. Toutefois, il faudra plusieurs semaines pour savoir quelles sont les chances de succès.*

– Voilà au moins une bonne nouvelle, commenta Brenda. Tommy se sentira beaucoup mieux pendant votre voyage.

– Oui, Dieu merci !

Kitty contempla la pièce, miteuse et vide, avec son sofa fatigué, ses murs sales et tachés, sa moquette élimée.

– Je me demande si je serai encore là la saison prochaine ! soupira-t-elle.

– Bien sûr que oui ! Ils ne pourraient pas tourner cette gadoue sans toi !

– Oh ! que si. Ça ne les gênerait pas ! Et pour peu que les taux d'écoute faiblissent, ils seraient ravis d'économiser quarante mille dollars par semaine ! Si quelqu'un a des chances d'y laisser sa peau, c'est bien cette chère Georgia. Et nous ne pourrons lire le scénario qu'une semaine avant que le tournage recommence ! Bon Dieu, Bren, je pourrais très bien me retrouver sur le sable.

– Allons, chérie, ne pense pas à ça. Contente-toi de bien t'amuser à Paris, d'empêcher Tommy de faire des bêtises – et de ne pas en faire toi-même ! La Riviera, on connaît !

6

La villa était cachée dans les collines proches de Saint-Tropez, assez proche pour que Tommy puisse aller, à bicyclette, jusqu'au petit port grouillant de monde, pour faire du ski et de la planche à voile sur les plages environnantes, mais assez loin pour être à l'abri des paparazzi et des curieux. Katherine s'y sentait protégée, même si l'endroit demeurait modeste par rapport aux normes des milliardaires de la Riviera. Le grand séjour accueillait plusieurs sofas, et de vieux meubles provençaux. Il y avait une petite salle à manger, cinq chambres, une pièce réservée à la télé, où elle regardait des vidéos avec son fils, parvenant même, parfois, à le convaincre de jouer au Scrabble ou aux cartes.

Un couple des environs se chargeait des courses, de la cuisine et du ménage, laissant à Katherine tout le temps de se détendre dans un jardin chargé d'odeurs de lavande et de jasmin, et rempli de bougainvillées et de lauriers-roses. Elle allait s'étendre au bord de la piscine, heureuse de ne rien faire, ou de passer un peu de temps avec son fils, du moins quand il n'était pas à la plage avec ses copains. Les quinze jours à Londres et à Paris avaient beaucoup plu à Tommy, et elle avait été ravie de lui montrer deux des villes qu'elle aimait le plus au monde, mais il lui fallait maintenant des amis de son âge – et se défaire un peu de l'angoisse que lui inspirait l'état de santé de

Johnny. Il n'avait cessé de parler avec son père au téléphone, s'inquiétant d'apprendre que ses douleurs d'estomac lui étaient revenues.

Un après-midi, Katherine sommeillait à demi sur une chaise longue, après un déjeuner un peu tardif, bercée par le bruit cristallin de la fontaine, quand Steven l'appela de Los Angeles.

– Kitty, je sors tout juste d'une réunion avec Gabe ! Ils ont pris leur décision – Georgia ne mourra pas !

Katherine en fut à la fois soulagée et déçue. Elle aurait été accablée d'apprendre que son personnage passait à la trappe. Mais la vie qu'elle menait dans le sud de la France lui convenait parfaitement. Elle se sentait totalement heureuse, parfaitement paresseuse, tout en sachant bien que cela prendrait bientôt fin. La presse avait fait grand cas de son échec dans la course au rôle d'Emma Hamilton ; Kitty savait pourtant qu'en fait, c'était une bonne chose. Elle était complètement épuisée, et mieux valait qu'elle n'ait pas passé ses vacances à tourner.

– C'est une sacrée bonne nouvelle, Steve !

– Oh ! que oui. Et tout ça à cause du public ! Tous les sondages commandés par Gabe et Luther le mois dernier viennent d'arriver, et les résultats sont sidérants ! Les gens t'aiment, les gens t'aiment !

– C'est formidable !

– Je savais bien qu'ils ne pourraient pas faire mourir Georgia ! La chaîne aurait eu droit à une émeute, sinon ! Tout le monde a déjà oublié ces âneries sur Emma Hamilton. Je suis en train de t'écrire quelques scènes super, reste à l'écoute !

Katherine se leva, revint dans la demeure et brusquement, sans comprendre pourquoi, se sentit envahie de solitude. N'ayant plus à tourner chaque jour, elle avait le temps de réfléchir, et commençait à se rendre compte à quel point elle avait besoin de partager sa vie avec quelqu'un : un homme qui l'aimerait pour ce qu'elle était vraiment, qui aimerait Katherine Cribbens, native du Queens, à New York, et non la Georgia du petit écran.

Elle surprit dans le miroir la mélancolie qu'on lisait sur son visage et sourit :

– Je suis une fille très terre-à-terre, en fait !

Mais, désormais, elle était la fameuse Katherine Bennett, de Beverly Hills, si célèbre qu'elle ne pouvait sortir sans provoquer des émeutes.

Est-ce ainsi qu'une femme doit raisonner, de nos jours ? se demanda-t-elle, mécontente. Les femmes d'aujourd'hui sont censées se débrouiller seules, exsuder la confiance en soi, tenir tête aux hommes ! Ah ! je ne suis qu'une vieille survivante des Sixties, pensa-t-elle. Dans les années 50, elle n'était encore qu'une enfant, et avait souvent vu sa mère et ses amies, de milieu pourtant modeste, s'habiller à la perfection. Elles parlaient gants, chapeaux, chaussures blanches, desserts. Pourtant, tout se réduisait toujours à une chose : satisfaire son mari, et faire en sorte qu'il vous aime pour toujours.

En ce domaine, Véra avait des idées bien arrêtées :

– Kit-Kat, les hommes ne veulent qu'une chose, et si tu le leur donnes avant qu'ils t'aient passé la bague au doigt, c'est que tu es la dernière des sottes.

La mère de Katherine ne manquait jamais une occasion de lui rappeler qu'elle-même avait su garder sa virginité, alors que presque toutes ses amies offraient gaiement la leur à de séduisants GI. Et Véra réussit là où les autres échouèrent : elle avait épousé Barney Cribbens, le plus mignon du lot, et tous deux avaient vécu dans le bonheur jusqu'à ce qu'il meure prématurément.

Kitty soupira. C'était là une époque depuis longtemps révolue. Mais, tout en prétendant le contraire, elle désirait encore être mariée. Les vingt ans avec Johnny avaient été, pour l'essentiel, des plus heureux ; elle voulait que cela recommence, elle voulait appartenir à quelqu'un qui lui appartiendrait. Elle voulait pouvoir rentrer le soir et discuter avec quelqu'un des événements de la journée.

Avait-elle des chances d'y parvenir ? Bien des hommes étaient intimidés par sa célébrité, ils avaient peur d'être pris, eux aussi, dans sa lueur aveuglante.

Katherine reçut beaucoup d'invitations de ses voisins, qu'elle déclina. A une exception près : elle décida finalement d'accepter celle de Betty et Stan Chalmers, couple texan installé en Californie. Ils étaient aussi riches qu'amateurs de réunions mondaines, et passaient chaque année deux mois à Saint-Tropez, dans une villa dominant le port. Ils avaient un fils de l'âge de Tommy : Kitty pensa donc qu'il serait amusant d'aller déjeuner chez eux.

La chaleur était accablante quand elle se rendit là-bas avec son fils, dans une voiture de location qu'elle conduisait elle-même. La villa était magnifique : un chemin d'accès, bordé d'oliviers et de pins parasol, menait à une grande demeure de pierre blanche et de marbre qui surplombait la baie. La mer était d'huile, piquetée de voiles de-ci delà. Un maître d'hôtel vint les accueillir et, après leur avoir fait traverser une grande pièce carrelée de blanc et de noir, les conduisit derrière la maison, sur une pelouse d'un vert émeraude.

Betty Chalmers se précipita pour serrer Katherine dans ses bras :

– Kitty chérie ! Je suis tellement heureuse que vous ayez pu venir !

Authentique grande dame sudiste, Betty en avait le charme, et les habitudes : pour protéger du soleil sa peau laiteuse, elle s'était coiffée d'un immense chapeau de paille constellé de petits drapeaux américains.

– Je l'avais mis pour la fête nationale, et il a eu un tel succès que j'ai pensé qu'il fallait le garder !

Betty avait un corps superbe qu'un maillot de bain rouge vif moulait à la perfection, le cou et les mains recouverts de bijoux, d'énormes boucles d'oreille de diamants, une bouche généreuse, un visage avenant.

– C'est très patriotique ! dit Katherine en contemplant le couvre-chef.

– Ah ! Kitty, je suis patriote ! Une vraie Américaine !

Stan, son mari, vint accueillir Katherine en souriant. Il avait la réputation d'être un chat ronronneur dans la salle de réception, et un vrai requin au bureau...

– Heureux de vous voir, Miss Georgia ! dit-il en soulevant un Stetson lui aussi bleu, blanc et rouge.

– Stan ! Ne l'appelle pas comme ça, ça n'est que le nom de son personnage ! Excusez-le, Kitty, mais parfois je ne sais vraiment pas ce qui lui prend !

Saisissant Katherine par le bras, Betty la conduisit vers ses invités. C'était un mélange un peu éclectique de princes d'Europe centrale sans le sou, de play-boys vieillissants, de petits aristocrates anglais, à quoi s'ajoutait une reine new-yorkaise des cosmétiques qui, à quatre-vingt-cinq ans, paraissait fraîche comme une rose dans une robe de mousseline de chez Schiaparelli.

Puis le cœur de Kitty se mit à battre à grands coups. A l'autre bout de la piscine se tenait son bel inconnu blond. Sous le soleil aveuglant, il semblait miroiter comme un mirage ; elle se demanda si elle n'avait pas des visions. Voir à qui il parlait suffit à la rassurer.

Elle connaissait bien Quentin Rogers ; ce play-boy d'âge vénérable avait assisté à toutes les soirées prestigieuses d'Hollywood depuis au moins la fin des années 40.

– Kitty, voici mon cher, cher, cher ami d'Hollywood, Quentin Rogers, que vous avez déjà dû rencontrer ?

– Bien sûr ! Quentin, c'est bon de te revoir, dit Katherine en tendant une main que le vieux beau prit dans la sienne, minuscule et parfaitement manucurée.

– Kitty chérie, j'en dirai autant ! Tu es merveilleuse, comme toujours ! Puis-je te présenter Giancarlo Valmerio ?

– Enchanté, madame, dit le bel inconnu en s'inclinant avec un sourire éblouissant.

Sa poignée de main était parfaite : ni trop molle, ni trop ferme sous prétexte de montrer sa virilité. Katherine le dévisagea. Vu de près, il était vraiment superbe, pas de doute là-dessus, et beaucoup plus beau encore que dans son souvenir – l'un des hommes les plus beaux qu'elle ait jamais vus.

Les spécialistes auront beau dénoncer le danger des bains de soleil, on ne peut nier qu'un bronzage met les traits en valeur. Celui de Giancarlo était si prononcé qu'on aurait dit que sa peau était couleur d'acajou. Son épaisse chevelure s'argentait aux tempes. Elle était un peu trop longue, et il ne cessait de se dégager le front d'un geste enfantin. Il ôta ses lunettes de soleil ; Katherine fut aussitôt frappée par l'intensité lumineuse de ses yeux vert pâle. Il devait avoir la quarantaine mais, dans son polo bleu clair et son pantalon blanc, il paraissait jeune, détendu.

– Joins-toi à nous, Kitty, dit Quentin avec un geste en direction d'un fauteuil. Cela fait si longtemps ! C'est bon de te revoir !

Katherine s'assit, n'ignorant nullement que Giancarlo la suivait des yeux, avec un petit sourire.

Elle fut heureuse d'avoir fait un effort pour s'habiller. En temps normal, elle était en short et en T-shirt, mais cette fois, elle avait revêtu un corsage de soie blanche qui lui découvrait les épaules, une longue jupe bleu et blanc lui tombant au-dessus des chevilles, et qu'une ceinture argentée maintenait en place, non sans lui donner une taille de guêpe. Des espadrilles, des boucles d'oreilles en argent et un chapeau de paille couvrant sa chevelure de gitane, lui donnaient une allure très différente des trouvailles de Maximilian.

Elle but du champagne en savourant le soleil, sans jamais oublier que Giancarlo la fixait toujours, mais il avait remis ses lunettes de soleil et il était donc impossible de croiser son regard.

– Que faites-vous dans la vie ? finit-elle par demander.

– Je construis des hôtels, je viens d'en achever un à Avignon. C'est dommage que ce soit si loin, j'aurais vraiment aimé vous le montrer.

– Je suis à Saint-Tropez et ça n'est pas si loin que ça, répondit Katherine en se demandant si elle n'allait pas un peu trop vite.

– Ce serait merveilleux, mais Quentin et moi devons repartir pour Paris demain.

Kitty sentit son estomac se crisper; c'était un signe infaillible d'excitation. Restons-en là, se dit-elle en détournant le regard. Arrête-toi donc, idiote ! Il doit être avec quelqu'un – peut-être même avec Éléonore !

Elle lui demanda où il séjournait.

– Ici, chez Stan et Betty; nous sommes là depuis une semaine.

C'était donc ça ! Ce dieu grec était, de toute évidence, la dernière faiblesse de Quentin. Elle aurait dû le deviner.

– Ce n'est pas ce que vous croyez ! dit Giancarlo en souriant, comme s'il avait lu dans les pensées de Kitty. Quentin et moi sommes amis depuis fort longtemps. C'est un vrai père pour moi. Il se trouve qu'aucun de nous deux n'avait pris de vacances depuis des années, alors quand Betty nous a invités, nous avons sauté sur l'occasion.

– Betty est une très grande hôtesse.

– Elle est douée, et très belle, dit Giancarlo en jetant un regard à Betty, non loin de là. Mais pas autant que vous !

Katherine se sentir rougir jusqu'aux omoplates.

– Merci... n'est-ce pas vous qui m'avez fait remettre un message, lors de la cérémonie des oscars de la télévision ?

– En effet. Je ne suis pas très porté sur les lettres d'admirateur, mais je venais de vous voir à l'écran, et voilà que je vous apercevais pour de bon ! J'ai pensé : le ciel et la terre n'ont rien à montrer de plus beau.

– Shakespeare ?

– Wordsworth. Je n'ai pas pu m'en empêcher – j'espère que vous ne m'en voulez pas ?

– Pas du tout !

Il ôta ses lunettes de soleil et plongea ses yeux dans les siens :

– Je n'arrive pas à croire que vous êtes réelle.

– Les actrices ne sont pas censées exister. Selon certains, nous ne sommes là que pour être exhibées, comme à la foire.

– Vous êtes faites pour être contemplée, dit-il d'une voix caressante.

– Je ne sais que répondre !

– Avec de tels yeux, c'est inutile, chuchota-t-il avec un sourire dévastateur.

Katherine se sentit envahie d'une douce chaleur, dont elle avait oublié jusqu'à l'existence. Quel corps, quel visage, quel sourire... Comment quelqu'un d'aussi bien pouvait-il se montrer aussi chaleureux, aussi affable ?

Giancarlo se penchait vers elle pour lui dire quelque chose, quand Betty frappa dans ses mains à grand bruit :

– Allons, tout le monde, le déjeuner est servi ! A l'américaine, tout droit venu du Texas ! Hot dogs, hamburgers, côtes de bœuf, petits pois, poulet frit, arrivés hier soir, par avion, de Dallas !

– Katherine, désirez-vous que je vous apporte quelque chose ? demanda Giancarlo.

– Appelez-moi Kitty ! J'en serais ravie, Giancarlo, mais j'ai promis à mon fils de manger avec lui.

– Peut-être pourrions-nous déjeuner tous les trois ensemble. Croyez-vous qu'il y verrait un inconvénient ?

Katherine regarda autour d'elle : Tommy était au bord de la piscine, en grande conversation avec deux filles en bikini. Elle sourit :

– Je crois qu'il a d'autres préoccupations !

Giancarlo la prit par le bras, et la conduisit jusqu'au buffet, tandis que Kitty se sentait de nouveau rougir.

Elle avait si faim qu'elle mangea et but deux fois plus que d'habitude. Le repas terminé, les enfants partirent jouer à l'intérieur de la demeure, tandis que les adultes se regroupaient autour de la piscine, à l'ombre. Katherine s'installa dans une chaise longue et, se couvrant le visage de son chapeau de paille, plongea dans une demi-somnolence, écoutant vaguement le murmure des voix. L'après-midi était chaud, langoureux, comme si souvent sur la Côte d'Azur ; elle entendait le bourdonnement des abeilles dans la lavande, la musique des cigales dans les arbres.

– Giancarlo, demanda Betty, pourquoi ne pas nous chanter quelque chose ?

– C'est très gentil de votre part, Betty, mais il y a longtemps que je ne chante plus.

Il avait tout d'un coup l'air un peu vulnérable. Katherine en fut fascinée. Chanter ? Jouer de la guitare ? Aurait-il donc été célèbre ? Apparemment : tous les Français de l'assistance paraissaient enthousiastes. Elle ôta ses lunettes de soleil et lui jeta un regard enchanteur :

– Giancarlo, j'adorerais vous entendre chanter.

– Oui, oui ! Allez, Giancarlo ! s'écria Betty, qui fit signe à son maître d'hôtel : Alphonse, apportez donc la guitare de mon fils pour monsieur Valmerio, s'il vous plaît.

Giancarlo haussa les épaules d'un air résigné, s'assit dans un fauteuil que Quentin lui avait apporté, puis, quand la guitare arriva, la prit, se mit à jouer d'un air réticent, et se lança dans une ballade en italien, avec une telle aisance que Katherine chuchota à Quentin :

– Il chante comme un professionnel !

– Oh ! non, non. Il l'a fait autrefois, il était très célèbre en Europe, et tu devrais te sentir flattée, car en fait il ne chante que pour toi. Il avait à peine vingt ans quand il devint un chanteur folk très connu en Italie, puis en France. Il a fait des disques qui ont eu beaucoup de succès. Mais c'était une vie qui lui paraissait si vide, si stressante, qu'il a laissé tomber et s'est lancé dans les affaires.

– Il a eu le nez creux ! J'aurais peut-être dû faire comme lui !

– Quelle perte ç'aurait été pour la télévision ! ronronna Quentin, jamais à court de compliments.

Il y avait dans les yeux verts de Giancarlo comme une lueur d'amusement. Tout le monde le supplia de continuer, les enfants eux-mêmes abandonnèrent leurs jeux vidéo pour se rassembler autour de lui.

Le temps que Giancarlo Valmerio en finisse, Katherine était très amoureuse.

Dix jours plus tard, par une de ces coïncidences qu'affectionne le destin, Kitty, Giancarlo et Quentin se retrouvèrent dans le même vol à destination de Londres.

Les six semaines de congé de Katherine touchaient à leur fin. Tommy était parti retrouver Todd, elle-même avait décidé de se rendre à Londres pour assister à la première de la nouvelle pièce de Zev Carter : il avait été l'un de ses producteurs, du temps où elle était actrice à New York, et c'était un ami fidèle. Ensuite, elle avait prévu de prendre l'avion pour L.A., le samedi matin, le travail recommençant dès le lundi.

Son bref arrêt à Londres promettait d'être agréable, à un important détail près. Il lui était un peu difficile d'arriver au théâtre seule, et elle ne savait trop qui pourrait lui servir de chevalier servant. Quand Kitty vit les deux hommes entrer dans la salle d'attente de l'aéroport, elle sut ce qu'il fallait faire. Attendant que Giancarlo s'éloigne – il était parti boire un café –, elle se dirigea vers Quentin, qui l'accueillit avec enthousiasme.

– Alors, Paris ?

– Chaud ! Beaucoup trop chaud ! Et nous en avions à peine fini qu'il a fallu revenir à Monaco, pour une seule journée, alors que nous nous apprêtions à partir pour Londres !

– Est-ce que ton ami aurait un habit de soirée dans ses bagages, par hasard ?

– Bien sûr que oui ! Il n'est pas Italien pour rien ! Pourquoi cette question ?

– Crois-tu qu'il accepterait de m'accompagner jeudi soir à la première d'*Aujourd'hui c'est demain* ?

– Bien sûr que oui ! s'écria le petit homme. Il m'a dit qu'il te trouvait extrêmement *simpatica*, voire franchement attirante. Ce qui est d'ailleurs mon opinion.

De nouveau elle rougit. Pourquoi diable Giancarlo l'amenait-elle à se conduire comme une écolière ?

– C'est merveilleux ! Moi aussi, il me paraît sympathique. Est-ce que ça t'ennuierait de lui poser la question ? Je n'ai pas l'habitude de demander aux hommes de sortir avec moi !

Ce qui était vrai. A Los Angeles, Katherine avait ses chevaliers servants attitrés, pour l'essentiel des homosexuels à qui on pouvait se fier pour ne pas propager des cancans dans la presse, ou la serrer de trop près ; mais jamais elle n'avait poursuivi un homme qui lui plût. Pour parler franc, elle n'en avait pas besoin.

– Je m'en chargerai personnellement ! dit Quentin d'un ton onctueux.

Katherine sourit : les dés étaient jetés.

La pièce était remarquable : très noire, très moderne, d'une rare franchise, avec des dialogues assez durs, proches de l'argot, pleins d'originalité et de fraîcheur. Katherine l'adora, comme Giancarlo – ce dont elle fut soulagée, car après tout elle ne savait-pas grand-chose de ses goûts théâtraux.

Elle avait relevé sa chevelure noire en chignon, et revêtu un fourreau de soie grise très simple, qui lui donnait une élégance classique de bon aloi. De quoi faire contraste avec Betty, venue tout spécialement avec son mari assister à la première, et qui portait une robe de taffetas rouge et de dentelle fort courte, avec des bas de soie, et tous ses rubis.

– Je n'ai jamais entendu un langage pareil de toute ma

vie ! s'écria-t-elle après le spectacle, alors que toutes deux se rendaient en coulisse.

– La censure n'existe plus ! dit Kitty. Ça m'a plu quand même, et vous ?

– Oh ! Une bonne comédie musicale du genre *Cats*, voilà qui fait mon bonheur ! Mais ça !

Il devait y avoir une soirée au Savoy ensuite, et les paparazzi furent au bord de l'hystérie quand ils découvrirent que Katherine Bennett s'y rendait accompagnée d'un bel inconnu.

– Hé ! Kitty ! s'écria un journaliste en lui glissant un micro sous le nez. C'est un ami à vous ? Comment s'appelle-t-il ?

– Nous sommes simplement amis, répondit-elle en souriant, mais les dents serrées, en essayant péniblement de se frayer un chemin à travers la foule.

– Hé ! mon bon ! Qu'est-ce qui se passe entre vous ?

Giancarlo secoua la tête sans répondre, serra plus fort le bras de Katherine, fit comme s'il ne voyait personne et réussit à les faire entrer sans dommages dans la salle où la soirée se tenait.

– Bien joué ! dit Katherine, impressionnée.

– Je déteste la presse ! s'écria-t-il avec une véhémence qui la surprit. Ce ne sont que des charognards !

Comme pour lui donner raison, un journaliste, qui avait réussi à les suivre, lança une obscénité. Giancarlo fit volte-face, le saisit à la gorge et approcha son visage du sien.

– J'ai entendu, dit-il d'une voix d'un calme inquiétant. Et si jamais tu redis quelque chose du même genre, tu le regretteras profondément.

Il eut un sourire carnassier et lâcha l'homme si brusquement que l'autre faillit perdre l'équilibre.

– Joignons-nous aux autres ! dit-il en souriant, comme si rien ne s'était passé.

– Allons-y ! répondit Katherine.

Il lui fallait bien admettre qu'il était très agréable de voir un homme prendre sa défense, même si les choses n'étaient pas allées très loin. Jamais Johnny ne s'était battu pour elle.

Giancarlo avait l'air très calme, mais elle sentait la fureur bouillonner en lui. Sans doute a-t-il trop vu la presse du temps où il était célèbre, songea-t-elle. Je me demande ce qu'ils ont bien pu lui faire ?

Ils dansèrent, flirtèrent un peu, et rirent beaucoup pendant le dîner, passable, mais sans plus, bien que Kitty se sentît à ce point euphorique qu'elle put à peine manger. Comme elle sortait des toilettes avec Betty, elle passa à la hauteur d'une table où se trouvaient des journalistes, dont celui avec qui Giancarlo avait eu une prise de bec – et l'entendit déclarer à haute et intelligible voix : « Katherine Bennett n'est qu'une rombière qui a à peu près autant de talent que ma tante Fanny ! »

– Quel fumier ! siffla-t-elle. Comment ose-t-il ?

– Quel salopard ! approuva Betty.

– De qui parlez-vous ? demanda Giancarlo.

Katherine ne voulait pas d'autre scène :

– Oh ! rien d'important.

C'était compter sans Betty :

– Là d'où je viens, jamais un homme digne de ce nom n'aurait parlé ainsi d'une dame !

Kitty tenta bien de la retenir, mais c'était impossible : Betty fit profiter toute la tablée de ce qui venait de se passer. Le visage de Giancarlo prit une expression indéfinissable, il y eut une lueur dans ses yeux, puis il sourit et, se penchant vers Katherine, demanda :

– Encore un peu de vin ?

– Je préférerais danser, chuchota-t-elle.

Il se leva aussitôt, l'escorta jusqu'à la piste, où ils dansèrent sous les regards de toute la communauté théâtrale londonienne ou presque. Puis Giancarlo la raccompagna jusqu'à leur table :

– J'en ai pour un instant.

Il se dirigea d'un pas vers la table de journalistes, où celui qui venait d'insulter Katherine pérorait toujours, souriant. D'un geste rapide, il tira sur son fauteuil, le faisant tomber à terre, puis se pencha et susurra :

– Je t'ai déjà dit de ne pas importuner Miss Bennett. C'est la seconde fois de la soirée, mieux vaudrait que ce soit la dernière. Est-ce que je me fais bien comprendre ?

– Quel homme ! soupira Betty, pleine d'admiration. On n'en fait plus des comme ça !

– En effet ! approuva Katherine, constatant à quel point Giancarlo restait maître de lui.

Il revint s'asseoir et dit à voix basse :

– Je suis désolé de toute cette scène, mais il fallait bien que quelqu'un donne une leçon à ce porc. J'espère que je ne suis pas allé trop loin.

– Pas du tout ! s'écria Kitty – qui, une fois de plus, eut l'impression de se comporter en gamine.

En fin de soirée, Betty et Stan insistèrent pour finir la soirée à l'Annabella. Ce prestigieux night-club de Berkeley Square n'accueillait que les gens les plus riches, les plus célèbres et les plus titrés de la planète : les lumières étaient tamisées, l'atmosphère paisible et romanesque. Katherine se sentit fondre une fois de plus dans les bras de Giancarlo : il était excellent danseur et évoluait sans effort sur une minuscule piste de danse. Il donnait à Kitty l'impression d'être un homme qui se connaissait parfaitement, qui savait ce qu'il voulait – et qui était capable d'accepter l'idée de ne pas l'obtenir. Le mélange d'une personnalité aussi forte, et de manières exquises, lui parut extraordinairement séduisant. Chaque fois qu'il lui parlait, elle avait l'impression d'être la seule à partager son monde. Il semblait également très porté à se moquer de lui-même. Elle finit par se demander ce qui se passerait entre eux s'ils faisaient l'amour : elle y était décidée et, si Giancarlo le désirait également, n'hésiterait pas un instant.

Plusieurs bouteilles de champagne plus tard, ils quittèrent l'Annabella vers quatre heures du matin et se dirigèrent vers le Ritz pour y déposer Katherine. Les Chalmers attendirent dans la voiture, tandis que Giancarlo l'accompagnait jusqu'à l'entrée. Il lui baisa la main et dit :

– Au revoir, Katherine. C'était une soirée merveilleuse, je ne sais comment vous remercier.

Il plongea les yeux dans les siens ; elle paniqua. Il était impossible qu'il s'en aille, pas maintenant. Elle aurait voulu qu'il reste, elle voulait le revoir, elle devait le revoir ; mais tous deux savaient parfaitement que s'il passait la nuit avec elle au Ritz, tous les journaux de la planète annonceraient la chose dès le lendemain.

Il avait bien dit qu'il se rendait à Los Angeles plusieurs fois par an, mais quand ? Quand reviendrait-il ?

– Vous venez bientôt à L.A. ? demanda-t-elle d'une voix rauque, en sachant très bien qu'elle se révélait un peu trop.

– Il se pourrait que je me rende aux États-Unis le mois prochain. On dirait bien qu'à Las Vegas on s'intéresse à ma compagnie, il faudra que je suive ça de plus près.

– Alors, si vous venez, vous devez promettre de venir me voir, dit-elle en glissant dans une poche de Giancarlo un bout de papier sur lequel elle avait griffonné son numéro de téléphone. J'aimerais vous revoir.

– Moi aussi, chuchota-t-il. Kitty, si je croyais aux âmes, je dirais que la vôtre et la mienne se connaissent depuis très longtemps.

Puis ses lèvres effleurèrent les siennes, et il repartit à pas lents vers la voiture qui l'attendait.

7

Extrait du *National Enquirer*, 20 août 1988 :

Les stars se montent toujours autant la tête ! Katherine Bennett essaie de faire croire qu'elle n'est pas une actrice de Broadway ratée. Chaque fois que, sur le plateau des Skeffington, *quelqu'un aborde le sujet, la diva quitte les lieux en toute hâte. Toute l'équipe est lassée de son attitude, qui semble reproduire fidèlement celle du personnage qu'elle incarne. Prends garde, Katherine, mieux vaut être aimable avec les gens quand on monte vers la gloire, faute de quoi on les croise en redescendant, avant de se ramasser, comme lors de ta dernière pièce off-Broadway !*

Extrait du *New York Daily Post*, 29 septembre 1988 :

GEORGIA VA-T-ELLE DISPARAÎTRE POUR DE BON ?

Katherine Bennett, la star des Skeffington, *va se retrouver dans la rubrique nécrologique : son personnage, Georgia Skeffington, a toutes les chances d'être sous peu la victime d'un tueur. On dit que le producteur, Gabe Heller, s'est lassé de ses incartades sur le plateau, et pense à la remplacer par quelqu'un d'autre, peut-être Donna Mills.*

Selon nos informations, il n'y a pas beaucoup de sympathie entre Bennett et Éléonore Norman, sa partenaire, qui vient par ailleurs de tourner en vedette la mini-série Les Amours d'Emma Hamilton, *laquelle a coûté pas moins de dix millions de dollars. Une de nos sources déclare : « M. Heller n'aime pas que ses stars se comportent en enfants gâtés. Il pense qu'elles devraient se montrer plus responsables, surtout quand elles lui doivent tout (Bennett était encore une inconnue de Broadway voici quatre ans). Il se pourrait d'ailleurs que le meurtre de Georgia Skeffington soit l'un des moments les plus regardés de l'histoire de la télévision. » Cela fait plus d'un an que* Les Skeffington *descend dans les sondages, et jamais ils n'ont été aussi bas. La disparition de Georgia pourrait leur donner un coup de fouet.*

– Chérie, tu as vraiment les chevilles qui enflent. Tu te prends pour qui ? Liz Taylor ?

– Non, Maman, répondit Kitty en serrant les dents. Je suis moi et personne d'autre, et j'en ai vraiment assez de voir que tu crois à toutes ces âneries !

– Tu ferais mieux de faire attention, sinon ils vont avoir ta peau. En tout cas, c'est ce que disent les journaux.

Katherine leva les yeux au ciel. Pourquoi diable sa mère, honnête Anglaise raisonnablement saine d'esprit, s'obstinait-elle à gober tout ce qu'elle lisait avidement dans la presse à sensation ?

– Maman, il faut que j'y aille. Je te rappellerai plus tard.

Elle raccrocha avant qu'une autre tirade n'ait commencé, et se tourna vers Brenda :

– Ça suffit vraiment comme ça ! Tout ça n'est qu'un tas de mensonges !

– Je sais, chérie, je sais. C'est franchement pénible.

– Le tournage a recommencé depuis plus d'un mois, et c'est pire que jamais. Mais pourquoi, pourquoi, est-ce toujours à moi qu'ils s'en prennent ? Pourquoi pas Éléonore ou même Suzanna ? C'est incroyable ! Qui leur refile cette gadoue ?

Katherine parcourut certaines des coupures de presse accumulées sur le bureau :

– Rien n'est vrai ! Tiens, celle-là dit que je suis jalouse d'Éléonore ! Elle joue comme un pied, elle est mesquine comme tout, elle perd ses cheveux, et je devrais l'envier ?

– Je ne t'ai jamais vue jalouse de personne, pourquoi le serais-tu de ce sac de silicone ?

– Bon, je ne l'aime pas, c'est vrai : elle a un petit pois à la place de la cervelle. Mais elle ne m'aime pas non plus, alors nous sommes à égalité.

– De toute façon, tu sais bien que les journaux d'aujourd'hui serviront à envelopper le poisson demain.

– Ils sont quand même plus menteurs que jamais ! D'après toi, les gens y croient ?

– Bien sûr que non ! Ignore-les.

– On dirait que tout ça est fait exprès pour me discréditer.

– Mais par qui ? A quoi ça servirait d'être aussi destructeur ? En tout cas, ça n'était pas comme ça de mon temps.

Il existait hélas quelqu'un. Éléonore voulait voir Katherine quitter le plateau, et pensait en avoir trouvé le moyen infaillible : en échange de quelques ragots scandaleux sur sa rivale, le *National Tattler* ferait paraître des articles à sa gloire. Seul problème : les indices d'écoute du feuilleton n'avaient cessé de chuter depuis l'année précédente, à tel point que les producteurs se voyaient contraints d'envisager son arrêt pur et simple. Avant d'en arriver là, il restait toujours la ressource de tailler dans le vif, et Katherine ferait une victime toute désignée – à ceci près que, comme tout le monde le savait, le public l'adorait, et avait réagi avec véhémence en apprenant qu'il était question de la faire disparaître.

Katherine avait demandé à Steven son avis sur la question :

– Kitty, je ne peux pas te dire ce qui se passera dans les prochains épisodes, mais je peux t'assurer que tu n'as pas à t'inquiéter. Tu es la cerise sur le gâteau, le feuilleton ne pourrait pas continuer sans toi !

– Si seulement je pouvais me montrer aussi confiante que toi ! J'ai la fâcheuse impression qu'il se prépare quelque chose.

– Tu penses à un truc comme la tentative de meurtre sur JR ?

– Regarde l'effet sur les sondages ! *Dallas* est monté à la verticale, et il est resté en tête pendant trois ans !

– Kitty, ne te fais pas de souci : s'ils veulent te saquer, je te préviendrai.

– Merci, Steve...

Katherine hésita ; elle voulait lui demander si ce qu'on racontait dans les studios était vrai : on prétendait que son mariage avec Mandy allait à vau-l'eau. Il fallait qu'elle sache – à quoi bon tourner autour du pot ?

– A propos... on dit que Mandy et toi allez vous séparer. J'en suis désolée...

Elle s'arrêta, ne sachant que dire ; à son grand soulagement, il sourit :

– J'ai bien peur que oui ; je ne suis pas de taille face à son entraîneur de marathon, celui qui ressemble à Schwarzenegger. C'était une fille bien, et nous avons eu nos bons moments. Il paraît qu'il y a un homme dans ta vie ?

– Si seulement ! J'ai rencontré quelqu'un en France, mais il n'a pas téléphoné une seule fois depuis. Il a dû m'oublier.

– Alors, c'est un crétin. Au fait, comment est-ce que Johnny se sort de son traitement ?

– Il va bien, et Tommy a l'air beaucoup plus détendu, Dieu merci.

Giancarlo Valmerio lut les journaux dans l'avion qui le menait à New York, et se sentit furieux pour Katherine.

Ils ne s'étaient rencontrés que deux fois, mais il sentait qu'il y avait entre eux une exceptionnelle empathie, et ne crut pas un instant aux ragots ; il ne savait que trop que la presse adore voir tomber les idoles du jour. Il avait précieusement conservé dans son portefeuille le bout de papier qu'elle lui avait donné ; dès son arrivée au Carlyle, il lui téléphona.

– Allô ! dit une voix de femme parfaitement glaciale.

– Pourrais-je parler à Miss Katherine Bennett ?

– Je vais voir si elle est là. C'est de la part de qui ?

– Monsieur Giancarlo Valmerio. Nous nous sommes rencontrés en France.

La voix passa instantanément du vinaigre au miel :

– Giancarlo ! C'est merveilleux ! Comment allez-vous ?

– Kitty, c'était vous ? On aurait dit un dragon !

– Pour tenir à distance mes fans les plus enragés ! C'est stupéfiant de voir combien de gens ont ce numéro, bien qu'il soit censé être privé ! Où êtes-vous ?

– A New York, pour affaires. Ensuite j'irai dans le Nevada, mais je pourrais faire un saut à Los Angeles. Vous êtes là-bas pour longtemps ?

– J'y suis en permanence ! Je ne m'en vais jamais, sauf en été quand le tournage s'arrête, et on dirait que ça remonte à une éternité !

– Ça doit parfois être difficile.

– Parfois.

Elle eut soudain envic de se confier. La voix de Giancarlo touchait quelque chose en elle, elle se sentait en sécurité rien qu'à l'entendre.

– J'ai lu ces stupidités qu'on écrit sur vous, poursuivit-il. C'est incroyable !

– Ah ! c'est le show-biz ! On dirait bien que la presse a décidé de me faire passer en jugement.

– Vous ne le méritez pas. Vous êtes bien trop au-dessus de tout ça.

Ces dernières semaines, Katherine avait éprouvé certains sentiments qu'elle avait jugé préférable d'oublier.

Ils lui revinrent d'un seul coup. La voix de Giancarlo suffisait à la faire fondre. Elle voulait le revoir ; il le fallait.

– Où logez-vous d'habitude, à L.A. ?

– D'ordinaire je descends au Beverly Hills Hotel, ou sinon je m'invite chez Quentin.

– Vous pourriez venir chez moi, dit-elle sans pouvoir s'en empêcher.

Cela lui était venu avant même qu'elle y ait songé. Elle fut stupéfaite de sa propre audace. Qu'est-ce qui lui prenait ? Était-ce le désir ? L'amour ? Le besoin ?

Il y eut une longue pause à l'autre bout de la ligne.

– Ce ne serait peut-être pas tout à fait correct, finit-il par dire. Après tout, nous nous connaissons à peine.

– C'est vrai.

Bon sang, pourquoi rougissait-elle ?

– Mais j'aimerais beaucoup vous revoir, Kitty, vraiment. Je crois qu'il y a beaucoup de choses que nous ne nous sommes pas dites.

– En effet.

– Je vous téléphonerai dès mon arrivée, et nous pourrons faire des projets.

– Quand comptez-vous venir ?

– Dans une semaine, je pense.

Le lendemain soir, quand elle rentra à la maison, Brenda lui tendit un nouveau disque d'or.

– Qu'est-ce que c'est comme titre, cette fois ? demanda-t-elle. Ne garde pas tes secrets pour toi !

– Tu ne sauras jamais, répondit Katherine en examinant l'objet. C'est l'une des chansons favorites de ma mère ! Et il y a aussi un message qui dit : « Mais j'espère bien que si. »

Lors de leur première rencontre, Kitty emmena Giancarlo dîner. Ma Maison était ce qui, dans tout Los Angeles, ressemblait le plus à un bistrot français, bien que la clientèle soit un peu différente : en ce soir de septembre, le patio était rempli de célébrités, d'anciennes célébrités, de futures célébrités et d'inconnus destinés à le rester.

Katherine avait hésité jusqu'à la dernière minute avant de choisir sa tenue. D'ordinaire, elle savait exactement ce qu'elle voulait porter, mais, cette fois, il lui avait fallu essayer au moins six robes différentes, sans d'ailleurs être sûre d'avoir fait le bon choix. A Saint-Tropez, Giancarlo avait admiré ses épaules ; il convenait donc de les exhiber de nouveau. Pour souligner son bronzage, Kitty avait revêtu une robe de dentelle blanche – par ailleurs assez courte, sans pour autant trop en révéler –, et choisi un maquillage minimal. Restait la délicate question des boucles d'oreille : elle en essaya plusieurs paires avant d'estimer que rien ne convenait, et se contenta d'un gardénia derrière l'oreille gauche.

Ce qui au demeurant posait de nouveaux problèmes. Que disait donc le langage des fleurs ? A Tahiti, selon qu'elle est disposée à droite ou à gauche, cela veut dire que le cœur de la vahiné est libre ou non... A droite ? A gauche ? Katherine avait haussé les épaules. A quoi bon se duper elle-même ? Elle savait parfaitement ce qu'elle attendait de cette soirée, et si jamais il la jugeait dépravée, quelle importance ? Cela faisait longtemps qu'un homme n'avait plus partagé son lit. Revoir Giancarlo, être près de lui, l'excitait à un point tel qu'elle en oubliait toute discipline professionnelle – il lui faudrait se lever très tôt le lendemain pour se rendre au studio...

Il arriva à sept heures du soir, et quand elle le vit, dans son séjour, examiner les trois disques d'or qu'elle avait placés sur le manteau de la cheminée, il lui parut encore plus beau que dans son souvenir. Encore plus bronzé, encore plus blond, avec des yeux encore plus verts...

– On dirait qu'ils vous ont amusée, dit-il.

– Oui, j'ai trouvé ça merveilleux. Si seulement je savais qui me les envoie !

– Mais vous le savez parfaitement.

Elle le regarda fixement.

– C'est moi. Je voulais vous rencontrer.

Il ne parut pas franchement enchanté d'apprendre qu'en fait ils se rendaient à une soirée privée, pour célébrer l'anniversaire de Gabe Heller dans une salle au premier étage de Ma Maison. Katherine n'ignorait pas qu'elle le mettait à l'épreuve : nombre de ses amis, plus la moitié de l'industrie de la télévision, y assisteraient, et ne seraient que trop heureux de faire des commentaires sur l'heureux élu. Dès qu'ils entrèrent, Katherine sentit que tout le monde les regardait ; et le charme de Giancarlo avait toutes les chances de faire de lui une cible de choix pour bien des femmes dans l'assistance.

– Mon Dieu ! lui dit Donna Mills, alors que toutes deux se repoudraient aux toilettes, où as-tu trouvé une aussi belle bête ?

– C'est un produit d'importation ! répondit Katherine en souriant.

– Des types pareils ne courent pas les rues ! Tu es sûre que ça n'est pas un acteur ?

– Tout à fait ! C'est un civil, Dieu merci !

– A te voir, reprit Donna en ébouriffant sa longue chevelure blonde, on dirait bien que le chat n'a fait qu'une bouchée du canari !

– Pas encore, mais ça viendra.

Quand Katherine revint dans la salle, Giancarlo était en grande conversation avec Sharon Lasker, la jeune épouse d'un vieux nabab d'Hollywood. C'était une célèbre mangeuse d'hommes, et elle paraissait absolument fascinée : son visage poudré était à quelques centimètres du sien, elle le fixait de ses yeux rehaussés de verres de contact turquoise. Elle lécha ses lèvres collagénées comme pour s'apprêter à le dévorer puis, d'un geste adroit, glissa sa carte de visite dans la poche de son habit de soirée. Ce qui d'ailleurs ne parut nullement impressionner Giancarlo. Il recula légèrement, se tourna vers Carolyn Lupino, la femme du président de Paradigm Pictures, et la mêla à la conversation. Puis il accueillit Katherine d'un sourire éblouissant, lui offrant une cigarette sortie d'un étui en or.

Il semblait y avoir quelque chose de gravé à l'intérieur : elle y jeta un coup d'œil furtif. *Folle de toi.* Kitty se sentit mordue par la jalousie – mais après tout, à quoi pouvait-elle s'attendre ?

Carolyn babillait, comme à son ordinaire :

– J'adorerais vous voir tous les deux à l'anniversaire de Lew, samedi soir ! Il va avoir soixante ans, mais ne le répétez pas ! Il est très chatouilleux là-dessus !

Katherine s'apprêtait à dire quelque chose, mais Giancarlo la devança :

– Carolyn, c'est très aimable à vous ; Kitty et moi avons malheureusement d'autres projets : nous allons passer le week-end à Palm Springs.

Katherine haussa les sourcils. Était-ce un simple prétexte pour se dérober, ou bien se prenait-il déjà pour son seigneur et maître ? Dans un cas comme dans l'autre, au demeurant, c'était sans importance : elle était bien trop heureuse en sa compagnie. Palm Springs, pourquoi pas ?

Carolyn parut un peu déçue. Ce qui ne l'empêcha pas de chuchoter à Katherine – du moins le croyait-elle, mais Giancarlo dut entendre :

– Il est superbe ! Et si aimable ! J'ai toujours aimé les Italiens, surtout depuis que nous avons reçu Marcello Mastroianni à déjeuner !

Toute la soirée s'écoula dans un tourbillon de rires, de potins – et, pour Kitty, d'impatience heureuse, en pensant à la façon dont elle se terminerait forcément. Même le spectacle d'Éléonore flirtant outrageusement avec Giancarlo ne réussit pas à gâcher son plaisir. Elle fut toutefois assez avisée pour ne pas faire de remarques, ou demander des détails à l'intéressé sur ses relations avec l'actrice.

Il la raccompagna en voiture, et tous deux rirent beaucoup en commentant la réunion. Katherine fit une imitation hilarante de Carolyn Lupino, ainsi que de l'accent anglais pseudo-artistocratique d'Éléonore. Ils riaient encore quand le véhicule s'arrêta devant le portail.

Le cœur de Kitty battait si fort qu'elle se dit que Giancarlo devait l'entendre. Les portes de fer s'ouvrirent ; elle remarqua que les lumières étaient encore allumées dans la chambre de Tommy. Ce qui dissuaderait sans doute son chevalier servant d'entrer pour autre chose que le coup de l'étrier. Que son fils soit encore debout à cette heure laissait d'ailleurs présager des problèmes. Ces temps-ci, il se comportait parfaitement : un véritable fils modèle. Mais ce devait être trop beau pour être vrai.

Giancarlo resta devant l'entrée tandis que Katherine cherchait ses clés. Prenant sa main, il dit d'une voix douce :

– Alors, vendredi, comme convenu ? Pour Palm Springs ?

– J'adore Palm Springs, balbutia-t-elle.

– C'est bien.

Il l'embrassa doucement sur la bouche, et chuchota : « Toujours aussi belle ! », remonta dans sa voiture de location et repartit.

Katherine le suivit des yeux, un peu déçue, mais après tout on était déjà mercredi. Elle attendrait. Au demeurant, il lui fallait d'abord s'occuper de son fils.

Avant même d'entrer dans la chambre de Tommy, elle sut que les ennuis se préparaient. Il écoutait du rap à un niveau sonore assourdissant. Elle frappa aussi fort qu'elle put, mais de toute évidence il n'entendait rien. Ouvrant la porte, elle le vit, allongé tout habillé sur son lit, les yeux clos. Le sol était jonché de boîtes de bière vides, d'emballages de bonbons, sans compter une pizza entière abandonnée sur place. On aurait dit qu'un animal sauvage avait donné libre cours à sa fureur.

– Tommy, qu'est-ce que c'est que ce foutoir ?

Comme il ne répondait pas, elle se dirigea droit vers la télévision et l'éteignit. Tommy parut s'éveiller et, ouvrant les yeux, lança :

– Pourquoi tu fais ça, M'man ?

– Tommy, il est minuit passé, et tu vas au lycée demain. Pourquoi n'es-tu pas couché ? Quelque chose ne va pas ?

– Rien, M'man, rien... tout va bien...

Mais c'était dit d'une voix si traînante et molle que Katherine vint vers lui, prit son visage entre ses mains, et le tourna vers le sien. Les pupilles de Tommy n'étaient plus que des têtes d'épingle.

– Tommy ! dit-elle en essayant de ne pas trahir la panique qui l'envahissait. Où étais-tu ? Qu'est-ce que tu as fait ?

– J'étais chez Papa, dit-il en se dégageant.

– Ah bon. Comment va-t-il ?

– Je crois que ça va. Mais il vit vraiment dans un taudis, dit l'adolescent en la regardant d'un air accusateur. Comment veux-tu qu'il s'en sorte avec ce que tu lui donnes ?

– Comment ? Tommy, est-ce que tu sais seulement de quoi tu parles ? Ton père et moi avons divorcé, et tout a été réglé au tribunal. L'arrangement était parfaitement correct.

– Peut-être pour toi, mais pas pour lui.

Il but une gorgée de bière et la regarda d'un air mauvais.

– Tommy, tu es défoncé ?

Il se renfrogna et ne répondit pas. S'approchant, Katherine le secoua par les épaules.

– Lâche-moi ! geignit-il.

– Oh ! que non ! Du moins pas tant que tu ne m'auras pas dit la vérité. Tu t'es défoncé avec ton père ?

Le regard surpris de Tommy montrait assez qu'elle avait touché juste.

– Ouais, et alors ? Rien qu'un joint, c'est tout.

– C'est tout ? Ton père sort d'une opération, il se défonce, tu te défonces avec lui, et tout ce que tu trouves à me dire, c'est : « Et alors ? » Tommy, qu'est-ce qui te prend ?

– M'man, t'es en retard. Fumer de l'herbe n'est pas pire que de fumer tes fichues Marlboro, comme tu le fais en permanence. Tous les mômes d'aujourd'hui fument, tous, et tu auras beau faire, je ne vois pas pourquoi j'arrêterais.

Katherine savait que mieux valait ne pas discuter avec quelqu'un d'ivre et de défoncé, fût-il votre fils.

– Très bien, Tommy, je me doute que je ne peux pas t'en empêcher. Mais je vais te dire une chose : jamais je n'ai rencontré de fumeur d'herbe, de pétard ou de tout ce que tu veux, dont la cervelle fonctionne correctement. Ça vous détruit l'esprit.

Il ne parut pas avoir entendu, trop occupé qu'il était à récupérer un bout de la pizza traînant par terre. Il but une gorgée de bière, alla rallumer la télé et, sans quitter l'écran des yeux, dit :

– Bonne nuit, M'man. Je te verrai demain.

Katherine monta dans sa chambre d'un pas lourd. Ses pensées revinrent vers Giancarlo et Palm Springs. Elle s'occuperait de Tommy après le week-end. Plus question de penser à quoi que ce soit pendant ces deux jours. « Rien ne m'arrêtera », fredonna-t-elle en se brossant les cheveux. « Rien ne m'arrêtera. »

Quentin possédait à Palm Springs un petit bungalow blanc situé non loin de Bob Hope Drive. Il donnait juste sur l'herbe épaisse d'un court de tennis, et on avait, au loin, une vue superbe des montagnes. Giancarlo et Katherine arrivèrent peu après le déjeuner, par une chaleur accablante ; il suggéra aussitôt qu'ils nagent un peu.

– Il n'y a personne ici, de toute façon. C'est une toute petite maison pour laquelle Quentin n'a pas engagé de personnel ; il aime sa tranquillité, et moi aussi.

Et moi donc ! songea Katherine en se dévêtant dans une chambre qui faisait très Fifties. Mais les murs étaient ornés d'estampes indiennes charmantes, le plancher de bois poli couvert de tapis maya aux teintes fanées.

Elle revêtit un maillot de bain noir et s'examina dans le miroir en grimaçant :

– Trop grosse ! marmonna-t-elle. Tu ferais bien de prendre garde, ma fille, sinon tu vas une fois de plus te retrouver au garde à vous sur la moquette de Gabe !

Elle jeta sur le lit le script du prochain épisode. On lisait sur sa couverture jaune : « *LES SKEFFINGTON, N° 106 : QUI A FAIT LE COUP ?* »

Katherine aurait dû consacrer une bonne part du weekend à le lire, mais elle pensait trop à Giancarlo pour pouvoir se concentrer.

Elle l'entendait fredonner dans la cuisine, où il était parti déposer les provisions qu'ils avaient apportées. « C'est quelqu'un d'organisé ! » pensa-t-elle. « Un vrai petit homme d'intérieur ! Tout juste ce qu'il me faut ! »

Katherine n'avait jamais été très portée sur la vie domestique, et maintenant qu'un simple passage au supermarché suffisait à provoquer une émeute, elle n'avait plus guère de raisons de se rendre à l'office, et encore moins de faire la cuisine elle-même.

Sous la lumière aveuglante, l'eau de la piscine scintillait de manière irrésistible, abritée du soleil par de grands palmiers. Giancarlo arriva, portant un plateau, vêtu d'un maillot bleu qui mettait en valeur un physique élégamment musclé.

– Madame est servie ! annonça-t-il en lui tendant un verre.

Il n'oubliait donc jamais rien ? Lors de leur première rencontre, elle avait mentionné incidemment qu'elle adorait les Bellini, mélange de champagne et de jus de pêche. Et voilà qu'il lui en apportait, dix minutes à peine après leur arrivée !

– Une femme du coin vient se charger du ménage, et plus généralement de tout le nécessaire, expliqua-t-il. Elle est très obéissante !

– C'est comme ça que vous aimez les femmes ?

– Non. Je les aime pleines d'entrain, très intelligentes et très belles. Comme vous.

Il se pencha vers elle et lui caressa les cheveux :

– Vous avez l'odeur de l'arc-en-ciel, chuchota-t-il. Et du lilas.

– Deux des choses que je préfère ! dit-elle en sirotant son cocktail – non sans penser que, à sa connaissance, les arcs-en-ciel ne sentaient rien. C'est le meilleur Bellini que j'aie jamais bu ! s'exclama-t-elle. Vous vous débrouillez aussi bien pour tout ?

– A peu près tout, répondit-il en levant son verre. C'est à vous de voir.

– Je suppose que vous êtes aussi champion de tennis ? demanda-t-elle en jetant un regard au petit court.

– Essayez donc ! Je suis quelqu'un de très porté sur la compétition, j'en ai peur.

– Alors nous sommes deux.

Katherine voulut prendre une cigarette, mais il lui tendit son boîtier en or, et de nouveau elle remarqua l'inscription : *Folle de toi.*

– Vous tenez à savoir d'où il vient ? demanda-t-il.

– Non, répondit-elle en secouant la tête.

Elle savait que mieux vaut ne jamais demander aux hommes de détails sur leur passé. Pas de noms, pas de dates... La jalousie est un sentiment inutile ; seul l'instant présent compte. Elle ne put s'empêcher, comme il lui offrait du feu, d'approcher la main très près de son visage, puis de lui prendre le menton. Sa peau parfaitement glabre était lisse au toucher. Il prit doucement son verre, le posa sur une table puis, plus doucement encore, passa les bras autour de sa taille pour l'attirer contre lui.

Les rires lointains venus de chez les voisins, le concerto pour clarinette de Mozart que Giancarlo avait mis sur la chaîne, tout cela parut disparaître. Katherine n'entendait plus que les battements de son propre cœur. Leurs lèvres se rencontrèrent. Chose qu'elle avait faite des dizaines de fois à l'écran, mais là, c'était différent. Un baiser doux, tendre, et si rempli de passion et de sensualité que Kitty sut qu'elle voulait être à lui. Elle était faite pour être à lui. Maintenant.

Il l'emmena sur la pelouse, là où les grands palmiers les tiendraient à l'abri du soleil brûlant.

Katherine avait toujours cru être assez conventionnelle, sexuellement parlant. Contrairement à certaines de ses amies, elle n'était tentée ni par les acrobaties érotiques ni le sado-masochisme. A mesure que Giancarlo explorait son corps, elle sentit pourtant en elle une émotion si forte qu'elle se mit à trembler. Elle éprouva également un sentiment d'amour immense. Pendant des années, elle avait feint de ne pas en avoir besoin, de ne pas en vouloir. Mais voilà que maintenant, par un bel après-midi langoureux à Palm Springs, elle se rendait compte qu'il n'en était rien. C'est ainsi que tout commença.

Au cours de ce long week-end, chacun fut consumé par l'autre. Pour Katherine, connaître une passion aussi brûlante était une expérience nouvelle. Giancarlo n'avait nul besoin d'apprendre à la rendre heureuse ; cela lui venait aussi naturellement que de respirer. Et il adorait lui faire l'amour. Ce fut l'occasion d'un voyage sensuel inoubliable, sans cesse recommencé. Il lui expliqua doctement que, comme Wilhelm Reich, il était persuadé que c'est dans l'orgasme que l'homme trouve la plus haute expression de la passion.

– En tout cas, dit-elle, c'est une théorie que tu ne te lasses pas de mettre en pratique.

– Pour moi, te faire l'amour est une expérience merveilleuse, et c'est bien pourquoi je commence à ressentir tant de tendresse pour toi.

– Déjà ?

Elle aurait voulu pouvoir rester à jamais dans ses bras.

– Nous étions faits l'un pour l'autre, chuchota-t-il. C'est le destin, Kitty.

Tout au long de ces deux journées magiques, Katherine sentit avec Giancarlo une harmonie que jamais elle n'avait éprouvée avec aucun homme. Il était l'amant dont elle avait toujours rêvé : tendre, romantique, sexy, intelligent, aimant, sensible, passionné, maître de tout : l'incarnation même des vertus masculines.

Cela faisait quatre ans que Katherine était seule. Seule à prendre les décisions, à gérer sa carrière, à s'occuper de la maison, de Tommy, à être responsable de chaque chose. Elle était au sommet, mais c'est précisément ce qui la rendait vulnérable, en raison même de sa célébrité, et elle le savait. C'était suffisant pour lui donner l'impression que, comme par magie, Giancarlo était venu la sauver ; et elle sut, sans l'ombre d'un doute, qu'elle était amoureuse de lui.

Le second soir, alors que, serrés l'un contre l'autre et à demi endormis, ils regardaient *Rebecca* de Hitchock à la télévision, Kitty entendit un bruit. On aurait dit que dans le film les portes venaient de s'ouvrir. Elle avait déjà remarqué que le bungalow de Quentin était particulièrement exposé aux intrusions nocturnes mais, occupée par sa toute nouvelle histoire d'amour, elle avait décidé de ne pas s'inquiéter. Elle baissa le son en appuyant sur la télécommande, et écouta. Un bruit de pas venait du séjour. Giancarlo, lui aussi, avait entendu : sans un bruit, il se glissa hors du lit, alla jusqu'à la porte et tendit l'oreille.

– Est-ce que j'appelle la police ? demanda-t-elle à voix basse.

Il fit non de la tête, se noua une serviette autour des reins, ouvrit la porte en silence et traversa doucement le couloir menant au séjour. Passant un peignoir, Katherine se leva sur la pointe des pieds pour voir ce qu'il allait faire.

Le salon était plongé dans l'obscurité, mais à la lumière de la lune, qui entrait par la fenêtre ouverte, elle discerna vaguement deux silhouettes. Kitty retint son souffle. Tout cela était délirant. Pourquoi ne revenait-il pas dans la chambre ? Il suffirait de fermer la porte à clé, d'appeler la police...

La lumière aveuglante d'une lampe-torche révéla soudain les visages de deux intrus. Deux adolescents, à peine plus âgés que Tommy, qui se figèrent comme des lapins pris dans la lueur des phares.

– Fichez le camp ! lança Giancarlo d'une voix coupante. Et tout de suite, sinon vous vous retrouverez avec une balle dans la rotule !

Il avait un automatique à la main. Une arme noire, glacée, d'allure mortelle. Mais d'où sort-elle donc ? se demanda Katherine.

– Debout ! Mains au-dessus de la tête ! Je compte jusqu'à trois, et vous avez intérêt à disparaître avant !

L'un d'eux avait en main un couteau, qu'il laissa tomber sur le sol. L'autre aperçut soudain Kitty, dont la silhouette se découpait dans l'encadrement de la porte.

– Bon Dieu, c'est Georgia !

– La garce ! lança l'autre. Filons !

Ils sautèrent en toute hâte par la fenêtre et se perdirent dans la nuit. Katherine s'effondra sur le sofa :

– Oh ! mon Dieu ! Tu aurais pu te faire tuer !

– Allons, allons ! Il n'y a pas beaucoup de gens, cambrioleurs compris, qui font les malins devant ça, répondit Giancarlo, en agitant l'automatique, qu'il déposa sur la table.

– Ne t'inquiète pas, dit-il. Ce n'étaient que deux petits camés qui avaient besoin d'un peu d'argent pour leur dope.

– Mais ils auraient pu être dangereux.

– Pas quand on sait leur faire face. La plupart des gens obéissent aux ordres qu'on leur donne, surtout quand on a ça en main, dit-il avec un geste vers son arme. Tu ne crois pas qu'il est temps de nous remettre au lit ?

– Oh ! que oui, chuchota-t-elle.

La semaine suivante, Giancarlo s'installa dans la chambre d'amis de Katherine, avec deux valises, un ordinateur portable et un attaché-case soigneusement clos. Ni lui ni elle n'éprouvait la moindre gêne, mais Tommy n'apprécia guère la chose.

– M'man, pourquoi faut-il que ce type s'installe ici ?

– Parce que je l'ai décidé.

Katherine était devant sa coiffeuse, déjà en retard, tandis que Tommy ne donnait pas l'impression de se préparer à partir au lycée.

– Je l'ai dit à Papa, lança-t-il d'un air maussade.

Kitty s'efforçait de passer un peigne dans sa chevelure emmêlée – à force d'avoir fait l'amour trois à quatre fois par nuit –, avec d'infinies variations. Ses yeux brillaient, elle avait vraiment l'air d'une femme amoureuse. Les autres femmes s'en seraient rendu compte, mais pas son fils.

– Ah bon ? Et qu'est-ce qu'il a dit ?

– Que tu n'es qu'une traînée.

– Charmant.

Elle pensa aux nombreux chèques qu'elle avait signés récemment pour son ex-époux. Johnny suivait encore des séances de chimiothérapie deux ou trois fois par semaine, et il avait besoin de médicaments coûteux. Entendre son fils dire comment mener sa vie était donc la dernière chose qu'elle ait envie d'écouter.

– Tommy, tu as seize ans, et il est grand temps que tu te rendes compte que ta mère a besoin d'avoir une vie à elle.

– Tu en as une ; elle est au studio. C'est la seule chose qui t'intéresse.

– Que Giancarlo soit venu vivre ici ne signifie pas que je t'aime moins qu'avant !

Il était huit heures du matin, et il fallait qu'elle soit au travail dans cinquante minutes.

– Écoute, il faut que j'aille au studio, et toi au lycée. On parlera de tout ça ce soir.

– D'accord, M'man, répondit-il d'un ton maussade avant de quitter la pièce.

Katherine contempla tristement le ciel de Beverly Hills, déjà encombré de smog.

– Le pauvre !

Elle se retourna : Giancarlo était dans l'encadrement de la porte.

– Tu as des problèmes, chérie, on dirait.

– J'ai bien peur que oui.

Souriant, il tendit les bras, où Kitty courut se réfugier. Elle s'y sentait invincible, comme si rien ne pouvait plus lui faire de mal.

– Je peux faire quelque chose ? demanda-t-il.

– Non, chéri, merci. C'est une bataille que je vais devoir livrer seule.

Perdue dans sa passion toute neuve, Kitty n'avait pas trouvé le temps d'étudier le script de l'épisode de la semaine suivante. Ce n'est qu'en entrant dans sa loge, rayonnante de bonheur, qu'elle comprit ce qui l'attendait en voyant le visage décomposé de Brenda.

– Tu prends le chemin de la sortie, dit-elle, accablée.

– Comment ça ?

– Comme je te le dis. Ils se sont décidés. Tu meurs, petite. C'est là. Lis et pleure.

S'emparant du script, Brenda l'ouvrit à la dernière page et lut à voix haute :

– Georgia dit : « Jamais je ne te pardonnerai. Jamais. Tu rôtiras en enfer pour ça. » Indications scéniques : Georgia meurt. Son interlocuteur, dont on ne voit pas le visage, rit doucement et referme la porte. Plan fixe sur le visage sans vie de Georgia. Fin.

– Je ne peux pas y croire.

– Il vaudrait mieux. Je l'ai lu vendredi, mais je n'ai pas voulu t'appeler et te gâcher le week-end.

– Tu en as parlé à Steve ?

– Oui, je lui ai demandé si c'était vrai, ou si c'était une de ces fausses pistes chères au studio.

– Et qu'est-ce qu'il a dit ?

– Que c'était vrai. Toujours pareil, avec les feuilletons ! A chaque fin de saison il faut relancer l'intérêt, et à chaque fois quelqu'un doit mourir. Comme ça les acteurs seront moins gourmands quand il faudra renégocier les contrats.

Kitty s'assit lourdement sur le sofa.

– Je ne peux pas y croire. Je pensais que le public voulait vraiment que je reste. Appelle Gabe et dis-lui que je veux le voir sur-le-champ.

On frappa à la porte :

– Kitty, sur le plateau !

– Le spectacle continue ! lança Katherine en grinçant des dents. Toujours aussi passionnant, le show-biz !

Plus tard, Brenda lui annonça que les deux producteurs étaient introuvables.

– Super ! Tu as parlé à mon agent ?

– Pas encore. Il était en réunion.

Katherine explosa :

– Bon sang de bonsoir ! Mais qu'est-ce qui se passe, bon Dieu ? On tue mon personnage, je ne peux pas mettre la main sur mon agent ni sur les producteurs, ma vie tombe en morceaux, et tout le monde s'en fout !

Son portable sonna à ce moment précis. Décrochant, elle aboya :

– Oui ?

– Chérie, ça va ?

– Giancarlo ! Oh chéri, j'ai vraiment des ennuis. Je t'en parlerai ce soir, je n'ai pas le temps.

Charlie vint de nouveau frapper :

– Kitty, tu as trois minutes pour aller te faire coiffer !

– D'accord, d'accord !

Elle se planta sur la tête un chapeau ridicule, et sortit en toute hâte.

Éléonore était assise dans la salle de maquillage, l'air très satisfaite.

– Bonjour, chérie ! lança-t-elle. Tu as passé un bon week-end ?

– Charmant, répondit Katherine d'un ton sec. J'ai passé des moments merveilleux.

– J'en suis ravie, chérie. Mais je suis désolée que tu nous quittes.

– Ah ! on ne peut pas gagner à tous les coups, dit Kitty d'une voix légère, sans rapport avec ses véritables sentiments.

Elle se leva en tirant sur sa jupe, trop courte et trop étroite, et descendit jusqu'au plateau, où l'attendait le cercle magique des projecteurs à arc.

Au moins j'ai Giancarlo, pensa-t-elle.

Le téléphone sonna pendant une pause du tournage.

– Kit-Kat !

– Maman ! Comment vas-tu ?

– Bien, bien, sauf pour mon asthme. Mais je prends un nouveau médicament, je n'ai plus mes crises.

– C'est bien, Maman. J'en suis heureuse.

– Kit-Kat, qui est donc ce Giancarlo Valmerio ? Est-ce que cette fois ça serait sérieux ?

Katherine respira profondément et eut un petit sourire.

– Oui, Maman. Enfin, je crois. C'est la meilleure chose qui me soit arrivée depuis des années.

– Ah ! chérie, je croiserai les doigts pour toi. Il faut que tu sois prudente, tu sais que tu n'as pas beaucoup de chance avec les hommes. S'il est aussi bien que ça, prends garde à ne pas le laisser filer.

– Ce n'est pas mon intention, répondit Katherine avec ferveur.

Ce soir-là, elle raconta tout à Giancarlo, lui parla de ses problèmes d'argent, de Bert, qui s'occupait de ses affaires et qu'elle soupçonnait de la voler, de Won, le remplaçant de Pedro, jeune Chinois énigmatique, des bouderies de Tommy, qui lui faisaient tant de peine et dont elle se sentait responsable, et pour finir de Johnny, dont les constants besoins d'argent allaient lui valoir de se retrouver dans le rouge. Quand elle en eut terminé, elle était au bord des larmes. Il se montra apaisant :

– Ne t'en fais pas, chérie, je vais t'aider. Je vais résoudre tous tes problèmes, je te le promets.

8

Le lendemain, Katherine réussit enfin à voir Gabe et Luther – qui, comme d'habitude, lui donnèrent l'impression d'être une écolière prise en faute.

– Vous me tuez pour de bon ?

– Tu sais que le feuilleton baisse dans les sondages, répondit Gabe en jouant avec un coupe-papier de malachite. Il faut faire quelque chose pour qu'il remonte.

– Bien sûr. Je comprends ça.

Katherine n'était que trop consciente des incertitudes qui accompagnent toujours une réussite à la télévision. C'était une guerre constante entre les chaînes, entre les émissions les plus regardées, qui pouvaient se retrouver à la première place dans les sondages, puis tomber à la neuvième la semaine suivante. Certaines montaient et descendaient comme des yo-yo.

– La semaine dernière, poursuivit-elle, on ne pouvait rien faire face au match du Superbowl, et les trois précédentes, il y avait cette mini-série contre nous.

– Je sais, je sais, dit Gabe d'une voix irritée. Mais on n'arrive même pas seconds !

– Et pourquoi dois-je être sacrifiée ?

– Dans l'intérêt du feuilleton, Katherine, intervint Luther. Tu sais bien que c'est la seule chose qui compte.

– Mais je vous ai toujours été fidèle, fidèle au feuilleton, en dépit de toutes les sornettes que racontent la presse ! Je ne peux pas croire que vous preniez ça au sérieux !

– La question n'est pas là, dit Luther. Le problème est de remonter dans les sondages. Tu sais quel effet la tentative de meurtre contre JR a eu sur *Dallas*. C'est ce qu'il faut aux *Skeffington*.

– Et si ça ne marchait pas ? Après tout, le personnage que j'incarne est censé épicer un peu la série, non ?

Les deux producteurs hochèrent la tête.

– Katherine, dit Gabe, si ça peut te mettre du baume au cœur, je vais t'apprendre qu'en plus de la fin prévue, nous en tournerons une seconde. Mais – il baissa la voix – ce sera dans la discrétion : personne sur le plateau, et tout le monde s'engagera à garder le secret.

Kitty soupçonnait qu'Eleonor était à l'origine de bien des ragots la concernant :

– Le reste de l'équipe est au courant ?

Gabe pensait la même chose, mais n'avait rien entrepris pour y mettre un terme : l'affrontement, réel ou supposé, entre les deux femmes semblait avoir un effet positif sur les sondages.

– Tu seras la seule à savoir, Kitty, dit-il, avant de pousser vers elle une pile de papiers. Lis ça, je pense que ça te fera plaisir.

Katherine parcourut rapidement les feuillets, et sourit :

– C'est ça l'autre fin ?

– Uh-uh.

– Et de quoi va dépendre la décision ?

– Des téléspectateurs. S'ils veulent que Georgia meure, elle disparaît. S'ils ne veulent pas...

– Elle reste.

– Oui. Mais nous ne connaîtrons les résultats que deux semaines après la diffusion de l'épisode.

– Et qu'est-ce que je fais pendant ce temps-là ?

– Tu prends un petit congé, dit Luther en souriant. Rétribué, bien entendu.

– Je crois que c'est une question qu'il faudra discuter avec ton agent, approuva Gabe.

Katherine soupira. Ces deux-là avaient un cœur de pierre, et les yeux à l'avenant : froids, granitiques, sans une once de chaleur ou de bonté. Ils se moquaient bien d'elle. Ils se moquaient éperdument que, grâce à elle, le feuilleton soit monté en flèche dans les sondages, pour y rester près de deux ans. Peu leur importait, s'ils la renvoyaient, qu'elle se retrouve à la soupe populaire. Le spectacle continue : telle était leur devise.

– Bon, Kitty, il est temps de retourner au travail, dit Gabe.

Luther sourit, révélant des dents jaunies semblables à des crocs :

– Passe une bonne journée.

– Merci, Luther. Je ferai de mon mieux.

Quand elle apprit la nouvelle à Hal, son agent, il n'en parut pas spécialement enchanté :

– Je crois qu'il va falloir attendre pour voir.

– Tu ne comptes rien faire d'autre ?

– Et quoi ?

L'agence de Hal représentait non seulement Kitty, mais aussi Albert Amory – ainsi que Gabe Heller et Luther Immerman. Les acteurs étaient des produits jetables ; pas les producteurs. Katherine avait connu une grande popularité, mais manifestement celle-ci touchait à sa fin, et il ne manquait pas de jeunes actrices ambitieuses prêtes à prendre sa place. Après tout, Hal n'était pas Mère Teresa. A dire vrai, comme beaucoup de gens à Hollywood, il méprisait secrètement les acteurs. Katherine pouvait toujours quitter le feuilleton, quitter l'agence – et alors ?

Quand elle raconta tout à Giancarlo, toutefois, il explosa :

– Quels enfoirés ! Comment osent-ils te faire ça ? Tu es célèbre partout où le feuilleton est diffusé, et ils te traitent de cette façon ?

– Tu sais, chéri, quand on y réfléchit bien, je ne suis jamais qu'une petite roue dans un énorme mécanisme. Ils peuvent se débarrasser de moi quand ça leur plaît, ça revient à mettre à la poubelle une vieille paire de chaussures. Si la chaîne veut que les sondages remontent, et qu'elle pense que la mort de mon personnage y parviendra, ils ne se gêneront pas.

Ils étaient étendus l'un à côté de l'autre, et venaient juste de regarder à la télévision un vieux film de Spencer Tracy.

– Kitty, dit-il en lui caressant les cheveux, me ferais-tu assez confiance pour que je me mêle de tout ça ?

– Qu'est-ce que tu comptes faire ?

– Je crois que j'ai quelques idées à ce sujet. Je n'ai passé que trois ans dans le show-business, mais j'ai le sens des affaires et je crois en toi, en ton talent, contrairement à eux.

– Alors, quel est ton plan ?

– C'est une surprise, répondit-il en l'embrassant sur le front. Il est temps que tu te reposes, ma diva bien-aimée. Ta beauté doit dormir un peu. Après tout, tu te lèves à cinq heures, non ?

Elle sourit et ferma les yeux. Il lui était difficile d'imaginer ce que Giancarlo allait bien pouvoir faire, mais qu'il soit de son côté la réconfortait.

– Bonne nuit, chéri, chuchota-t-elle.

Au cours des semaines qui suivirent, Katherine et Giancarlo ne pensèrent guère qu'à eux deux. Elle passait avec lui tous ses moments libres, tant il incarnait tout ce qu'elle avait toujours désiré. Sexuellement parlant, ses prouesses et son appétit étaient sans limites, mais il lui témoignait aussi une tendresse et une passion qui ne faisaient que renforcer le lien qui les unissait. Ils firent ce que font tous les amants : se promener dans les collines derrière Benedict Canyon, aller voir des films d'une salle à l'autre. Lors de telles expéditions, Katherine se déguisait en revêtant un survêtement, un T-shirt, des baskets et une casquette de base-ball, à quoi venaient s'ajouter des lunettes noires. Cela ne suffisait pas toujours, tout en lui permettant, la plupart du temps, d'avoir la paix qu'elle souhaitait.

Parfois ils allaient, dans la BMW décapotable de Giancarlo, jusqu'aux plages de Malibu ou de Santa Monica. Katherine aimait sentir le vent ébouriffer sa chevelure tandis qu'ils roulaient à vive allure sur l'autoroute.

Il lui demanda plusieurs fois de l'accompagner à Las Vegas, où il avait des rendez-vous d'affaires, mais elle disait toujours non :

– Chéri, je ne peux pas supporter cet endroit. J'y suis allée il y a deux ans, et j'ai failli me faire écharper à la table de blackjack.

– Déguise-toi comme d'habitude.

– Ça ne suffirait pas, et tu le sais.

– Bon, bon, soupirait-il, mais ne va pas croire que je suis content.

Georgia Skeffington mourut un vendredi, à sept heures du soir. Puis, après que tout le monde fut parti, Katherine, une dizaine de techniciens et le metteur en scène revinrent sur le plateau, signèrent devant Gabe et Luther l'engagement de garder un secret absolu, et tournèrent une scène dans laquelle Georgia, allongée dans un lit et couverte de bandages, se remettait de ses blessures. Il ne restait plus qu'à attendre.

Six semaines après qu'il fut venu s'installer chez Katherine, Giancarlo lui demanda de l'épouser.

– Mais je viens juste de divorcer ! objecta-t-elle d'une voix faible. Tu ne crois pas que c'est un peu tôt ?

– Si un homme et une femme s'aiment autant que nous, je crois fermement qu'ils doivent se marier. Après tout, pourquoi pas ? Je compte passer le reste de ma vie avec toi, Kitty. Je l'ai su la première fois où je t'ai vue. Je t'ai dit que, si je croyais à la survie de l'âme, j'aurais été convaincu que la tienne et la mienne se connaissaient depuis longtemps. C'est la vérité. Nous sommes faits l'un pour l'autre et tu le sais.

– Giancarlo, moi aussi je t'aime. Mais je ne suis pas encore prête à m'engager ainsi.

– Et pourquoi pas ? Je veux que tu sois madame Giancarlo Valmerio.

– Je ne dis pas non. Mais après tout, nous nous connaissons depuis si peu de temps... Et puis, et ma carrière – enfin, ce qu'il en reste ?

Elle avait fermement décidé de ne plus penser au dernier épisode – pour elle – des *Skeffington*, qui n'avait pas encore été diffusé. Son destin professionnel serait scellé bien assez tôt. Le studio, évidemment, s'était soigneusement gardé de tenir parole : les quinze jours de congés prévus s'étaient transformés en tournée publicitaire nationale, qui serait l'occasion de savoir ce que le grand public pensait de Georgia.

– Je te demanderai d'être ma femme jusqu'à ce que tu dises oui, déclara Giancarlo. Je ne vois aucune raison qui puisse nous empêcher de nous marier.

– Les enfants. Tu sais que j'ai peu de chances d'en avoir. Les médecins me l'avaient déjà dit après la naissance de Tommy, et maintenant je suis trop vieille, de toute façon.

– Ça m'est égal. D'ailleurs, nous avons déjà Tommy. Et c'est toi que je veux, Kitty.

Elle ne répondit pas, et préféra regarder pensivement par la fenêtre, le regard perdu dans le vide.

– Chérie, je comprends ce que tu ressens. Mais je veux que tu sois mienne pour toujours. Jamais je ne suis plus heureux que quand tu es avec moi.

– Giancarlo, tout va si vite, j'ai besoin de temps pour réfléchir. Après tout, je viens juste de divorcer.

Il se rembrunit :

– Je dois aller à Las Vegas ce week-end, pour le nouvel hôtel, et je veux te le montrer. M'accompagneras-tu ?

Katherine secoua la tête :

– Chéri, je suis désolée. Mais Tommy joue un match de base-ball et je lui ai promis d'être là.

– Très bien, très bien. Je ne serai donc qu'un célibataire solitaire à Las Vegas.

– Giancarlo, s'il te plaît, arrête, je me sens déjà suffisamment coupable.

Elle vint s'asseoir sur ses genoux et le regarda jusqu'au fond des yeux :

– N'oublie jamais que je t'aime.

L'idée de se remarier ne déplaisait pas à Katherine, mais elle ne pouvait s'engager si vite, après ces vingt ans passés avec Johnny. Les quatre derniers avaient d'ailleurs été un enfer, et la simple perspective d'épouser quelqu'un d'autre la faisait frémir.

Giancarlo était à Las Vegas quand l'agent de Katherine l'appela :

– Kitty, j'ai de bonnes nouvelles pour toi ! s'exclama Hal, qui paraissait tout excité. ABA s'intéresse à toi, et elle est prête à tourner une mini-série si jamais tu te fais jeter des *Skeffington*.

– Tu plaisantes ! Les choses s'arrangent, alors ?

– Tu peux remercier ton ami pour ça, chérie.

– Giancarlo ? Qu'est-ce qu'il a fait ?

– Apparemment, il a déjeuné avec Carolyn Lupino, qui, comme tu ne l'ignores pas, est le cerveau de l'empire de Lew. Ne me demande pas de détails, mais il a parlé à Carolyn, qui en a parlé à Lew, qui en a parlé à la chaîne, et ils veulent monter un nouveau feuilleton autour de toi, Kitty. Tu t'es vraiment trouvée un type super, accroche-toi à lui !

– C'est bien ce que j'ai l'intention de faire. Quand même, c'est incroyable ! Giancarlo est quelqu'un de très persuasif !

– En effet ! Ça m'embête de le reconnaître, mais il a fait ce que l'agence n'a pas réussi à faire.

– Je l'appellerai ce soir pour lui apprendre la nouvelle.

Quand elle téléphona à Las Vegas, toutefois, on lui dit qu'il était parti pour Reno, sans préciser dans quel hôtel il descendrait.

Il revint le lendemain, et parla longuement de ce nouveau projet :

– Un hôtel superbe, un peu de style provençal, en plein désert !

Ils fêtèrent l'événement au champagne, puis firent l'amour si longtemps que Katherine ne pensa même pas à lui apprendre la bonne nouvelle que Hal lui avait annoncée.

Le lendemain soir, elle rentra chez elle juste avant le début de l'épisode fatidique des *Skeffington.* Giancarlo et Tommy s'étaient contentés d'une pizza ; ils paraissaient scotchés à l'écran. Maria vint apporter à Katherine du poisson grillé et des brocolis : Kitty avait repris son fichu régime. Quand le générique prit fin, elle se tourna vers Giancarlo :

– Il paraît que tu sais vraiment faire bouger les choses ?

– Je vois que Hal t'a tout dit, répondit-il en souriant.

– Oh ! que oui. Mais comment as-tu réussi à décider la chaîne ? Après toute cette mauvaise publicité, j'étais persuadée d'être de l'histoire ancienne.

Il posa l'index sur les lèvres de Katherine et eut un sourire énigmatique :

– Chérie, il ne faut jamais poser de questions. L'essentiel, c'est le résultat. Je suppose que maintenant il va falloir attendre pour savoir comment le public a accueilli l'épisode que nous venons de voir ?

– Oui, et dès dimanche je m'embarque pour une grande tournée. Un vrai cauchemar ! Onze villes en deux semaines, les mêmes questions idiotes indéfiniment répétées, et des caméras partout où j'irai ! Si seulement je pouvais tout laisser tomber !

Il vint s'asseoir auprès d'elle :

– Laisse tomber, Kitty, murmura-t-il. Laisse tomber et épouse-moi.

Elle secoua lentement la tête :

– Chéri, non... Je t'aime, je t'adore, mais je... je ne peux pas, pas encore. Attends, chéri, attends. Dans quelques mois nous saurons si nous pouvons être sûrs l'un de l'autre. Si je me remarie, je veux que ce soit pour toujours.

9

Katherine rentra épuisée de sa tournée publicitaire – mais aussi toute excitée à l'idée de revoir Giancarlo. L'absence fait battre le cœur, songea-t-elle en admirant la longue silhouette venue l'accueillir. S'attendant à ce qu'il la prenne dans ses bras, elle fut donc surprise de sa froideur, d'une certaine dureté dont jamais il n'avait témoigné au cours des deux mois qu'ils venaient de passer ensemble.

– Comment vas-tu, chéri ? demanda-t-elle d'une voix inquiète. Je t'ai manqué ?

Elle voulut se serrer contre lui, mais il resta à distance, lui jetant un regard dépourvu de passion :

– Mmm. Un peu.

– Un peu ?

Katherine se sentit envahie par le doute. Avec un petit rire peu convaincant, elle ôta sa veste, le prit par la main et le conduisit dans le séjour.

En cette fin d'après-midi, le soleil était particulièrement fort ; il se reflétait, au point de vous éblouir, sur les sofas blancs, les miroirs de chrome, les objets de verre et d'argent. Giancarlo alla s'asseoir, seul, dans un fauteuil, sur les accoudoirs duquel ses doigts tambourinaient sans arrêt. Ses grands yeux verts paraissaient transpercer Kitty, comme s'ils ne la voyaient pas.

– Tu as l'air fatiguée, dit-il d'une voix indifférente.

– Je suis complètement épuisée.

– Katherine, dit-il en examinant ses ongles, je ne comprends pas pourquoi tu te donnes tant de mal.

– Chéri, voyons, tu sais que je ne pouvais pas faire autrement. Les relations publiques ! Avec un peu de chance, ça va marcher, et mon personnage sauvera sa peau.

Il haussa les épaules d'un air méprisant puis, allumant une cigarette – sans paraître songer à lui en offrir une –, regarda par la fenêtre.

Kitty ne comprenait pas. Ce n'était pas là l'homme qu'elle aimait. Que s'était-il donc passé pendant son absence ? Ils ne s'étaient parlés au téléphone que brièvement ; son programme était si chargé que le soir elle avait à peine eu la force d'appeler. A bien y réfléchir, il avait paru un peu froid, un peu distant, à l'autre bout du fil. Elle n'y avait pas pris garde sur le moment. Mais maintenant...

Elle se leva et, d'un air enjôleur, lança en se dirigeant vers le bar :

– Chéri, tu veux boire quelque chose ?

– Non ! répondit-il, irrité. Et pourquoi ne laisses-tu pas ton majordome s'en charger ?

– Mais chéri, c'est fête, ce soir ! Cela fait quinze jours que nous ne nous sommes pas vus ! Nous avons du retard à rattraper !

– Tu bois trop, maugréa-t-il, suivant des yeux la fumée de sa cigarette.

Katherine se versa un whisky bien tassé, tout en se sentant rougir. Won fit son apparition :

– Heureux de vous voir de retour, madame. J'espère que vous avez fait bon voyage.

– Oui, Won, merci, répondit-elle en avalant la moitié de son verre.

– Maria vous a préparé à dîner. Quand désirez-vous qu'il vous soit servi ?

– Je n'en sais trop rien. Chéri, qu'est-ce que tu en penses ? demanda-t-elle à Giancarlo, qui lui tournait le dos.

– Fais comme tu veux. Tu fais toujours comme tu veux, de toute façon.

Elle vida son verre, fit signe à Won de lui en préparer un autre, puis dit d'une voix qu'elle voulait normale :

– Alors, disons sept heures. Je crois que je vais aller me changer, et me mettre un peu à l'aise pour quand nous dînerons. Et nous discuterons, chéri. J'ai beaucoup de choses à te dire.

Dans sa chambre, Maria et la nouvelle femme de chambre défaisaient à grand bruit ses sept valises Vuitton.

– Vous nous manquiez, *señora* ! Ça n'est pas pareil quand vous n'êtes pas là !

– Merci, Maria.

Ces petits mots aimables faillirent bien lui mettre les larmes aux yeux. Entrant précipitamment dans la salle de bains, elle contempla dans la glace son visage las, presque bouffi, dont la lumière au néon soulignait sans pitié la fatigue. Giancarlo avait raison : elle paraissait non seulement épuisée, mais consumée, réduite en cendres.

Un autre miroir allant du sol au plafond était fixé au mur, et en se dévêtant Katherine dut s'y contempler. Les miroirs ne mentent jamais, et celui-là ne montrait que trop les conséquences de toutes ses nuits solitaires à l'hôtel. Deux semaines à chercher le réconfort dans le mini-bar de sa chambre, et Dieu sait combien de whiskys et de vodkas : cela semblait écrit en toutes lettres sur son corps. Les autres femmes l'auraient sans doute trouvée mince : pourtant Kitty avait l'impression d'être obèse, bourrée de cellulite. Maximilian va me tuer, songea-t-elle. Lui qui dit toujours que j'aurais encore l'air chic dans un sac !

– C'est bien fini, tout ça, marmonna-t-elle en se glissant dans un bain moussant. Dès demain, la ville entière va répéter que le sac, c'est moi !

A l'issue d'un dîner léger – salade, sole, sorbet à la mangue – qui semblait pourtant lui rester dans la gorge, Katherine et Giancarlo tentèrent de sauver les apparences et de discuter poliment. Les paupières de Kitty étaient si lourdes que c'est à peine si elle pouvait garder les yeux ouverts. Mais il fallait bien qu'elle sache pourquoi il avait l'air si mécontent.

– Chéri, qu'est-ce qui ne va pas ? Dis-le moi !

– Comment ça ? répondit-il d'un ton amusé et surpris. Tout va bien, je peux te l'assurer, tout va bien.

– C'est bien. Tu avais l'air un peu... enfin... différent. J'espère que ça n'est pas à cause de moi ?

– Pas du tout, répondit Giancarlo en allumant une cigarette.

– Je ne suis pas sûre de te croire, mais j'espère au moins que quoi que ça puisse être, ça pourra attendre demain. Je suis trop fatiguée pour en discuter, et manifestement tu n'en as pas envie non plus. Cela fait près de vingt heures que je suis debout, je peux à peine garder l'œil ouvert.

De nouveau il eut ce petit sourire froid qui faisait si peur à Katherine :

– Très bien. Va au lit, tu en as bien besoin. J'ai quelques coups de fil à donner, alors ne m'attends pas. Je ne veux pas déranger ton sommeil.

Kitty grinça des dents en entendant de tels sarcasmes, mais elle préféra ne pas relever : se levant, elle le serra dans ses bras – il paraissait raide et froid.

– Bonne nuit, chéri. Je te verrai demain matin.

Puis elle se dirigea vers l'escalier de marbre aussi dignement que sa fatigue le lui permettait.

Won refit son apparition, toujours aussi silencieusement :

– A quelle heure, demain, Madame ?

– Six heures moins le quart. Dites à Sam de préparer la voiture.

Toutefois, épuisée comme elle l'était, Katherine ne put s'endormir, et deux heures plus tard elle n'avait toujours pas fermé l'œil.

Giancarlo entra, simplement vêtu d'un pantalon de pyjama. De pyjama ? Il dormait toujours nu. Que se passait-il donc ?

– Encore éveillée ? demanda-t-il avant d'allumer la télé, sautant d'une chaîne à l'autre à toute allure. C'était une habitude qui avait toujours un peu agacé Kitty, mais cette fois elle crut bien qu'elle allait devenir folle. Au bout de deux minutes de zapping ininterrompu, elle geignit :

– Arrête, ça m'empêche de m'endormir.

Il soupira, éteignit le poste, puis sa lampe de chevet et, lui tournant le dos, dit d'une voix froide :

– Bonne nuit, Katherine.

Kitty se sentait vide, froide et triste, elle n'aurait rien voulu de plus que ses bras autour d'elle. Pas question de faire l'amour, elle était bien trop lasse pour cela.

Pourtant Giancarlo semblait avoir changé d'idée. Sans dire mot, il l'attira brutalement contre lui et lui ôta sa nuisette. Puis il la prit par les cheveux et lui glissa la tête sous les draps. C'était bien la dernière chose dont Katherine ait envie, mais elle s'exécuta – d'ailleurs en pure perte. D'habitude, il suffisait de le toucher pour qu'il soit prêt. Pas ce soir, apparemment.

– Bon sang, gronda-t-il, on dirait que tu trais une vache !

Stupéfaite, elle contempla son visage déformé par la fureur :

– Restons-en là, ça ne sert à rien ! Je n'en ai plus envie, de toute façon ! Je veux dormir.

Sur ces mots, il s'éloigna d'elle aussi loin qu'il put, se roula en boule et ferma les yeux.

Humiliée, furieuse, Katherine lança d'un ton glacial :

– Bonne nuit. Je suis fatiguée, je suis désolée.

– Pas la peine, dit-il d'une voix lasse, presque ennuyée. Ce n'est pas grave. C'est sans importance, Kitty.

Mais elle savait bien que si.

Dans la froide clarté de l'aube, une Katherine aux yeux rougis sortit du sommeil au son de son réveille-matin et se dirigea sur la pointe des pieds vers la salle de bains.

Son courrier était déposé sur un bureau en face de la coiffeuse. Tout en buvant le café très fort que Maria lui avait préparé, elle aperçut dans la pile un fax de sa mère. C'était un article du *Daily Post*, en bordure duquel Véra avait griffonné : « Dis-moi que ce n'est pas vrai ! »

> *8 septembre 1988*
>
> *Les deux vedettes féminines des* Skeffington *– feuilleton d'ailleurs en perte de vitesse – ne sont pas connues pour s'aimer tendrement. On dit que Katherine Bennett est follement jalouse d'Éléonore Norman, laquelle a décroché un rôle qu'elle-même aurait bien aimé jouer, celui d'Emma Hamilton. Elle en est furieuse, mais n'a pas l'intention de se laisser faire :*
>
> *« Elle a peut-être cinq ans de moins que moi, mais pour ce qui est du talent, elle ne m'arrive pas à la cheville », a grondé celle qui incarne la redoutable Georgia.*
>
> *Katherine, mécontente d'être ignorée par Hollywood, et qu'angoisse la perspective de vieillir, est paraît-il si exigeante et difficile sur le plateau que même l'affable Albert Amory se serait lassé de sa conduite de diva. Il est vrai que tout le monde en ville sait qu'aucune chaîne ne travaillerait jamais avec elle sous le moindre prétexte.*

– Bon Dieu de bon Dieu, pourquoi écrivent-ils toujours ce genre de salades ?

– Qu'est-ce qui ne va pas ? demanda Giancarlo qui fit son apparition à l'entrée. Qu'est-ce qu'il y a encore ? Katherine, pourquoi faut-il que tu te plaignes sans arrêt ?

– Regarde, répondit Kitty en lui tendant le document. Ça te plairait qu'on écrive ça à ton sujet ? Bon sang !

– Et alors ? Tu sais bien que ça n'est pas vrai.

– Et alors ? Bon Dieu, Giancarlo, c'est fichtrement important ! s'écria Katherine, dont la voix monta d'une octave : tout le monde en ville va lire cette saleté ! En moins de temps qu'il n'en faut pour le dire, je serai une vraie paria invendable !

– Ah ! boucle-la un peu, et arrête de crier comme si c'était de ma faute.

– Non, ça n'est pas de ta faute, dit-elle en s'efforçant de baisser le ton, bien qu'elle soit furieuse. Je hurle, point final. On n'a pas le droit, de temps en temps ?

– Je crois que tu hurles un peu trop ces temps-ci. Ce qui énerve beaucoup de ceux qui t'entourent, moi compris. Souviens-toi de la goutte d'eau qui fait déborder le vase.

Faisant demi-tour, il se dirigea vers sa propre salle de bains, y entra et ferma la porte.

– Giancarlo, s'il te plaît, ne m'en veux pas ! Et ne sois pas ridicule ! Écoute, je m'excuse. Je ne voudrais pas avoir l'air d'exagérer, mais c'est ma carrière, bon sang, et j'ai travaillé dur pour en arriver là, tu le sais ! Qu'est-ce qui t'arrive, bon Dieu ? Tu me fais l'effet d'être un zombie ! Je ne te reconnais plus !

Giancarlo fit couler la douche :

– Ah ! ton illustre carrière ! lança-t-il de l'autre côté de la porte. Il n'y a que ça qui t'intéresse ! Tu te fiches éperdument de nous, Katherine. Ça ne t'a jamais intéressé.

– Mais non ! C'est faux ! C'est faux ! s'écria-t-elle d'une voix perçante.

Puis, jetant un coup d'œil à la pendule, elle comprit qu'il lui fallait partir sur-le-champ. Elle ne pouvait se permettre d'être en retard. Pas aujourd'hui. C'est ce jour précisément que la décision serait prise, aujourd'hui que Katherine saurait si oui ou non Georgia sauvait sa tête. Si elle disparaissait, il ne resterait qu'à tourner une scène de flashback avec Tony. Si elle survivait, toutefois, Kitty se retrouverait une fois de plus au sommet, et il lui serait nécessaire d'avoir l'air à la hauteur. Ce dont elle se sentait tout à fait incapable en ce moment.

– Giancarlo, il faut que j'y aille ! Si je suis en retard aujourd'hui, ils auront encore plus de raisons de me saquer !

Il n'y eut pas de réponse, rien que le bruit de la douche. Elle n'avait plus une minute à perdre. S'habillant en toute hâte, Katherine se rendit compte qu'elle ne s'était même pas lavé les dents, ce qu'elle fit précipitamment. Puis, traversant précipitamment la chambre, elle s'arrêta net : Giancarlo enfilait ses chaussures, avec sur le visage une expression qui la remplit d'épouvante.

– Qu'est-ce que tu fais ? demanda-t-elle.

– Je m'en vais.

– Giancarlo ! Pas comme ça ! On en discutera ce soir ! S'il te plaît !

– Oh ! non, Katherine, répondit-il d'un ton glacial. Ni ce soir, ni demain, ni jamais. J'en ai assez. Tu n'es qu'une de ces satanées actrices qui ne pensent qu'à elles-mêmes en se fichant de tout et de tout le monde – et tu te fiches éperdument de nous.

– Mais ce n'est pas vrai ! C'est merveilleux depuis le début, et tu le sais !

Kitty se rendit compte qu'elle le suppliait, et s'en voulut aussitôt. Mais...

– Kitty, dit-il, j'ai réfléchi sérieusement pendant que tu étais en voyage. Et je me suis rendu compte que je ne t'aimais plus. Nous avons atteint le bout de la route.

– Non ! Giancarlo, tu ne peux pas penser une chose pareille ! Tu ne peux pas !

– Oh ! que si ! lança-t-il en enfilant une veste de tweed. J'ai supporté trop longtemps tes accès d'humeur, tes insécurités, ton égocentrisme. Tu ne veux pas t'engager, tu ne veux pas m'épouser, tu ne veux même pas venir à Las Vegas avec moi, tu ne veux pas ceci, tu ne veux pas cela... Laisse-moi donc te dire une chose : je vais mener ma vie, et sans toi. Le temps est venu. C'est la fin de notre histoire.

– Mais tu m'as dit que... que j'étais ta vie... que tu ne pouvais pas vivre sans moi... Giancarlo, Giancarlo, qu'est-ce qui t'arrive ?

Fouillant dans ses poches, il en sortit le porte-clés d'argent, en forme de cœur, qu'elle lui avait donné deux mois plus tôt, et le laissa tomber sur la table basse.

– C'est la réalité ! dit-il avec froideur. Regarde-moi bien, Katherine, parce que tu ne me verras plus jamais. Adieu.

10

Katherine éclata en sanglots si violents que bientôt ses yeux gonflés se réduisirent à des fentes. Il lui était impossible de comprendre pourquoi il la quittait. En deux mois, jamais ils n'avaient eu l'ombre d'une querelle. Qu'est-ce qui, pendant ses deux semaines d'absence, avait pu transformer Giancarlo en quelqu'un d'aussi totalement différent ?

– *Señora ?* Vous allez bien ?

Maria frappait à la porte et sa voix semblait pleine d'inquiétude. Katherine retint ses larmes à grand peine.

– Oui, oui... ça va... geignit-elle d'une voix rauque. Maria... appelez le studio... dites-leur que... que j'ai... euh... glissé dans la salle de bain. Rien de grave, je serai là dans... dès que je pourrai... apportez-moi un café et une poche de glace.

– *Si, señora.*

Katherine examina les dégâts infligés à un visage qui, dans une heure ou deux, devait être filmé à l'intention de millions de téléspectateurs.

– Bon Dieu ! Reprends-toi, espèce d'idiote, sinon tu vas couler pour de bon ! Il reviendra, il reviendra... il t'aime...

La poche de glace fit son effet ; Kitty réussit à se rendre au studio et à se comporter comme si de rien n'était, mais en y consacrant toute sa volonté. Il fallait cesser de penser à Giancarlo. Son agent arriva alors qu'elle achevait de tourner ce qui risquait fort d'être sa dernière scène dans *les Skeffington.* Tous deux devaient se rendre chez Gabe pour un entretien de la plus haute importance.

Ils marchèrent à pas lents sur le goudron brûlant jusqu'au bureau du grand homme. Gabe était seul, coiffé d'une casquette de base-ball noire, et vêtu d'un T-shirt sur lequel on lisait : « Bienvenue à L.A. – adaptez votre attitude ! » Katherine se sentait à la fois d'humeur légère et morte d'inquiétude. Cette fois, pensa-t-elle, ça passe ou ça casse. Cette fois, elle allait enfin savoir quel était son destin.

Une heure plus tard, rassurée, mais un peu morne, Kitty revint dans sa loge, toujours accompagnée de son agent.

– Kitty, s'écria Hal, rayonnant, tu devrais être plus enthousiaste ! Tu les as pris à la gorge ! Maintenant, il suffira que tu la joues cool, sans faire trop de vagues, et nous ferons monter les enchères avant la fin de la saison.

– C'est bien, Hal, c'est vraiment super, répondit-elle d'une voix égale.

Certes, elle avait gagné. Dans toute l'Amérique, les téléspectateurs avaient fait part de leur mécontentement à la chaîne, suite à la diffusion de l'épisode où le bateau explosait. Toujours la même vieille histoire : détester Georgia était tout simplement irrésistible. Plus question pour Gabe et Luther de la faire disparaître. Peu importait ce que racontaient les journaux : le grand public l'adorait, et en définitive c'est toujours lui qui a le dernier mot.

– Tu es invincible ! lança Hal. C'est fantastique !

Katherine hocha la tête, mais elle ne pouvait penser qu'à Giancarlo. Un triomphe, certes, mais plus personne avec qui le partager, exception faite de Tommy et de Brenda.

– Si seulement j'étais vraiment invulnérable, marmonna-t-elle en refermant la porte de sa loge – Hal avait paru ne plus vouloir s'en aller. Si seulement je tenais un peu moins à ce salaud.

Le plus pénible fut bien entendu de devoir discuter de la question avec sa mère :

– Kit-Kat, je t'avais bien dit d'être prudente ! Tu ne sais toujours pas comment manier les hommes ! Je parie que tu le menais à la baguette ! Comment veux-tu qu'il accepte ça ?

Katherine soupira. C'était pourtant ainsi que Véra s'était comportée envers feu son mari. Manifestement, elle ne faisait plus la différence entre sa fille et Georgia.

– On dit dans le *Tattler* qu'il aurait plus ou moins une liaison avec cette Éléonore. C'est vrai, Kit-Kat ? C'est pour ça qu'il t'a quittée ?

Brenda arriva au moment même où Kitty raccrochait :

– Tu es vraiment sûre de tenir à lui ?

– Bon sang de bonsoir ! explosa Katherine. Si seulement tout le monde pouvait me laisser tranquille, que je puisse régler mes problèmes moi-même !

Les jours suivants se réduisirent à un brouillard incohérent d'essayages, de journées de travail de quatorze heures, de déjeuners publicitaires. Kitty était d'un seul coup redevenue une actrice à succès, que tout le monde voulait approcher – sauf la seule personne qui comptât pour elle. Katherine résolut d'oublier l'absence de Giancarlo. Il était encore le maître de son cœur, inutile que de surcroît il occupe toutes ses pensées.

Pendant ce temps, Brenda avait entrepris de savoir où se trouvait Quentin : le vieux beau semblait en effet avoir disparu de la surface de la terre. Ce qui était d'autant plus pénible qu'il paraissait être le seul ami de Giancarlo à L.A., le seul à savoir, peut-être, où il se trouvait actuellement.

Chaque matin Katherine se réveillait avant l'aube, et restait à regarder dans le vide, en souhaitant désespérément que son inconscient cesse de penser à Giancarlo.

Ses sentiments passaient alternativement du désespoir à la fureur. Parfois elle éclatait en sanglots, parfois elle était envahie d'une rage incontrôlable. Un jour, pourtant, elle se réveilla la tête claire ; sa décision était prise.

– Tant pis pour Giancarlo, tant pis pour ce fumier, tant pis pour les hommes. Tous les mêmes ! Ils vous exploitent et vous jettent ensuite, marmonna-t-elle tout en roulant vers le studio. Elle avait donné congé à Sam pour la matinée, Sinatra chantait « My Way » à la radio, le soleil brillait, le monde semblait reprendre des couleurs.

– Sa place est à la porcherie, avec les autres porcs. Si vous croyez pouvoir vous en sortir après m'avoir fait ça, monsieur Giancarlo Valmerio, vous vous trompez lourdement. Salopard !

Kitty freina brusquement : elle avait failli heurter un figurant en arrivant aux portes du studio. S'efforçant de se calmer, elle sourit à l'homme qui se tenait à l'entrée et lui faisait signe d'avancer :

– Bonjour, Kitty ! Vous êtes magnifique, ce matin ! La journée va être rude, hé ?

– J'en ai peur, Sandy. Merci de vos encouragements !

L'homme toucha sa casquette du doigt et sourit. Katherine Bennett était une vraie dame, qui traitait tout le monde avec courtoisie, sans jamais se montrer hautaine, contrairement à cette poufiasse anglaise, Éléonore Norman.

Katherine se gara devant le bâtiment de stuc rose, un peu fané, où officiaient costumiers, coiffeurs et maquilleurs. Comme d'habitude, l'endroit bourdonnait d'activité. On ne tournait pas moins de cinq feuilletons en même temps, chacun employant en permanence soixante-dix à quatre-vingts acteurs, de la vedette au plus humble figurant, et ce matin on aurait dit que tous avaient été convoqués. L'air était chargé de fumée de cigarettes, d'odeur de café et de beignets, de bavardages animés...

Katherine se dirigea vers la pièce où la coiffeuse était déjà à l'œuvre :

– Bonjour, Mona ! Prête ?

– Laisse-moi encore un quart d'heure, je t'en supplie ! s'écria l'intéressée, qui avait le plus grand mal à fixer une épaisse perruque auburn sur le crâne chauve d'Albert Amory. Va boire un café en attendant !

Kitty fit demi-tour et salua d'un signe de tête Éléonore, qui arrivait. L'Anglaise s'en alla saluer Albert :

– Bonjour, chéri ! lança-t-elle en effleurant ses joues recouvertes d'un épais maquillage orange – non sans s'examiner elle-même dans le miroir.

– Bonjour, chérie, dit le vieil acteur en souriant.

La rumeur voulait qu'Éléonore soit absolument éblouissante dans *Emma Hamilton.* Si c'était vrai, peut-être serait-ce une raison supplémentaire pour que Katherine Bennett, cette petite actrice de Broadway, connaisse une fin de carrière prématurée.

Pendant ce temps, Kitty avait finalement décidé de se confier aux mains expertes de Blackie, dont elle ignora les soupirs inquiets tandis qu'il entreprenait de dissimuler ses yeux gonflés et son visage rougi – lesquels avaient, dès son arrivée, provoqué des chuchotements auxquels elle n'avait prêté aucune attention. Katherine était consumée par une fureur toute neuve contre Giancarlo. Il fallait qu'elle cesse de penser à lui, qu'elle l'exorcise de sa conscience. Ce n'était jamais qu'un homme comme les autres – et les autres ne manquaient pas, non ?

Non, chuchota une voix intérieure. Il n'était pas comme les autres, et c'est bien pourquoi tu l'aimais – c'est bien pourquoi tu l'aimes toujours.

Kitty fut soudain tirée de sa rêverie par un cliquètement de hauts talons et une forte odeur de parfum :

– Bonjour tout le monde !

Éléonore fit une entrée théâtrale, envoya des baisers à tous ceux qui se trouvaient là, puis se laissa tomber dans un fauteuil avec un grand soupir étudié :

– J'ai l'air d'un vrai désastre, ce matin !

Katherine lui jeta un regard en coin et pensa : Tu l'as dit ! Il est grand temps d'être lucide !

– Nina, poursuivit l'Anglaise, il va te falloir recourir à la magie !

La maquilleuse resta impassible, plaça une serviette de coton blanc sur le T-shirt pailleté de l'actrice, et se mit au travail.

– Quelle nuit ! lança Éléonore, sans s'adresser à personne en particulier. La soirée des Johnson était fa-bu-leuse ! Pourquoi n'y étais-tu pas, Kitty ? Et qu'as-tu fait de l'homme di-vin qui t'accompagne toujours ces temps-ci ?

– J'étais épuisée, répondit Katherine, qui ne mentait pas. D'ailleurs, toutes ces sauteries se ressemblent.

– C'est vrai, mais tu aurais dû voir ces ro-bes ! Hal-lu-ci-nant !

Elle éclata de ce rire mécanique et bruyant qu'on apprend en tout début de carrière et, bien qu'il y eût partout des panneaux « Défense de fumer », alluma une cigarette.

– Alors, qu'est-ce qui se passe ?

– Comment ça ? demanda Kitty d'un ton froid.

– Où est donc la Huitième Merveille du monde, celui qui fait tourner la tête des jeunes filles ? La rumeur dit que le séduisant Rital t'a plaquée.

Nina et Blackie échangèrent un regard entendu. C'était bien ce qui se chuchotait sur le tournage : peut-être allaient-ils savoir...

Elle est bien renseignée, songea Katherine. Ce qui voulait dire qu'on avait bavardé – après tout, que faire d'autre entre deux tournages de plans ? Et les gens sur le plateau n'étaient pas exactement idiots. Giancarlo l'appelait au moins deux fois par jour quand elle travaillait. S'il ne le faisait plus, c'est qu'il se passait quelque chose. Et si l'équipe était au courant, comme le montrait la question d'Éléonore, il ne faudrait pas beaucoup de temps pour que la presse n'apprenne la chose.

Kitty n'avait toutefois aucune intention de donner à l'Anglaise la satisfaction d'une réponse directe. Ouvrant les yeux, elle lui jeta un regard dédaigneux :

– Éléonore, j'avais toujours pensé que les Anglais étaient les gens les plus civilisés de la terre. Mais c'était avant de te rencontrer.

– Touché ! répliqua l'actrice en souriant. J'ai mis dans le mille, on dirait, non ? Giancarlo t'a plaquée ?

Kitty se souvint de la soirée chez Jake Moffatt. Deux visages tout proches l'un de l'autre, des rires... Giancarlo et Éléonore. Se serait-il passé quelque chose entre eux ?

– Eh bien ! chérie ? lança Éléonore d'une voix triomphante qui exigeait une réponse.

Comme il n'en venait aucune, elle gloussa :

– J'ai toujours pensé qu'il était pédé, de toute façon. Blond, la quarantaine, sublime, et jamais marié ! Ça veut tout dire !

Blackie et Nina retinrent leur souffle, tout en poudrant ostensiblement les joues de leurs clientes respectives – d'autant que les joues en question viraient de plus en plus au rouge. Un vieil antagonisme, qu'on aurait cru réservé à la caméra, faisait surface dans la petite pièce : pas question d'en manquer la moindre miette.

– Je dois reconnaître que tu es plus douée pour le vitriol que pour jouer la comédie, lança Katherine d'un ton glacial.

– Ah ! C'est toi qui dis ça ? Demande donc à Gabe qui de nous deux a le rôle le plus important dans les épisodes à venir. Et pendant que tu y es, appelle donc le service du courrier pour voir qui reçoit le plus de lettres de fans.

– Je suppose que c'est toi, soupira Kitty, lassée de cet échange de venin. Mais elle était prise au piège dans le fauteuil de Blackie.

– Tu l'as dit ! gloussa Éléonore. Les gens t'aimaient bien au début, parce que tu es absolument fabuleuse dès qu'il s'agit de jouer les garces agressives. Regarde un peu ça !

Triomphante, elle sortit de son énorme sac Gucci un exemplaire de *The TV Quotient*, publication tout à fait confidentielle que la compagnie à laquelle on devait les sondages réservait aux producteurs et aux responsables les plus importants des studios – si secrète, en fait, qu'elle était censée ne pas exister du tout ; et aucun acteur ne pouvait se flatter de l'avoir vue. Elle donnait une liste très complète des différentes émissions, accompagnée des taux de satisfaction du grand public. Qu'Éléonore ait réussi en s'en procurer un exemplaire était inexplicable.

– Page dix-sept ! Regarde donc, Kitty chérie. J'ai bien peur que tes jours de gloire ne soient comptés.

Sans mot dire, et feignant même de détourner le regard, Blackie passa le document à Katherine. La liste des acteurs comportait près de quatre cents noms. Tout en haut, Bill Cosby, en tête depuis trois ans, suivi de Johnny Carson, Angela Lansbury et Larry Hagman. La rumeur voulait qu'Éléonore et Kitty se partagent la cinquième place.

Katherine parcourut rapidement la liste, cherchant son propre nom. Il était là, en vingt-troisième position, entre une présentatrice à peine nubile, et un cow-boy vieillissant. Katherine Bennett, vingt-troisième ! Elle dut bien reconnaître que c'était plus choquant qu'elle ne l'aurait cru. Lors de sa tournée publicitaire, elle avait constamment eu affaire à des meutes de fans hurlant d'enthousiasme, tout en ayant l'impression que parfois cela sonnait faux. C'est le problème quand on joue le rôle d'une garce : cela peut se retourner contre vous quand tous les journaux font croire que vous en êtes vraiment une.

Éléonore savourait son moment de triomphe :

– Ah ! chérie, quand on monte, on doit forcément descendre.

– C'est une autocritique ?

Blackie en avait terminé : il présenta à Katherine un miroir dans lequel elle ne prit pas la peine de se regarder. Se levant, elle alla jusqu'à la porte, puis fit volte-face :

– Chérie, je crains que tu ne sois un peu en retard. Gabe m'a dit qu'à partir de la semaine prochaine, les scripts vont accorder de plus en plus d'importance à Georgia Skeffington. Fais-toi une raison !

Puis, avant de quitter la pièce, elle ajouta avec un grand sourire :

– A tout à l'heure sur le plateau. Et n'oublie pas ton texte, pour une fois !

La colère de Katherine la soutenait un peu, mais son cœur était toujours à Giancarlo. Elle s'efforçait sans cesse de contacter Quentin, dont elle composait le numéro au moins deux fois par jour, et se confiait à Brenda et Steven, les seuls à qui elle pût faire confiance. Il n'était pas question de discuter avec Tommy : la disparition du bel Italien le faisait jubiler.

Puis, un jour, pendant la pause-déjeuner, Kitty se rendit compte qu'il y avait sur le répondeur de Quentin un message nouveau, précisant qu'il était à Las Vegas, dans un hôtel dont il donnait les coordonnées. Elle l'appela le soir même.

– Quentin, où est Giancarlo ? Tu as de ses nouvelles ?

Il y eut une longue pause à l'autre bout du fil.

– Oui, oui, finit-il par dire à contrecœur.

– Où est-il ? Dis-le moi, je t'en prie.

– Écoute, tu sais bien que je ne peux pas. Il ne veut pas que quiconque sache où il est.

– Même pas moi ?

Nouveau silence.

– Surtout toi.

Katherine sentit qu'elle avait la chair de poule ; elle frémit.

– Quentin, il faut que tu me le dises, je t'en supplie, il faut que je règle tout ça. Il est impossible que Giancarlo ait vraiment voulu mettre un terme à tout ça. Il a eu un moment de... de folie... Jamais je ne l'ai vu comme ça, on aurait dit que ce n'était pas lui.

– Oui, oui... enfin, Kitty, tu sais comment sont les hommes...

– Je pensais connaître celui-là ! Quentin, tu nous as vus ensemble, tu sais que nous sommes faits l'un pour l'autre, à quel point il m'aimait...

– Kitty, c'est une histoire entre vous deux. Que veux-tu que je te dise ? Giancarlo... c'est Giancarlo. Et il m'a bien dit de ne révéler à personne où il est, ni ce qu'il fait.

– Je ne comprends pas ! Mais je suis bien décidée à découvrir ce qui s'est passé, et à le retrouver ! Il n'en a toujours fait qu'à sa tête, et je me dis que peut-être je n'ai pas été juste avec lui. Il prétend que je ne pense qu'à ma carrière, sans jamais s'intéresser à ce qu'il fait, mais on dirait qu'il n'a jamais envie de parler de lui. Je lui ai posé la question bien des fois, et il a toujours changé de sujet. Est-ce qu'au moins il t'a parlé de ce qui s'est passé entre nous ?

– Oui, oui, bien sûr. Mais ne m'en demande pas plus, je ne veux pas le trahir. Après tout, il est un peu comme un fils, pour moi.

– Est-ce qu'il y a une autre femme ? Ou même... un autre homme ? Dis-moi ça, au moins.

– Kitty ! Comment peux-tu me demander une chose pareille ?

– Alors ?

– Giancarlo me tuera s'il apprend que j'ai discuté avec toi, geignit Quentin, soudain inquiet.

– Quentin, dis-le moi, je t'en supplie. Il faut que je sache si oui ou non il s'est passé quelque chose pendant que j'étais partie pour cette fichue tournée publicitaire. Je peux accepter qu'il y ait une autre femme, crois-moi. C'est ne rien savoir qui me tue.

Ça doit être ça, songea-t-elle. Il a dû rencontrer une gamine quelconque pendant que j'étais absente.

– Ah ! les femmes, soupira Quentin. On ne peut jamais leur faire confiance !

– Écoute, on est jeudi. Il faut que je revoie Giancarlo au moins une fois, une seule fois, rien que pour savoir si c'est vraiment fini. Quentin, cher Quentin, je t'en supplie : si tu sais où il est, dis-le moi.

Nouveau silence interminable.

– Je vais te le dire, Kitty, finit par répondre Quentin. Mais je te préviens, si tu racontes ça à Giancarlo, c'en sera fini de notre amitié.

– Bien sûr, bien sûr. Je te promets de ne jamais rien répéter, s'écria Katherine, qui sentit couler l'adrénaline.

– Il est ici, à Vegas. Il est descendu au Caesar's.

– Merci, Quentin ! Merci !

Mais il avait déjà raccroché.

Katherine s'allongea sur son lit, souriante. Caesar's Palace, Las Vegas. Un endroit qu'elle connaissait bien. Elle allait y retrouver son amant, et le reconquérir.

11

Katherine réfléchit longuement au meilleur moyen de fouiller tout Las Vegas sans risquer d'être reconnue. Elle décida finalement de mettre Brenda – mais pas Tommy – dans le secret, et de recourir aux services de Blackie, à qui elle expliqua qu'elle voulait passer un week-end tranquille là-bas. Après divers essais, tous deux choisirent un look à la Tootsie : perruque grise d'allure permanentée, grandes lunettes en plastique. Le maquilleur l'assura qu'ainsi elle serait méconnaissable :

– Et en plus, ça te sera très facile de t'en occuper toi-même.

Le vendredi soir, le tournage à peine terminé, Katherine se rua dans sa loge pour se changer. Elle revêtit d'abord un justaucorps très léger, emprunté au service des costumes, qui la couvrait entièrement des poignets aux chevilles : d'une seule pièce, il se fermait dans le dos avec une fermeture à glissière. Quelques essais la convainquirent qu'il était assez facile de marcher ainsi harnachée. Vint ensuite la tenue elle-même : un survêtement de couleur claire, avec des bandes horizontales sur les cuisses et en travers de la poitrine, pour donner l'impression qu'elle était plus trapue, et des baskets blanches, avec d'épaisses chaussettes rouges, afin de dissimuler la finesse de ses chevilles.

– Et voici la touche finale ! dit Blackie en lui tendant un nez de caoutchouc, modelé d'après celui de Katherine.

Mets-le en place, appuie pour que l'adhésif tienne, et ça ira.

Il prit pourtant la peine de déposer un peu de maquillage sur son visage et son cou, pour donner l'impression de taches rouge-brun.

– Et voilà ! L'Amérique profonde ! Cette fille ferait bien de se ranger des voitures une bonne fois pour toutes !

Une fois ajustées la perruque grise et les lunettes roses, ils examinèrent le résultat dans un miroir.

– Stupéfiant ! dit Katherine en se contemplant : elle avait l'air d'une femme âgée, usée par l'existence. Jamais je ne me reconnaîtrais !

– Si le matin en te réveillant tu trouves une inconnue dans ta chambre, ne va pas appeler la police ! Amuse-toi bien, et parie cinq dollars pour moi sur le treize, d'accord ?

– D'accord, Blackie. Et merci encore.

Elle l'embrassa, puis descendit furtivement un escalier de service en bas duquel attendait la Honda de Brenda. Personne ne se rendit compte que Katherine Bennett prenait la route de l'aéroport.

Il régnait à Las Vegas une atmosphère encore plus électrique qu'à l'accoutumée. Même le hall de l'aéroport était plein de « bandits manchots » ; après tout, c'était pour cela que les gens venaient ici. Montant dans un taxi, elle se dirigea tout droit vers le Caesar's Palace.

On lui donna une chambre minuscule, mélange peu convaincant de papier peint rococo or et citron, de faux meubles de style Louis XIV et de lampes pseudo-Tiffany, d'ailleurs vissées à la table de chevet pour éviter qu'on ne les vole. A peine installée, elle téléphona à la réception :

– Je désirerais parler à M. Giancarlo Valmerio.

– Désolé, dit une voix nasillarde, nous n'avons personne de ce nom.

Katherine, il est vrai, n'espérait guère que son ex-amant se soit inscrit sous son véritable nom ; à tout hasard, elle demanda M. Quentin Rogers, et eut droit à la même réponse. Rien à faire de ce côté. Jetant un regard à l'inconnue dans le miroir, elle sortit dans la nuit.

Le rez-de-chaussée du Caesar's Palace était occupé par six ou sept énormes casinos, une galerie commerciale où l'on vendait de tout, du dentifrice aux colliers d'émeraudes, et plusieurs restaurants, night-clubs et bars. L'endroit était bondé de visiteurs venus pour le week-end ; ceux qui ne jouaient pas semblaient errer au hasard.

Kitty passa dans tous les plus gros casinos, sans jamais oublier qu'elle était, comme tout le monde, surveillée par des vigiles. Cela lui prit plus de deux heures, pendant lesquelles elle s'arrêta plusieurs fois pour jouer dix minutes avec les machines à sous, ou lancer quelques jetons sur la table de la roulette – sans cesser d'observer la foule. Personne ne lui prêta la moindre attention : elle n'était jamais que l'une des milliers d'anonymes optimistes qui chaque week-end déferlaient sur Las Vegas pour se donner du bon temps, en espérant gagner au moins de quoi rembourser leurs frais.

Kitty crut à plusieurs reprises apercevoir Giancarlo, mais à chaque fois ce n'était que quelqu'un qui lui ressemblait. A minuit, épuisée, furieuse, elle vit sa dernière pièce de monnaie disparaître dans les entrailles d'un bandit manchot particulièrement retors.

– Mais qu'est-ce que je fais ici ? marmonna-t-elle. Je suis vraiment folle. C'est chercher une aiguille dans une meule de foin.

Elle mourait de faim, n'ayant rien mangé depuis le déjeuner ; elle se rendit donc dans un fast-food, et commanda un cheeseburger et un milkshake – ce qui ne ferait aucun bien à sa ligne, mais paraissait parfaitement adapté à son personnage.

Puis, d'un seul coup, elle s'immobilisa : dans la foule bruyante qui passait devant l'établissement venait d'apparaître Giancarlo – pas moyen de s'y tromper –, qui marchait à pas lents, en discutant avec un petit homme chauve.

Kitty faillit étouffer : elle paya en toute hâte et sortit pour se lancer à leur poursuite.

Giancarlo émergea d'un profond sommeil, réveillé par des coups frappés à la porte avec insistance.

– Qu'est-ce que c'est ?

– Un message urgent pour vous, monsieur, dit la voix. De la part de M. Quentin Rogers.

Ça ne ressemble guère à Quentin de m'envoyer des messages en pleine nuit, se dit l'Italien qui, passant un peignoir, alla ouvrir.

Et Katherine était là, vêtue d'un ensemble blanc immaculé. Sa chevelure noire lui faisait comme une auréole autour de la tête ; ses lèvres rouges, ses grands yeux maquillés à la Cléopâtre accentuaient encore la pâleur de sa peau.

– Bonsoir, Giancarlo, sussura-t-elle en souriant. Comment vas-tu, chéri ?

– Katherine ! Mais qu'est-ce que tu fais là ? Et comment m'as-tu retrouvé ?

– Elémentaire, mon cher Watson. Tu construis un hôtel à Las Vegas, tu dois y être.

Le regard pâle de Giancarlo gardait quelque chose d'énigmatique, bien qu'on puisse aussi y discerner une lueur amusée.

– Tu ne m'invites pas à entrer ? Il fait si froid dehors.

Et s'il ne voulait pas ? S'il lui disait de disparaître ? Que ferait-elle ? Elle était folle amoureuse de lui : les battements de son cœur en témoignaient.

Giancarlo la dévisagea puis, au bout de ce qui lui parut durer plusieurs siècles, finit par hocher la tête :

– Bon, bon, entre.

Elle s'avança dans une chambre presque identique à la sienne.

– La réception m'avait dit que tu n'étais pas au nombre des clients.

– Dans cet hôtel, dit-il avec un rire méprisant, il suffit de leur dire qu'on n'est pas là, et ils s'en convainquent sans difficultés quand on leur donne assez d'argent.

Les choses étaient trop sérieuses pour que Kitty puisse songer à défendre sa fierté :

– Giancarlo, écoute, il fallait que je te revoie, ne serait-ce qu'une fois, afin d'être sûre, certaine, que tu voulais réellement me quitter.

Il alluma une cigarette, lui jeta un regard où on ne lisait rien, et dit d'une voix douce :

– Assieds-toi, Katherine.

Elle s'assit au bord d'un sofa vert citron, sachant que sans doute il devait entendre son cœur battre à tout rompre. Dans le peignoir bleu pâle qu'il avait passé en hâte, il paraissait plus beau que jamais.

– Tu veux boire quelque chose ?

Elle secoua la tête. Ce n'était pas le moment. Les choses étaient bien trop graves.

– Je suis navré de t'avoir fait du mal, Kitty, tu le sais.

– Et comment le saurais-je ? Depuis que tu es parti, je n'ai aucune nouvelle ! Je ne savais pas quoi penser ni quoi faire ! J'étais malheureuse comme les pierres. Un enfer !

Sa propre voix lui parut geignarde. Mauvais, mauvais. Il fallait qu'elle ait l'air plus calme, maîtresse de soi, comme le personnage qu'elle incarnait. Malheureusement, elle n'était pas Georgia Skeffington, mais Katherine Bennett, venue se battre pour reconquérir l'homme qu'elle aimait.

– Oui. Ça a été très dur pour moi aussi. Mais Kitty, il faut que tu comprennes comment je voyais les choses. Il m'est quand même difficile de supporter l'idée que le monde entier me considère comme un gigolo...

– Giancarlo, ne sois pas ridicule ! Personne ne pense

une chose pareille ! C'est simplement que personne ne sait rien de toi. Tu ne parles jamais de toi-même.

– Ce que je suis ? Qui je suis ? Qu'est-ce que j'étais pour toi, Kitty ?

– L'homme que j'aimais, et que j'aime toujours.

– Non, ce n'est pas vrai. Je suis quelqu'un que tu as rencontré par hasard, pour qui tu t'es monté la tête, et que tu tiens au bout d'une laisse, comme un pékinois.

– Giancarlo, c'est absurde ! Jamais je n'ai pensé cela de toi ! Tu as toujours été toi, toujours.

– Oui, oui... mais alors, pourquoi devais-je toujours me soumettre à tes projets, et jamais toi aux miens ?

– Par exemple ? Nous discutions à chaque fois de ce que nous ferions ensemble.

– Oui, comme de passer un week-end ici. Ou à Reno. Tu répondais que tu détestais ça, qu'il y avait trop de monde, que tu n'aurais aucune intimité. Et pourtant te voilà. Pourquoi donc ?

– Je suis venue te retrouver. Je t'aime toujours et je ne veux pas que notre histoire prenne fin.

– L'amour ! dit-il avec une ironie méprisante. L'amour, Kitty, ça doit fonctionner dans les deux sens, et j'ai fini par me rendre compte qu'en ce qui nous concernait c'était une relation à sens unique.

Katherine ne répondit rien, sachant que ce n'était pas entièrement faux. En règle générale, c'était elle qui décidait. Elle l'avait manipulé, sans le vouloir.

Il lui tendit une vodka :

– A chaque fois, il fallait faire comme tu voulais, à cause de ta carrière, à cause de Tommy, ou pour Dieu sait quelle raison. Nous n'étions pas égaux. J'ai beaucoup, beaucoup réfléchi, pendant que tu étais en tournée dans toute l'Amérique, à pétrifier les foules, et je me suis dit que tu ne voulais pas de ce que je te proposais.

– Et quoi donc ?

Mais elle connaissait déjà la réponse.

– Le mariage. Je voulais t'épouser, Kitty. Je voulais partager ta vie, être ton mari, je voulais que tu sois ma femme.

– Giancarlo, je te l'ai déjà dit : je n'y suis pas prête. C'est encore trop tôt. A quoi bon nous presser ? Quand deux êtres s'aiment vraiment, le mariage ne compte pas.

– Oh ! que si, bon Dieu ! C'est la seule chose qui compte ! Je refuse d'être un simple pensionnaire de ta ménagerie, le monsieur Bennett du mois, de l'année ou de tout ce que tu veux. Ma dignité, ou mon côté macho, à ta guise, ne me permet pas de...

Il haussa les épaules :

– Mais nous avons déjà eu cette conversation bien des fois, chérie, et j'ai fini par voir la lumière.

– Laquelle ?

– La lumière au bout du tunnel. Celle qui m'a dit : « Sors de là, Giancarlo, refais ta vie, là où tu dois être, et cesse de vivre dans l'ombre de Katherine Bennett. » Je suis un homme, Kitty, pas un chien.

– Alors, après tout cela, tu veux toujours m'épouser ?

– Kitty, bon Dieu ! Je t'adore ! Et je veux toujours t'épouser, je veux vivre avec toi pour la vie, je veux être avec toi quand nous serons vieux, je veux être à ton chevet si jamais tu es malade.

Il s'assit à côté d'elle – Katherine frissonna – et lui embrassa doucement l'épaule.

– Épouse-moi, Kitty, épouse-moi, chuchota-t-il. Je te rendrai heureuse, je te le promets.

– Mais je...

La bouche de Giancarlo vint se poser sur la sienne, et les protestations de Katherine furent emportées comme feuille au vent.

La tête légère, elle entendit sa propre voix dire, comme venue de très loin :

– Et si je ne t'épouse pas ? Que se passera-t-il ?

Il s'éloigna d'elle aussitôt ; ses yeux verts la contemplèrent avec tristesse.

– Alors nous nous séparerons. Pour toujours. Terminé. D'un seul coup.

Il passa rapidement la main en travers de sa gorge.

– Une fin rapide, propre, pas comme chez les Chinois. Ils s'y entendaient à torturer les gens ! Le corps du condamné était entaillé peu à peu, bout par bout, jusqu'à ce qu'il ne soit plus qu'une plaie, qu'il supplie qu'on le tue... c'est une manière innommable de mourir.

Katherine frissonna et, une fois de plus, réfléchit. Qu'avait-elle à redouter en l'épousant ? Il s'était toujours admirablement comporté envers elle, il était galant, tendre, drôle, il avait un sens extraordinaire de la dérision. Chacun adorait l'autre, tous deux faisaient l'amour comme jamais on n'avait dû le faire dans toute l'histoire des amants. De quoi avait-elle peur ?

Vas-y, lui dit une voix intérieure. Vas-y, pauvre idiote ! Tu l'as poursuivi jusqu'à Las Vegas, et pourquoi ? Tu t'es suffisamment donnée en spectacle, et, si jamais les journaux apprennent l'histoire du déguisement, tu feras encore plus rire la planète entière.

– Toute relation doit avancer, non reculer, dit fermement Giancarlo. Alors si je ne peux pas être avec toi, Kitty, j'en reviendrai à la vie que je mène ici, à Las Vegas – sans toi.

– Très bien, dit-elle. Puisque tu le veux... je t'épouserai.

Il recula et la fixa du regard.

– Ah non, Kitty, cela ne suffit pas. Il ne suffit pas que je veuille t'épouser. Il faut que tu le veuilles aussi.

– Je le veux, chuchota-t-elle avec ferveur en venant se serrer contre lui. Je le veux, Giancarlo. Je veux être ta femme.

Ils firent l'amour toute la nuit. Katherine, qui n'avait plus guère pensé au sexe depuis son départ, fut emportée, comme sur une vague, par une passion si écrasante qu'elle ne pouvait plus penser à rien. La seule réalité, c'était son corps qui se fondait avec celui de Giancarlo. Quand les premières lueurs de l'aube filtrèrent à travers les rideaux tirés, elle était épuisée, mais il paraissait toujours aussi insatiable. Maintenant qu'elle avait accepté d'être sa femme, on aurait dit qu'il se sentait tenu de prouver qu'il était le plus grand amant qui ait jamais partagé son lit. Ce qui pourtant ne se discutait même pas.

Ce n'est que vers midi qu'ils songèrent à commander le petit déjeuner : champagne, jus d'orange, bacon et œufs frits, croissants, tout cela fut dévoré à toute allure, avant qu'ils ne fassent encore l'amour – et encore, et encore. Pour finir, ils s'endormirent dans les bras l'un de l'autre : quand ils se réveillèrent, il faisait nuit de nouveau.

Plus tard, beaucoup plus tard, il embrassa ses paupières :

– Réveille-toi, mon épouse, chuchota-t-il. Il est temps de te préparer. C'est aujourd'hui que tu te maries.

Ils furent mariés par un juge de paix indifférent, dans une petite chapelle rococo, de couleur rose, juste à côté d'un casino sans prestige : ils échangèrent leurs vœux sans rien perdre des cris des joueurs, ou du ronronnement des machines à sous. Giancarlo avait acheté, chez l'un des bijoutiers du Caesar's Palace, des alliances très simples ; Quentin, comme par magie, fit son apparition pour s'occuper du reste.

Quand, le dimanche, ils prirent l'avion pour Los Angeles, après une nouvelle nuit d'amour extatique, Katherine pensait être la femme la plus heureuse du monde.

12

Une fois devenue Mme Giancarlo Valmerio, Katherine crut vraiment que son bonheur était complet. Giancarlo représentait tout ce qu'elle avait toujours cherché chez un homme, sans croire que cela puisse exister. Leur amour était pur et vrai, leur passion charnelle violente et incroyablement érotique. Souvent, en fin d'après-midi, ou le week-end pendant qu'elle apprenait son texte, il la prenait par la main et la conduisait dans la chambre. Jamais elle n'avait rencontré d'homme aimant à ce point faire l'amour.

Tout aurait été parfait, s'il n'y avait pas eu Tommy. Aucun doute là-dessus : il n'aimait guère son nouveau beau-père. Katherine essaya en vain de faire valoir qu'elle aussi avait droit au bonheur ; Brenda elle-même, que Giancarlo n'enthousiasmait guère, tenta d'expliquer au jeune garçon qu'il était essentiel que sa mère soit heureuse.

Tommy n'avait malheureusement aucune intention d'écouter. A l'issue d'une querelle, il quitta la maison en claquant la porte, annonçant que dorénavant il vivrait chez son père. Le lendemain matin, il était de retour, l'air penaud : Katherine s'abstint soigneusement de lui faire le moindre reproche. Elle savait parfaitement que vivre dans le sinistre appartement de Johnny aurait été encore pire, pour Tommy, que de devoir côtoyer Giancarlo en permanence.

De tous les proches de Kitty, Véra fut la seule à se réjouir bruyamment du mariage de sa fille – surtout quand elle vit les photos en première page des journaux : à Las Vegas, Quentin avait pris quelques clichés dont Giancarlo avait négocié la vente à des tarifs astronomiques.

– Tu étais superbe en blanc, Kit-Kat, dit-elle, même si ça ne se fait pas pour un remariage. Et tu devrais faire attention à ton cou, il a l'air tout maigre ! Les hommes n'aiment pas ça, il leur faut un peu de chair sur les os !

Katherine avait ri. En ce moment, rien de ce qu'on lui disait ne pouvait altérer son humeur. Elle était amoureuse, et de plus en plus, de son mari ; il occupait chacune de ses pensées. Les clichés les plus usés des chansons d'amour lui paraissaient prendre une vérité inattendue. Ce n'est que sur le plateau, après s'être glissée dans la peau de Georgia Skeffington, qu'elle parvenait à l'oublier un moment.

Giancarlo, quant à lui, ne semblait rien vouloir d'autre que d'être avec elle :

– Ton bonheur est tout ce qui m'importe, chérie, disait-il – et il en faisait abondamment la preuve.

Il secouait tristement la tête en écoutant Katherine discuter au téléphone avec Brett ou Hal. Ce dernier semblait être incapable de lui décrocher le moindre contrat, bien qu'elle ait démontré sa popularité auprès du grand public. Et maintenant que Kitty avait retrouvé sa place dans *Les Skeffington*, il ne lui était plus possible d'être la vedette du nouveau feuilleton de Lew Lupino – projet qui semblait d'ailleurs s'être perdu dans les sables.

– Hal, qu'est-ce qui se passe ?

– Le problème, c'est que tu joues trop bien ce fichu rôle. Les sondages montrent que les téléspectateurs t'identifient entièrement avec Georgia. Les autres chaînes ne sont donc pas très tentées de faire appel à toi. C'est comme ça que ça se passe. J'en suis désolé.

Giancarlo contempla le visage déçu de Katherine :

– Chérie, dit-il, pourquoi ne me laisses-tu pas t'aider ? Si tu veux mon avis, et pour commencer, tes affaires sont atrocement mal gérées. Non seulement Brett est un escroc, mais de surcroît c'est un crétin, ce qui est pire. Un filou ayant un peu de cervelle se contenterait de prendre sa part et de te laisser un peu de ce qui te revient. Je vais te montrer quelque chose.

Il l'emmena dans son bureau et tapa des chiffres sur son ordinateur portable :

– Aucune raison ne t'empêche de mettre de côté au moins vingt pour cent de tes revenus. En ce moment, tu dépenses plus que tu ne gagnes. Tu connais le proverbe chinois ?

– Encore un ? demanda-t-elle en riant, avant de lui caresser la nuque.

– « Qui gagne cent dollars et dépense quatre-vingt-dix-neuf dollars et quatre-vingt-dix-neuf cents est un homme heureux. Qui en gagne cent et en dépense cent un est malheureux. »

– Je ne savais pas que les Chinois comptaient en dollars. Mais c'est tout à fait vrai !

– Le show-business est rempli de stars ou de producteurs qui ont été riches autrefois, et à qui il ne reste rien. Les acteurs sont bien connus pour leur incompétence financière. Les avocats, les comptables, les agents, tous les requins et les piranhas d'Hollywood le savent et leur tombent dessus.

– Qu'est-ce que tu en sais ?

– Oh ! Mon père était un tout petit comptable, mais qui m'a appris beaucoup de choses. Ensuite, Quentin s'est occupé de mes intérêts du temps où j'étais chanteur, et c'est grâce à lui que je sais comment économiser et investir. En tout cas, madame Valmerio, et sans vouloir me vanter, j'ai passablement bien réussi. Regarde.

Il tapa de nouveaux chiffres sur son ordinateur :

– Et voilà ! L'empire de Giancarlo Valmerio ! Et il ne cesse de croître ! Chérie, tu ne seras pas obligée de travailler toute ta vie, parce que tu as un mari qui, un de ces jours, pourra prendre soin de toi.

Katherine contempla les chiffres sans répondre.

– Pour le moment, hélas, ajouta-t-il en fronçant les sourcils, presque tous mes avoirs sont liés à mon projet de Las Vegas. Mais ce n'est que temporaire, bien entendu.

– Bien entendu.

– Cela dit, il est important que tu sois maîtresse de ton propre argent, n'est-ce pas ?

Elle hocha la tête.

– Et malheureusement le mien est totalement investi dans les hôtels. Je peux contribuer à une partie des dépenses de la maison, mais il faut que tu comprennes que je ne suis pas en mesure, financièrement parlant, de les assurer toutes, même si, étant ton mari, j'aimerais le faire.

– Je suis une femme libérée ! Jamais je ne te demanderai de régler les frais de scolarité de Tommy, ou les salaires des gens dont j'ai besoin !

– Quoi qu'il en soit, il faut que tu fasses deux choses absolument essentielles à ton avenir.

– Et quoi donc ?

– D'abord, gagner plus d'argent.

– Ah ! C'est plus facile à dire qu'à faire. Je sais bien que quarante mille dollars par épisode de feuilleton, ça n'est pas de la petite bière, mais est-ce que tu sais ce que j'arrive à garder dessus ?

– Pas grand-chose, j'en ai peur.

– En effet ! En fait, je suis dans les dettes jusqu'aux sourcils. Je redoute d'apprendre à quelles conditions Brett a hypothéqué la demeure.

– Nous nous occuperons de ça. La seconde chose à faire, c'est de conserver l'argent que tu gagnes. Dans un cas comme dans l'autre, je crois que je peux m'en charger pour toi.

– C'est un sacré boulot.

– Tu sais ce que je pense de Brett et de Hal. Ce sont des inutiles. Tu te souviens que c'est moi qui t'avais décroché un rôle sur une autre chaîne, dans une nouvelle série, quand il était question qu'on te jette des *Skeffington* ?

– Oh ! que oui.

– Il a fallu manœuvrer un peu avec Carolyn Lupino. Ce qui n'est pas très difficile si on connaît les règles du jeu, et la façon dont les gens pensent. Enfin, laisse-moi t'exposer mes idées sur ton avenir financier. Ensuite je te dirai ce que tu devrais faire pour ta carrière, et comment je peux t'aider.

Ils passèrent le reste de la soirée à examiner la comptabilité, les talons de chéquiers, les réductions d'impôts. Autant de choses techniques atrocement fastidieuses, dont Katherine n'avait jamais le temps, ou l'énergie, de s'occuper. Quand ils en eurent terminé, elle était convaincue de deux choses : son mari était un génie de la finance, et elle allait lui confier la gestion de ses affaires après avoir mis Brett à la porte.

– Tu ne le regretteras pas, chérie, dit-il en l'embrassant tendrement sur le front. Je te promets de ne travailler que pour toi.

– Tu es devenue folle ! s'écria Brenda d'une voix perçante. Tu ne peux pas le laisser gérer toutes tes affaires, tu ne peux pas !

– Et pourquoi pas ? Après tout, il ne peut pas faire pire que ceux qui l'ont précédé. Giancarlo m'a prouvé que Brett est un voleur et un incapable : financièrement parlant, les choses sont bien plus graves que quand il a commencé à s'occuper de mes intérêts. Qu'est-ce que j'ai à perdre ?

– Je n'en sais rien. Mais ça ne me paraît pas une bonne idée.

Elles étaient assises dans la loge de Katherine : Brenda dépouillait le courrier des fans.

– Après tout, tu ne sais pas grand-chose de lui. Tu le rencontres en France, tu le revois ici, vous vous donnez du bon temps, tu l'épouses, et voilà que tu lui confies la gestion de tes affaires. Pourquoi ?

– L'instinct. Nous avons eu tous les deux des hauts et des bas, et il comprend le show-business aussi bien que moi. Nous avons énormément de choses en commun, et je lui fais confiance.

– Tu lui fais confiance ! Mon Dieu ! Il est trop tôt, bon sang ! Vous êtes à peine mariés, et tu ne le connais que depuis quelques mois !

– Cela suffit pour croire en quelqu'un, répondit Katherine d'un ton ferme. Écoute, Brenda, je sais que Giancarlo est quelqu'un d'extrêmement persuasif, mais il est si parfaitement honnête que je serais folle de douter de lui un seul instant.

Brenda poussa un profond soupir.

– Il m'a dit de le surveiller, parce que j'aurais tort de lui faire confiance aveuglément. C'est donc ce que j'ai fait, et tout ce qu'il dit est parfaitement cohérent. De toute façon, ce qui est fait est fait. La conversation à ce sujet est terminée.

Se voyant mise en garde de cette façon, Brenda préféra ne rien répondre, et téléphoner à Steve pour lui apprendre la nouvelle :

– Elle est assez grande pour savoir ce qu'elle fait, et c'est une femme très intelligente, dit-il.

– J'espère que tu as raison.

Mais Brenda était bien convaincue que non.

Giancarlo se rendait deux ou trois fois par mois à Las Vegas pour superviser la construction de son hôtel ; Katherine l'accompagna à une ou deux occasions. Elle s'était inquiétée de constater que l'établissement paraissait loin, sinon de tout, du moins des avenues et des établissements les plus fréquentés de la ville. Qui donc voudrait se rendre là-bas ? Ceux qui fréquentent Las Vegas veulent de l'action, de la foule. Quand elle lui fit part de ses appréhensions, toutefois, il se contenta de rire :

– Chérie, il n'est pas question que ce soit un de ces casinos bon marché comme il y en a déjà tant là-bas. Ce sera plus proche d'un hôtel comme on en trouve en Provence. Il y aura des tables de blackjack, des bandits manchots, certes, mais nous visons une clientèle tout à fait différente, beaucoup plus choisie, et pour une bonne part européenne.

– Ne crois-tu pas que cette clientèle européenne préférera aller jouer à Monaco, ou à Atlantic City ? Pourquoi viendrait-elle à Las Vegas, si elle tient tant à une atmosphère luxueuse ? Ce n'est pas le genre de la ville.

Giancarlo n'avait pas écouté : il était trop enthousiaste pour cela. Katherine avait haussé les épaules ; après tout, c'était son métier, mieux valait qu'elle ne s'en mêle pas. Par ailleurs, Quentin était son associé dans l'affaire, et tous deux étaient soutenus par un cartel de financiers européens.

– Les mêmes qui ont soutenu la construction d'un de mes hôtels en France, expliqua Giancarlo un soir en lui montrant une brochure en couleurs. C'est dans la vallée de la Loire, il faudra que je t'y emmène.

– J'adorerais ça ! Quand ?

– Plus tôt que tu ne crois. Je travaille pour toi.

– Que veux-tu dire ?

– Dans quatre mois, le tournage des *Skeffington* s'interrompt pour l'été, non ?

– Oui. Et comme d'habitude, Hal me dit qu'il n'y a rien pour moi à l'horizon.

– Des âneries, comme d'habitude ! Tu as trop de talent pour te contenter de jouer les garces toute ta vie. J'ai pris sur moi d'en parler à quelques amis.

– Ah bon ?

– Bien sûr, certains sont aussi les tiens, chérie, mais malheureusement tu n'as jamais appris à tirer parti de tes relations.

– J'ai quelques vrais amis à Los Angeles, mais j'ai toujours pensé qu'à Hollywood l'amitié ne repose que sur ce qu'on vaut au box-office. Pour le moment, tout marche bien... je dois pourtant reconnaître que je ne fais pas confiance à grand monde ici.

– C'est une bonne chose que d'être cynique. Est-ce que tu t'es rendue compte de ce que le feuilleton serait sans toi ?

– Encore assez divertissant, quand même.

– Non. C'est toi qui corse le mélange. Ils ont désespérément besoin de toi, et si tu n'étais plus là, je pense sincèrement qu'il dégringolerait dans les sondages.

– De toute façon, je crains qu'il n'en ait plus pour longtemps. Les sondages sont moyens, sans plus, et ils s'effritent toujours. La concurrence est de plus en plus forte.

– Exactement. Si tu me permets de parler en mari qui t'aime à la folie : ne crois-tu pas que nous devrions exploiter au mieux ce que tu vaux ?

– Et comment ?

– En maximisant ton potentiel.

Il se leva et se mit à marcher de long en large dans la pièce :

– Kitty, j'ai toujours trouvé extraordinaire que tu ne sois pas la vedette d'une mini-série qu'on tournerait en profitant des vacances. Quentin et moi en discutions l'autre jour. Ça nous a paru d'autant plus criminel que cette Anglaise sans talent décroche un rôle aussi merveilleux dans *Emma Hamilton.* Tu aurais été sensationnelle, là-dedans.

– C'est ça le show-biz ! N'oublie pas que je suis actrice depuis vingt-quatre ans : je connais ce milieu comme ma poche. Je me fiche éperdument de la célébrité, c'est une plaisanterie. Ça ne veut absolument rien dire pour moi, parce que je sais que c'est éphémère.

– Exactement. C'est le terme qui s'impose. Mais pendant que tu es au sommet, tu devrais essayer de faire mieux que ça.

– Chaque fois que j'appelle Hal, il me répond que rien ne se passe.

– Hal ! Son agence et lui ne valent pas un clou ! Je crois vraiment que tu devrais te débarrasser de lui, Kitty.

– Comment ? Mais ce serait le quatrième agent que je flanquerais à la porte en quatre ans ! Même à Hollywood, ce serait un record.

– Chérie, il faut vraiment que tu cesses de te préoccuper de ce que les autres pensent, dit-il en venant se rasseoir à côté d'elle.

Elle contempla pensivement les flammes dans la cheminée :

– Tu as raison, murmura-t-elle.

– Comme toujours, dit-il en souriant. Kitty, quand je t'ai épousée, ce n'était pas seulement parce que j'étais amoureux fou de toi – ce que je suis toujours. C'est parce que je voulais te servir de toute mon âme. Servir non seulement la femme, mais l'actrice, et pour la vie. J'ai vu ces idiots ruiner ta carrière, j'en ai vu d'autres encore pires s'occuper de tes affaires, et je crois qu'il est temps que tu me laisses t'aider.

– Pourquoi pas ? dit-elle d'un ton espiègle.

Comme toutes les femmes de sa génération, Katherine était imprégnée d'idéaux féministes ; mais elle éprouvait aussi une certaine admiration un peu réticente pour l'homme qui se conduisait comme tel. Giancarlo était quelqu'un de solide, dépourvu toutefois de l'agressivité crispée si fréquente chez les mâles d'Hollywood. Une subtilité et un charme typiquement italiens tempéraient tout ce qu'il faisait.

– J'ai discuté l'autre jour avec Lew Lupino, c'est un de tes grands admirateurs. Il a un projet sur lequel il pourrait te mettre séance tenante. Il serait le producteur, moi le producteur associé, et toi le producteur exécutif. Ça pourrait se faire pendant les vacances.

– Tu es complètement fou ! s'exclama Katherine en pouffant. Chaque fois que je suis allée voir mes agents pour leur dire que j'aimerais avoir plus de contrôle sur ce que je faisais, et peut-être devenir productrice, ils m'ont ri au nez en disant que jamais les chaînes n'accepteraient une chose pareille. Et quand je leur ai cité l'exemple de Goldie Hawn et de Barbra Streisand, ils m'ont répondu : « C'est au cinéma ! Ce sont de vraies vedettes, tu n'es qu'une actrice de la télévision, et tu devrais te sentir heureuse d'avoir simplement du boulot. »

– Qu'est-ce qu'ils en savent ? Ces gens ne sont rien. Kitty, si seulement tu te rendais compte à quel point la plupart des responsables de chaîne et de studio sont incultes ! Il y a vraiment de quoi rire ! Je me souviens d'avoir assisté une année au festival de Cannes, et de les avoir entendus plastronner dans les restaurants... La plupart sont des crétins, et plus tôt tu le comprendras, mieux tu t'en tireras.

– J'ai bien peur que tu n'aies raison ! soupira Kitty en regardant de nouveau les flammes, où semblaient danser des images fugaces.

– Je crois que tu devrais me donner le pouvoir de négocier avec Lew Lupino le rôle principal d'une minisérie. Et je m'en chargerais seul : nous nous connaissons bien, nous n'avons pas besoin d'intermédiaire. D'ailleurs, quand un de tes agents t'a-t-il déniché un rôle pour la dernière fois ?

– Je crois que c'était il y a deux ou trois ans.

– Tu vois. Qu'est-ce que tu as à perdre ?

– Rien, je crois, dit Kitty en éclatant de rire. Allons-y, chéri.

Et c'est ainsi que les dés furent jetés.

En moins de deux semaines, Giancarlo réussit non seulement à négocier un contrat incroyablement lucratif avec Lew, mais aussi à pénétrer des marchés jusque-là inexplorés : c'est ainsi qu'une ligne de vêtements Katherine Bennett était en cours de négociation, ainsi qu'une gamme de produits de beauté.

Brenda elle-même en fut impressionnée :

– Il prend vraiment tes intérêts à cœur ! Je retire tout ce que j'ai dit sur lui. Tu as vraiment de la chance, Kitty.

– Tu l'as dit ! Parfois j'ai l'impression que c'est trop beau pour être vrai.

Après tant d'années difficiles, les choses semblaient aller au mieux, et Katherine se consacra entièrement à la préparation de sa mini-série, qui devait s'appeler *Tout ce qui brille.* Par ailleurs très prise par le tournage des *Skeffington*, et follement amoureuse de son mari, elle ne remarqua pas que Tommy s'éloignait d'elle de plus en plus.

13

Tommy suivit des yeux le vendeur de crack tandis qu'il manipulait son matériel avec la plus grande dextérité. Nag était un expert.

– Ça va être la plus belle défonce que t'aies jamais connue, mec ! Celui-là est tellement pur qu'il va te faire sauter la cervelle – et crois-moi, je ne mens jamais !

Nag ouvrit une petite bouteille d'eau minérale, versa par terre les trois quarts de son contenu, perça un trou dans la paroi avec sa cigarette, puis y inséra un tube de stylo à bille vide.

Tommy regarda Todd, cœur battant. Ce dernier avait déjà fait l'expérience du rush immédiat que provoque le crack ; jamais il n'avait eu un aussi bon trip.

Nag plaça sur le goulot de la bouteille un peu de papier métallisé, qu'il perça de plusieurs coups d'aiguille, avant de le fixer avec du chatterton. Puis il y déposa minutieusement un peu de cendre de cigarette.

– Faut que ça soit de la fraîche ! C'est meilleur pour le crack !

Il y plaça quelques cristaux blancs avec la délicatesse d'un joaillier qui sertit un diamant sur une monture de platine. Puis, promenant dessus la flamme de son briquet, il se hâta de passer la bouteille à Tommy, à qui il chuchota :

– Tire, mec, tire !

Tommy inhala profondément, sentant aussitôt l'effet électrisant de la drogue.

Todd en était à son troisième trip, et mourait d'impatience.

Le dealer eut un grand sourire qui révéla une dentition complètement gâtée.

– O.K. mec ! dit-il à Todd. Voilà, ça vient !

Les deux jeunes gens se sentaient parfaitement euphoriques ; ils se livrèrent aux débordements coutumiers en de telles situations – hurlements enthousiastes, sautillements en tous sens, échange de coups de poing pour rire.

– Doucement, doucement, les gars, dit le dealer pour les calmer un peu : une fois que le client a payé, le bon commerçant tient à sa tranquillité.

Todd et Tommy sortirent en titubant pour se retrouver dans une rue sordide. Ils étaient les seuls Blancs des environs, bien qu'on ne soit pas très loin du quartier des affaires, dont on discernait vaguement les gratte-ciel à travers le smog jaunâtre. Ils passèrent devant une épicerie entièrement couverte de graffiti. Quelques clients se trouvaient à l'intérieur ; deux jeunes Chicanos s'appuyaient contre le mur. Ils jetèrent un regard méprisant aux deux adolescents.

– Qu'est-ce que vous fichez là ? demanda le plus grand en jetant sa cigarette en direction de Tommy.

Elle tomba juste à côté de lui ; il s'en débarrassa d'un coup de pied et regarda l'autre d'un air mauvais.

– Je t'ai demandé ce que tu fichais là ! C'est chez nous, ici ! répéta ce dernier.

– Et alors ? répondit Tommy, qui voulut continuer son chemin, mais l'autre lui barra le passage. Trois nouveaux Chicanos firent leur apparition, comme sortis de nulle part.

Todd avait moins fumé que Tommy, aussi lui restait-il un peu de bon sens. Il lui donna un coup de coude :

– Barrons-nous ! C'est pas notre quartier !

Mais Tommy, tout excité par la défonce, ne voulut rien entendre :

– Va te faire foutre, métèque !

– C'est à moi que tu parles ? C'est à moi ?

Le grand Chicano s'avança, agitant une batte de baseball qu'un de ses compagnons venait de lui tendre.

– Tu ferais mieux de dégager ! Casse-toi, sinon t'auras des ennuis !

Tommy avança d'un pas :

– Ah ouais ? Et qu'est-ce que tu comptes faire, connard ?

Todd le regarda, épouvanté. Insulter un gang de Chicanos, sur leur propre territoire, c'était courir au suicide.

– Laisse tomber, chuchota-t-il, laisse tomber ! Allons-nous-en, personne ne nous donnera de coup de main !

– Dégage, lavette, répondit Tommy, sans quitter des yeux son adversaire. Je vais m'en occuper. Va te faire foutre !

Todd n'était pas un lâche, mais ce n'était pas un idiot non plus ; il partit en courant, sauta dans sa voiture, à quelques mètres de là, et mit le contact en toute hâte. C'est à ce moment qu'il entendit en même temps le bruit d'une batte de base-ball qui s'abat sur un crâne, et un hurlement, suivi de cris enthousiastes. Il démarra et fonça vers l'épicerie : les jeunes se dispersèrent aussitôt pour se perdre dans l'ombre. Tommy était étendu sur le sol. Todd freina sec :

– Bon Dieu !

Kitty venait de terminer le tournage d'une scène lorsque Brenda survint.

– Il est arrivé quelque chose à Tommy, dit celle-ci en essayant de garder son calme. Mais à peine avait-elle ajouté : il est à l'hôpital, qu'elle éclata en sanglots.

Katherine eut l'impression que ses jambes se dérobaient sous elle :

– Il faut y aller ! Va chercher la voiture, je me fiche éperdument de ce que Gabe ou les autres pourront dire. Il faut que je le voie !

En route, Brenda lui répéta le peu que la police lui avait dit.

– Il est gravement blessé ? Je veux la vérité, Brenda.

– Je ne sais rien. Ils m'ont simplement appris qu'il avait été roué de coups, et qu'il était au Cedars Hospital, au service de soins intensifs.

– De soins intensifs ! Mon Dieu !

Le docteur Lindsey vint accueillir les deux femmes, l'air soucieux :

– Katherine, il va falloir que vous soyez courageuse. J'ai peur que les nouvelles ne soient pas bonnes.

– Comment va Tommy ? Il s'en tirera ?

– Il a vraiment eu droit à une sacrée râclée. Il a des contusions multiples, une clavicule cassée, les deux rotules aussi, et...

– Et ?

– Et il est dans le coma.

Kitty blêmit ; Brenda la saisit par la main avec une telle force que, sans le vouloir, elle lui planta ses ongles dans la paume.

– Et ça durera combien de temps ?

Katherine n'avait pas la moindre idée de ce que pouvait être un coma. Sa seule expérience en ce domaine remontait au tournage des scènes consécutives à l'explosion du bateau dans *Les Skeffington.* Georgia était censée émerger de l'inconscience sur un lit d'hôpital, tête bandée, mais maquillée jusqu'aux sinus, et les ongles vernis...

– Impossible de le dire, répondit le médecin. Chaque cas est différent, et tout dépend des vingt-quatre heures qui suivent. Si Tommy reprend conscience d'ici demain, ses chances seront bonnes.

– Ses chances ? demanda Kitty, incapable de comprendre, ou trop terrorisée pour cela.

– Ses chances de survie.

– Et à combien les estimez-vous, docteur ? intervint Brenda, qui pleurait sans s'en rendre compte.

– Je dirais cinquante-cinquante. Tout dépendra de la nuit. Il faut que vous alliez le voir, Katherine ; le mieux que vous puissiez faire, c'est vous asseoir à son chevet et lui parler.

Katherine était toujours livide, à tel point qu'elle ne put retenir un cri d'angoisse en entrant dans la chambre de Tommy. On lui avait rasé le crâne, et surélevé les jambes, qui disparaissaient sous les bandages ; il avait les deux yeux au beurre noir, son corps tout entier semblait hérissé de tubes et de perfusions.

Elle ne put que rester là, les yeux secs, à le contempler :

– Oh ! Tommy, Tommy, qu'est-ce qu'ils t'ont fait ?

Elle demeura toute la nuit au chevet de son fils, lui parlant, tenant sa main, le suppliant de lui répondre. La presse avait appris la nouvelle : les abords de l'hôpital étaient pleins de journalistes, qui réclamaient à grands cris une interview, voire une photo d'elle au chevet de Tommy. Kingsley et Raquel, les attachés de presse de Katherine, tenaient à distance les intrus, mais ils n'avaient pas réussi à joindre Johnny, et Giancarlo demeurait introuvable. Il était parti à Las Vegas, pour inspecter son futur hôtel ; comptant ne s'absenter que deux nuits, il n'avait pas laissé de numéro de téléphone et, comme il ne regardait jamais les journaux télévisés, n'aurait aucune chance d'apprendre ce qui était arrivé.

Au matin, Katherine dit à Brenda qu'elle avait vu Tommy remuer les paupières. Les deux femmes guettèrent avidement le moindre signe, mais le visage du jeune homme demeura de pierre.

Dans l'après-midi, le docteur Lindsey arriva pour procéder à un examen, et secoua la tête :

– Toujours aucun changement, alors qu'on nous l'a amené il y a près de vingt-quatre heures ! Il va falloir procéder à un nouvel examen du cerveau. D'habitude, chez les jeunes, les choses s'arrangent assez vite. Ce n'est pas le cas ici, et il se pourrait bien...

– Qu'il soit définitivement plongé dans le coma ?

– Nous vivons dans un monde terrible, Kitty. Savez-vous combien de cas de ce genre je vois arriver chaque année ? Des centaines, au moins. Des jeunes, généralement des garçons, roués de coups, transformés en légumes. Par d'autres jeunes. Ils se tuent entre eux. Quel monde ! Quel monde !

Ils entendirent alors un faible bruit, et se tournèrent aussitôt vers le lit. Aucun doute n'était possible : les paupières de Tommy commençaient à remuer, comme ses lèvres.

– Tommy, Tommy, dit Katherine en se retenant pour ne pas hurler, c'est moi, c'est Maman. Est-ce que tu m'entends ? Si tu m'entends, presse ma main, chéri, presse ma main.

Durant quelques secondes interminables, il ne se passa rien. Puis elle sentit une très faible pression sur ses doigts.

De nouveau elle passa la nuit au chevet de Tommy, lui parlant à voix basse. Des internes et des infirmières passaient régulièrement, non sans lui jeter des coups d'œil furtifs. Des patients de l'hôpital, qui avaient appris sa présence, se bousculaient à l'entrée du service, devant les portes de verre fumé. La presse avait réussi à envahir les lieux, sans toutefois pouvoir aller plus loin que le bout du couloir, bien qu'un paparazzo particulièrement inventif ait réussi, en revêtant une blouse blanche, à prendre deux ou trois clichés.

Katherine parlait de tout. Elle raconta à Tommy de menues anecdotes de son enfance, des voyages à Fire Island, une sortie à Disneyland, des parties de pêche avec Johnny, du temps où celui-ci était un père aimant. Une fois à court de souvenirs, elle lui récita des poèmes, souvent venus de sa propre enfance, longtemps dissimulés dans les replis de sa mémoire.

De temps à autre les yeux de Tommy bougeaient, et à une ou deux occasions Kitty crut qu'il allait parler. Mais ce n'est que vers l'aube qu'il ouvrit les paupières :

– Maman... chuchota-t-il. Qu'est-ce que tu fais là ?

– C'est un miracle, dit le docteur Lindsey en souriant. En règle générale, je n'y crois guère, mais là... vous avez été merveilleuse, Kitty. Je crois que dès demain nous pourrons lui faire quitter le service de soins intensifs, cependant il va devoir se déplacer en fauteuil roulant pendant un moment... le genou gauche a été salement amoché.

– Il pourra marcher ? demanda Katherine. Jouer au base-ball ? Il adore ça.

– Kitty, il a déjà de la chance d'en être sorti vivant. Pour le moment, n'y pensez pas. Nous en saurons plus dans quelques mois, quand les fractures seront guéries. L'essentiel, c'est qu'il en soit sorti sans dégâts cérébraux. Cela dit, laissez-moi vous poser une question : qu'est-ce qu'il fabriquait là-bas, à se battre avec un gang de Chicanos ?

– Je l'ignore, répondit Katherine en contemplant le visage endormi de son fils. Mais j'ai bien l'intention de le savoir.

Ce soir-là, Tommy fut installé dans une chambre individuelle. Déclarant mourir de faim, il réclama un cheeseburger, des frites et un chocolat malté. Kitty se dit que c'était le moment de lui demander des explications :

– Alors, qu'est-ce qui s'est passé ?

– Je ne veux pas parler de ça, M'man.

– Il le faut bien. Pourquoi t'étais-tu défoncé ?

Il jeta un regard maussade aux murs crème :

– J'en sais rien.

– Tommy, tu as failli mourir ! Tu me dois quand même des explications !

Les yeux du jeune garçon flamboyèrent :

– Je te dois ? Je ne te dois rien, M'man, absolument rien.

– Tommy, je ne te demande pas de gratitude, Dieu sait que je n'en ai jamais reçue de ton père, mais ta façon de te défoncer est absolument suicidaire.

– Ne mêle pas Papa à tout ça ! Il est malade, très malade, et tu n'as pas l'air de t'en rendre compte !

– Tommy, dit-elle en lui caressant le front, excuse-moi. Je suis navrée. Il faut que je sache ce qui s'est passé, il faut qu'on règle tout ça. Je veux savoir ce qui te tracasse, pour pouvoir t'aider – ou du moins essayer.

Tommy leva les yeux vers le plafond :

– Lui. Ce fichu Rital que tu as épousé, M'man. Je comprends que ça soit bien pour toi si tu l'aimes, mais...

– Tommy, Tommy, ça ne se réduit pas à ça. C'est très important pour moi que nous soyons une vraie famille.

– Ha ! Si tu crois que je vais m'entendre avec lui, tu te trompes. C'est un menteur et un escroc.

– Tommy, ce n'est pas vrai.

– Si ! Je sais que tout le monde le prend pour la Huitième Merveille du monde, et qu'il a fait beaucoup pour ta carrière, mais je pense depuis le début que c'est une merde. Bon, je n'en ai parlé à personne, sauf à Papa, et il est bien d'accord avec moi.

– Et qu'est-ce qu'il en sait ? Jamais il n'a rencontré Giancarlo ! C'est ridicule !

– Il te connaît, il sait ce qui te branche. Enfin, ajouta le jeune homme en haussant les épaules, ça n'a pas d'importance. Je crois que c'est en partie pour ça que je traîne avec Todd et que je me défonce. D'ailleurs, des tas de mômes le font.

– Des tas de mômes le font ! En tout cas, tu ferais mieux d'arrêter, Tommy. Tu as failli te faire tuer, cette fois-ci ! Tu t'en rends compte, au moins ?

Il perdit d'un coup toute envie de se battre :

– Oui, M'man, je sais. Tu as raison, comme toujours. Il faut que je dorme, je me sens tout drôle.

Il ferma les yeux et murmura :

– Bonne nuit, M'man. Je suis désolé, vraiment. De toute façon, je ne toucherai plus au crack, ça c'est sûr.

Katherine n'avait pas prévu d'attendre Giancarlo ; mais, trop épuisée pour pouvoir dormir, elle resta allongée dans l'obscurité, à regarder fixement le cadran lumineux du réveil. Dans quatre heures il faudrait qu'elle se lève. Où diable était-il donc passé ? Il finit par arriver au moment où elle se mettait à somnoler.

– Chérie, je suis consterné ! Si seulement j'avais su ! J'aurais été là avec toi. Et tu as dû traverser tout ça seule !

– Oh ! chéri, chéri, tu m'as tellement manqué ! C'était l'enfer !

– Je sais, chérie, je sais. Est-ce que tu te rends compte que je n'ai appris la nouvelle que dans l'avion, en lisant le journal ? j'ai voulu te contacter dès mon arrivée, mais aucun des téléphones de ce fichu aéroport ne fonctionnait. Oh ! Kitty, Kitty, tu m'as tellement manqué.

Kitty jeta un coup d'œil au réveil. Trois heures du matin. Une petite voix en elle se mit à poser quelques questions. Quel vol arrive donc du Nevada après minuit ? Pourquoi n'avait-il pas emporté son téléphone portable ? Pourquoi ne posait-il pas de questions sur Tommy ? Où était-il donc allé ? Elle repoussa pourtant toutes ces pensées ; dans deux heures il serait temps de se lever pour une journée de tournage de quatorze heures. Après tout, son fils allait bel et bien guérir ; pour le moment, faire l'amour avec son mari était plus important que tout.

Après, comme ils étaient serrés l'un contre l'autre, il caressa ses cheveux et dit d'un ton négligent :

– Chérie, j'ai réfléchi au rôle que tu vas jouer dans *Tout ce qui brille*.

– Ah bon ?

– Paulette de Waldner est une femme sensuelle, très attirante, et pleine d'entrain.

– Ce que je ne suis pas ? demanda-t-elle, amusée.

– Bien sûr que si. Mais...

– Mais ?

– J'ai vu les croquis des costumes dix-huitième que tu vas porter. Tu seras merveilleuse avec. Surtout une fois que tu auras perdu un peu de poids.

– Le tournage commence dans un peu plus de deux mois, j'ai prévu de perdre plus de trois kilos d'ici là. Pourquoi m'y mettre maintenant ?

– Je crois que c'est nécessaire, dit Giancarlo. Chérie, surtout ne prends pas ça mal. Nous avons toujours été francs l'un envers l'autre, et je crois que c'est le moment de l'être.

Katherine consulta le réveil. Quatre heures moins le quart. Inutile de vouloir s'endormir ; autant passer la journée à grands coups de caféine.

– Où veux-tu en venir ?

– Je connais à Las Vegas un médecin extraordinaire, spécialiste des implants mammaires.

Elle se redressa, stupéfaite, et alluma la lumière :

– Giancarlo, est-ce que tu voudrais que je recoure à la chirurgie esthétique ? Tu es complètement fou !

– Kitty, Kitty, calme-toi, calme-toi. Il faut que tu fasses preuve d'esprit pratique. Tu as quarante-trois ans, et il y aura dans ce feuilleton beaucoup de filles très belles et très jeunes... De toute façon, tu n'auras pas à t'inquiéter, c'est sans danger aucun. C'est un chirurgien mondialement connu, qui a pratiquement opéré tout le monde : Cher, Dolly Parton...

– Et qu'est-ce que tu en sais ?

Il rit et voulut la prendre dans ses bras, mais elle s'éloigna et lança :

– Je n'arrive pas à croire que tu puisses me proposer ça !

– Écoute, Kitty, il faut bien que tu admettes que personne n'a aussi fière allure à quarante ans qu'à vingt.

– En effet, dit-elle d'un ton glacial. Et il n'y a rien de plus pathétique, surtout à Hollywood, que de voir des femmes de quarante-cinq ou de cinquante-cinq ans essayant d'en paraître vingt-cinq. Je ne fais pas partie du lot et je n'en ai aucune intention.

– Mais chérie, c'est pour ta carrière. C'est quand même quelque chose qui compte, pour toi ?

– Je ne vois pas comment un implant au silicone pourrait affecter ma fichue carrière.

– Fais comme tu veux, répondit Giancarlo en haussant les épaules. Mais – ici sa voix se fit coupante – ne viens pas t'en prendre à moi quand les journaux diront que tu as les seins qui tombent.

– Quelle délicatesse ! Ils n'avaient pas l'air de te déplaire, jusqu'ici ! Enfin, ils sont assez bons pour Georgia, ils le seront aussi pour Paulette.

– Bon, bon, je ne veux pas discuter davantage. C'est ton problème, c'est ta vie, tu fais ce que tu veux – d'ailleurs tu fais toujours ce que tu veux. En tant que producteur, j'ai quand même le droit de te dire ce qui me paraît être le mieux, non seulement pour toi, mais aussi pour Paulette, et pour la série.

– Merci infiniment. Je m'en souviendrai.

Katherine écrasa sa cigarette, éteignit la lumière et resta allongée dans l'obscurité à bouillonner de fureur, tout en essayant de se calmer. Ce devait être la vieille obsession mammaire des Italiens : il suffisait d'avoir vu un film de Fellini pour savoir à quoi s'en tenir...

Le lendemain matin, pourtant, quand elle se regarda dans le miroir, sous les lumières crues du salon de maquillage, elle se mit à avoir des doutes. Tu as l'air épuisée, et tu fais vraiment ton âge, dit une petite voix minaudante. Ce qui est normal, après tout, tu n'as eu qu'une heure de sommeil.

A l'heure du déjeuner, Steve et Brenda vinrent partager des sandwiches avec Kitty, qui profita de la pause pour appeler le docteur Lindsey :

– Votre fils a vraiment de la chance ! dit le médecin. Son état s'améliore d'heure en heure, et nous nous sommes rendus compte à la radioscopie que ses genoux étaient moins abîmés que nous ne l'avions cru. Je suis très optimiste. Par ailleurs, une fracture de la clavicule n'est jamais une chose très grave ; je pense que nous pourrons vous le renvoyer d'ici une semaine.

En fin de journée, Katherine se rendit en toute hâte au Cedars Hospital, pour y trouver Tommy assis dans son lit, entouré de revues sportives, de paquets de bonbons, de beignets. Giancarlo était assis sur une chaise à côté, souriant.

Mieux valait ne pas feindre la surprise :

– Bonjour vous deux ! lança-t-elle gaiement. Ça a l'air d'aller !

– Bonjour, M'man ! On s'apprêtait à jouer au backgammon.

Giancarlo se leva pour embrasser son épouse.

– T'as passé une bonne journée ? demanda Tommy.

– Oui, chéri. Et toi ?

– Ouais, ouais. Le toubib dit que je pourrai sortir sous peu, et Giancarlo m'a promis de m'emmener à un match des Lakers. Il faudra que j'y aille en fauteuil roulant, mais ça ne durera que quelques semaines. C'est marrant, non ?

– Oui, chéri. C'est une sacrée aventure.

Kitty se laissa tomber dans un fauteuil en poussant un soupir d'épuisement. Les problèmes entre son fils et son mari semblaient s'être dissipés d'un seul coup, à tel point que la violente tirade de Tommy contre Giancarlo lui parut presque être un effet de son imagination. Trop lasse pour réfléchir, elle ferma les yeux et s'assoupit, bercée par le cliquetis des pièces de backgammon.

Comme prévu, Tommy quitta son fauteuil roulant au bout de quelques semaines et entreprit de se déplacer à travers la maison sur des béquilles.

Un soir, après dîner, Steven – qui passait souvent tenir compagnie au jeune homme –, Brenda et Katherine étaient assis devant la cheminée. Giancarlo était dans son bureau, seul avec son ordinateur.

– Tommy a l'air en forme, dit Kitty. Mais vous n'en êtes peut-être pas convaincus ? ajouta-t-elle en voyant que les deux autres échangeaient des regards entendus.

Il y eut un silence gêné.

– Dites-moi tout ! s'écria-t-elle.

– Bon, bon, soupira Steven. Explique-lui, Brenda.

– J'ai trouvé de l'herbe dans la chambre de Tommy. Je lui en ai parlé et il n'a pas nié.

– Il a expliqué pourquoi il fume ?

– Il a simplement dit qu'il avait laissé tomber le crack pour de bon, que l'herbe c'était aussi normal pour les gamins de son âge que le tabac. Il a ajouté...

– ... que tous les autres en faisaient autant, soupira Katherine. J'ai déjà entendu ça.

– Le gros problème, reprit Brenda, c'est que c'est son père qui la lui a donné.

– Johnny ? C'est incroyable ! Il se plaint toujours de ne pas avoir de quoi vivre, et il a assez d'argent pour s'acheter de l'herbe !

Furieuse, Kitty décrocha le téléphone et composa le numéro de son ex-époux :

– Je vais lui dire deux mots !

Johnny décrocha ; elle ne lui laissa pas le temps de parler :

– Comment oses-tu donner de l'herbe à Tommy ? Qu'est-ce qui te prend ? Tu es cinglé ou quoi ?

– Ah ! bon Dieu, laisse tomber, geignit-il. Un ou deux joints, la belle affaire ! Tu es toujours aussi coincée, Kitty.

– Coincée ? Coincée ? Alors, c'est cool de donner de la drogue à un jeune de seize ans, maintenant ? Johnny, tu n'es qu'un imbécile, et si tu recommences, je te préviens que je te couperai les vivres.

– Tu ne peux pas faire ça ! J'ai besoin de cet argent !

– Je peux très bien le faire et je le ferai si nécessaire, siffla Katherine avant de raccrocher.

Elle alluma une cigarette d'une main tremblante.

– Qu'est-ce qui se passe ?

Tous trois tournèrent la tête : Giancarlo se tenait dans l'encadrement de la porte.

– Rien, chéri, rien, dit Kitty.

– Chérie, pourquoi te confies-tu à d'autres que moi ? Je suis ton mari, c'est avec moi que tu devrais partager ces problèmes.

– Mais je...

– Plus un mot.

Steve se leva, furieux, vida son verre et dit :

– Je m'en vais, je crois qu'il vaut mieux vous laisser seuls.

– Steven, intervint Katherine, je suis désolée.

– Cela suffit, coupa Giancarlo. Il est temps que tu ailles dormir, tu as l'air épuisée.

Comme Brenda s'apprêtait à dire quelque chose, il se tourna vers elle, l'air mauvais :

– Si ma femme a des problèmes, elle me les confie, compris ? Pas à vous deux. Je suis son mari.

– Et moi je m'en vais, répliqua Steve.

– Je n'en ai pas terminé !

– Moi si ! lança le scénariste avant de quitter la pièce.

– Giancarlo, soupira Katherine, qu'est-ce qui te prend ? Ce sont mes amis, et ils essaient de m'aider à résoudre un problème avec Tommy.

– Si tu en as, tu en discutes avec moi. D'accord ?

Brenda leva les yeux au ciel :

– Bonne nuit, vous deux, soupira-t-elle avant de s'éloigner.

– Kitty, Kitty, dit Giancarlo, qui paraissait chagriné, pourquoi est-ce que tu trafiques dans mon dos ? Nous sommes mariés, nous formons un couple, c'est à moi que tu devrais faire confiance, pas à eux.

Katherine jeta un coup d'œil à la pendule. Minuit ! Dans cinq heures il lui faudrait se lever. Il ne lui restait qu'un seul moyen d'éviter une querelle exténuante qui lui interdirait de dormir.

– Je suis navrée, chéri. J'en discuterai avec toi la prochaine fois. Cela ne se produira plus, je te le promets.

C'est parfois bien utile d'être actrice, songea-t-elle.

14

Dès l'instant où il prit la direction des affaires de Katherine, Giancarlo tint à l'informer de toutes les décisions qu'il prenait en son nom : chaque semaine ils avaient au moins une réunion entièrement consacrée à la question.

– Je veux que tu me surveilles, expliqua-t-il. Ton gros problème, c'est que tu es trop naïve, que tu fais trop confiance aux gens. C'est pourquoi tu t'es fait voler par cette bande de crétins censés s'occuper de tes intérêts.

Katherine devait bien admettre que les chiffres qu'il avançait étaient impressionnants. Il avait réussi à obtenir une avance conséquente sur la ligne de vêtements à laquelle elle donnerait son nom, et huit pour cent sur les ventes au détail. Les produits de beauté en étaient encore au stade préparatoire : on prévoyait la sortie d'un parfum baptisé Georgia, en même temps que serait diffusé le premier épisode de *Tout ce qui brille*.

Après avoir renvoyé presque tous ceux qui travaillaient pour Kitty, Giancarlo avait embauché une secrétaire. C'était une jeune rousse diplômée d'économie, prénommée Alice. Il avait également déniché un nouvel avocat, Kenneth Stringer, qui confia à Katherine :

– Giancarlo a vraiment vos intérêts à cœur ! Jamais je n'ai vu quelqu'un négocier aussi farouchement ! Un vrai tigre ! Il ne cède jamais d'un pouce, et il l'emporte toujours ! C'est incroyable ! Vous avez beaucoup de chance, Kitty.

– Je le sais ! Inutile de me le dire !

La moitié des domestiques avaient été renvoyés, les autres – la fidèle Maria, Won, Esperanza, la nouvelle femme de chambre, et le jardinier – bien prévenus : s'ils ne donnaient pas satisfaction, ils devraient faire leurs valises. Il fut conseillé à Barry Lefcovitz de cesser d'envoyer constamment des « notes de frais », s'il voulait qu'on ait encore recours à ses services. Warwick Kingsley fut pareillement mis en garde :

– Il va falloir décrocher plus de publicité pour Kitty. Les photos de mode dans *The Enquirer*, ou des entrefilets dans la presse locale, ça ne suffit pas. Ou vous trouvez mieux, ou vous disparaissez.

Sam, le chauffeur, et le comptable, furent sacrifiés en dernier :

– Je me chargerai des comptes, dit Giancarlo. Comme du temps où j'étais chanteur. Et tu n'as pas besoin de chauffeur. Le soir, je conduirai, et Brenda s'occupera de toi pendant la journée.

Cette dernière fut par ailleurs prévenue qu'elle devrait cesser de faire usage des cartes de crédit de Katherine.

– Jamais je n'ai vu quelqu'un dépenser autant d'argent en papier à lettres ! Le mois dernier, cent cinquante dollars, crayons et carnets compris !

Il étudia de près trois mois de notes d'alimentation :

– Tu dépenses chaque semaines sept cents dollars chez Gerson, et le garde-manger est toujours à moitié vide ! Ils s'en fourrent jusqu'aux dents !

Katherine protesta : c'était accuser implicitement Maria. Mais Giancarlo ne voulut rien entendre :

– Chérie, il ne faut jamais faire confiance à personne, tu m'entends ? N'oublie pas que tu as des priorités ! Il faut que tu mettes de l'argent de côté, faute de quoi tu te retrouveras sur la paille.

Katherine devait bien reconnaître que les choses s'arrangeaient depuis qu'il s'occupait de ses affaires. Elle commençait effectivement, pour la première fois de sa vie, à pouvoir épargner !

Giancarlo était parfois si occupé que lorsqu'elle rentrait, il se contentait de lui donner un baiser rapide. Mais la plupart du temps, il abandonnait tout pour passer la soirée avec elle.

– Quelqu'un t'a-t-il déjà dit que tu étais la femme la plus belle et la plus élégante du monde ? murmura-t-il un soir alors qu'ils étaient enlacés sur le sofa, devant la cheminée.

– Ça n'arrête pas ! répliqua Katherine d'un ton léger. De toute façon, c'est ce que je me répète chaque matin devant le miroir !

– Eh bien ! c'est vrai, chérie, et je suis le plus heureux des hommes.

Il ne restait que six semaines de tournage sur *Les Skeffington* : Katherine s'était plongée dans la préparation de la mini-série, consacrant de nombreuses pauses déjeuner aux essayages de costumes et de perruques. Elle était souvent si lasse le soir qu'elle se sentait soulagée que Giancarlo reste devant son ordinateur plutôt que de venir la rejoindre au lit.

Il se rendait tous les quinze jours dans le Nevada, pour voir où en était la construction de son hôtel, mais il avait cessé de lui demander de l'accompagner. Ce dont elle était ravie : bien qu'elle l'adorât, elle pouvait ainsi dormir, ou passer un moment avec Tommy.

Le samedi précédant leur départ pour la France, Kitty et Giancarlo donnèrent une grande soirée dans leur demeure. Hollywood est assez blasé en la matière : Katherine s'efforça d'en faire un événement dont on se souviendrait. Elle avait tout préparé, dans les plus minimes détails, avec Brenda, mais le matin, à son grand accablement, il se mit à pleuvoir des cordes. Brenda appela aussitôt le traiteur chargé de la réception, pour lui demander d'installer un chapiteau de toile.

– Et on dit qu'en juillet il ne pleut jamais à Los Angeles ! soupira Kitty.

– Il ne nous manque plus qu'un tremblement de terre ! dit Brenda avec amertume.

Dans le jardin, une équipe d'ouvriers s'efforçait de dresser la tente, mais le vent et la pluie étaient si forts qu'elle s'effondrait à chaque fois.

– J'espère que ce n'est pas un mauvais présage, dit Katherine, un peu superstitieuse, comme les acteurs le sont tous.

– Allons, allons ! Cette fête sera une réussite époustouflante ! Tout va bien pour toi – il est temps, d'ailleurs !

C'est à ce moment qu'elles entendirent des cris venus de la maison, vers laquelle toutes deux se précipitèrent : Giancarlo semblait jeter Esperanza dehors.

– Qu'est-ce qui se passe ? s'écria Kitty.

– Occupe-toi de tes affaires !

Lui tournant le dos, il repartit vers son bureau. Katherine le suivit, bouillonnant de rage :

– Giancarlo, aurais-tu l'extrême amabilité de me dire ce que tu fais ? Je suis chez moi, comment oses-tu flanquer dehors ma bonne ? Qu'est-ce qu'elle a fait ?

Il poursuivit son chemin sans rien répondre. Elle se sentit exploser :

– Est-ce que tu vas me répondre, bon Dieu !

Le tout si fort que les ouvriers l'entendirent ; levant les yeux, ils hochèrent la tête d'un air entendu :

– Sacrée Georgia ! Toujours la même !

Katherine ne se souciait guère de leurs commentaires :

– Tu ferais mieux de me dire ce qui se passe, Giancarlo, et immédiatement !

– Et toi, tu ferais mieux de me ficher la paix, et de t'occuper de tes affaires, sinon je m'en vais – et immédiatement !

Elle en resta bouche bée : il était d'humeur aussi massacrante que quand elle était revenue de sa tournée publicitaire.

– Je veux simplement savoir ce qu'Esperanza a fait pour mériter que tu la traites de la sorte, dit-elle en se contraignant à rester calme.

Il la saisit par le bras et la traîna jusqu'à un endroit où les ouvriers ne pourraient les entendre :

– Bon, je vais te dire ce que cette idiote a fait : elle s'est servi de mon téléphone privé.

– Qu'est-ce que ça a d'insupportable ?

– C'est ma ligne, ma ligne privée, et personne ne doit s'en servir, tu m'entends ? Même pas toi.

– Tout le monde peut faire une erreur.

– Oh ! que non. Personne ne fait d'erreur quand je suis là. Ou plus exactement, si on en fait une, on n'a pas l'occasion de recommencer. Alors flanque-moi cette idiote dehors, sinon je m'en vais, et je parle sérieusement !

Il rentra dans son bureau et claqua la porte, tandis que Katherine restait là à frissonner. Au bout de quelques instants elle entendit le cliquetis des touches de l'ordinateur, qui l'agaçait tant. Il fallait qu'elle se calme : ce n'était pas le moment de s'abandonner à une scène de ménage. D'ici quelques heures, la maison serait pleine d'amis, de connaissances, de relations d'affaires – et de ces inconnus qu'on voit faire tapisserie à toutes les soirées d'Hollywood sans qu'on sache comment ils sont arrivés là.

Brenda vint la rejoindre et lui posa le bras sur l'épaule :

– J'ai tout entendu. Ignore-le – enfin, essaie. Tous les hommes sont comme ça. Ne le laisse pas saboter ta réception, ça va te coûter quelque chose comme vingt mille dollars !

– C'est plus facile à dire qu'à faire ! Il vient de flanquer ma bonne à la porte ! Comment ose-t-il ?

– Fais simplement en sorte qu'elle disparaisse pendant quelques jours, et d'ici là il aura tout oublié. Je m'occuperai d'elle entre-temps.

– D'accord, soupira Katherine. Mieux vaut ne pas faire de vagues, je crois. Mais, bon sang, qu'est-ce qui lui prend ?

– C'est un homme, dit Brenda. Bourré de défauts, comme ils le sont tous.

– J'aurais cru que Giancarlo était différent.

– Tu connais la vieille formule : on ne peut pas vivre avec eux, on ne peut pas les tuer non plus.

– Oui. Enfin, je ferai comme Scarlett O'Hara : j'y penserai demain.

Giancarlo resta enfermé dans son bureau, dont il ne sortit qu'une heure avant la réception. Entrant chez Katherine, il déclara d'un ton froid :

– Personne ne touche à mon téléphone, c'est compris ?

Kitty était encore si furieuse qu'elle faillit se mettre à hurler ; mais ce serait le meilleur moyen pour qu'il disparaisse – et s'en aller lui permettrait de montrer qui était le maître. Ce qui soulevait d'ailleurs une question intéressante : qui était le vrai patron ? De toute évidence, c'est elle qui faisait bouillir la marmite, car si Giancarlo réglait ses dépenses personnelles, le plus gros des frais, et en particulier les salaires des employés, sortait de la poche de Katherine. En attendant, il lui était impossible d'affronter deux cents personnes lui demandant où était son mari, d'autant plus qu'Éléonore et Albert seraient parmi les invités. Rassemblant tout son talent d'actrice, elle eut un sourire angélique :

– Tout à fait, chéri. Je n'y penserai même pas – de toute façon j'ai horreur du téléphone.

– C'est bien. N'oublie pas une chose : je ne suis plus ton petit chien, et il est hors de question que tu prennes tes grands airs avec moi comme tu le fais avec les autres.

Il sortit à grands pas, se rendit dans sa salle de bains, dont il claqua la porte, et fit couler la douche. Katherine se contempla dans le miroir :

– Mais qu'est-ce qui se passe ? demanda-t-elle à son reflet. Qui est donc cet homme ?

La soirée fut pourtant une brillante réussite. Le dîner était délicieux, et les invités restèrent jusqu'à minuit passé, ce qui n'est pas courant à Hollywood. De surcroît, Giancarlo se montra charmant, ruisselant de charme, accablant Kitty de menues attentions, se prêtant volontiers aux demandes des photographes, qui voulaient les prendre en compagnie de toutes les nombreuses célébrités présentes.

– Kitty, quelle chance tu as ! soupira Carolyn Lupino. Giancarlo est l'homme le plus adorable que j'aie jamais rencontré dans cette ville pourrie – après Lew, bien sûr !

Katherine jeta un coup d'œil à son mari : à la lumière des chandelles, il paraissait plus bronzé encore, sa superbe chevelure blonde prenait des reflets dorés, et dans son impeccable habit de soirée, il avait l'air extraordinairement beau – presque trop.

Sharon Lasker vint se joindre aux deux femmes :

– Tu as vraiment décroché la timbale ! Que ne donnerions-nous pas pour être à ta place !

– Accroche-toi bien, Kitty, soupira Carolyn. Ne le laisse pas s'échapper !

Dix tables, recouvertes de lamé argent, avaient été prévues pour accueillir les convives par groupes de dix. Katherine avait retrouvé sa bonne humeur ; elle décida de ne plus songer à ses idées noires et de charmer Gabe Heller et Lew Lupino, installés respectivement à sa droite et à sa gauche. Ses efforts connurent un succès immédiat : à son grand ravissement, et à la fureur d'Éléonore, Gabe fit, à la fin du repas, un petit discours où il la couvrit d'éloges.

Comme elle s'avançait sur la piste de danse avec Giancarlo, il pencha la tête et chuchota :

– Tu es magnifique, ce soir.

– Merci, chéri.

– Et tu le serais plus encore avec une nouvelle paire de seins.

– Tu as vraiment l'art de gâcher la soirée !

Elle voulut s'éloigner, mais il la retint et éclata de rire :

– Je plaisantais ! Tu n'es pas capable d'encaisser ?

– Ça ne me paraît pas très drôle, à vrai dire.

– Kitty, Kitty, allons ! Que devient ton sens de l'humour ?

– J'ai peur qu'il n'hiberne.

– Écoute, je ne parlais pas sérieusement. Tu es magnifique et tu as une poitrine superbe ; je te montrerai tout à l'heure à quel point je l'apprécie.

– Quel couple magnifique ! soupira Carolyn Lupino, qui discutait avec Steven.

– Oh ! que oui. Elle est si superbe que je vais lui demander de danser avec moi – mais après toi, Carolyn !

Il s'en alla donc retrouver Kitty un peu plus tard.

– Tu es sublime ! lança-t-il.

– C'est vrai ? répondit-elle, le regard triste.

– Absolument ! Kitty, n'oublie pas que tu n'as pas à sauver la face devant moi. Chaque fois que tu voudras parler, je serai là. Et surtout, ne te laisse pas aller à jouer les victimes.

– Je t'assure que ce n'est pas le cas.

– Aucun homme n'en vaut la peine.

– Ça te va bien de dire ça ! dit-elle avec espièglerie. Mandy ne revient toujours pas ?

– Non, je crois bien que c'est terminé pour de bon. Elle et le clone de Schwarzenegger ont l'air très heureux en famille, répondit Steve d'un ton léger, parce qu'il voulait faire sourire Katherine.

Mais celle-ci avait toujours l'air aussi préoccupée, d'autant plus qu'Éléonore avait entrepris de nouer des bras couverts de lycra autour de Giancarlo.

– Où en est le scénario ? demanda Steve pour changer de sujet.

– Ça marche. Il me paraît très bien, mais je n'ai pas encore lu les derniers rewritings. Lew dit qu'il faut encore lui donner la dernière touche ; on ne sera fixé que la semaine prochaine, quand il sera terminé pour de bon.

– Enfin, si tu as besoin de l'avis d'un professionnel, je suis libre pendant l'été !

Plus tard, Steven dansa avec Brenda : tous deux suivirent des yeux Katherine et Giancarlo.

– Je m'inquiète pour elle, dit-elle.

– Tu n'es pas la seule ! Ce type est un vrai requin en habit de soirée, si tu veux mon avis. Tiens, voilà la secrétaire !

Alice dansait avec Tommy, qui la serrait de près.

– Il a les yeux fixés sur son décolleté ! dit Steven en riant.

– Oui, et elle sur son patron !

Ce qui était parfaitement exact : la jolie rousse ne cessait de jeter des regards furtifs à Giancarlo, tout en manœuvrant Tommy pour qu'ils se rapprochent de lui.

– Encore une qui lui court après ! dit Brenda d'un air sombre.

– Tu crois qu'il faudrait prévenir Kitty ?

– Non, non, pas encore. Mais dorénavant, je vais suivre ça de plus près.

A peine le dernier invité était-il parti que Giancarlo commença à se montrer entreprenant. Elle avait bu plus de champagne qu'il n'aurait sans doute fallu, et se sentait fondre – sans pour autant avoir vraiment envie de faire l'amour. « Fais comme si rien ne s'était passé, conseilla la petite voix. Tu veux la tranquillité ou non ? »

Le lendemain matin, Katherine se réveilla très tard, en souriant ; ses craintes semblaient s'être envolées. La passion de Giancarlo paraissait sans limites ; la nuit avait été extatique. Bref, elle était plus amoureuse que jamais – sans pourtant avoir oublié sa colère et sa souffrance. Il avait par ailleurs décidé d'être père. Elle avait vainement fait valoir qu'elle était trop âgée : il s'était montré si tendre, si ardent, que Kitty commençait à se dire qu'en définitive elle pourrait peut-être...

Elle posa les mains sur ses seins. Était-ce son imagination, ou bien étaient-ils réellement plus petits ? Elle suivait un régime pour perdre des centimètres à la taille et au ventre, mais pas ailleurs !

Giancarlo dormait encore. Se levant, elle se rendit à la salle de bains sur la pointe des pieds, puis monta sur la balance. Aucun doute possible : elle avait perdu trois livres en une semaine – et, à en juger dans le miroir, au niveau des seins aussi. Il fallait bien reconnaître qu'elle commençait à paraître un peu maigrichonne. Ce qui ne ferait pas l'affaire pour jouer le rôle de Paulette, beauté dix huitième à l'opulente poitrine. Kitty se demanda si, en fin de compte, elle ne devrait pas accepter un implant mammaire, mais frémit : la simple pensée d'un bistouri lui entaillant la chair la rendait malade. Au demeurant, elle n'en aurait pas le temps : ils partaient tourner à Paris dès la semaine suivante.

On frappa doucement à la porte : Tommy entra, boîtant à peine.

– Bonjour, M'man. Je peux avoir les clés de la Mercedes ?

– Chéri, pourquoi ne prends-tu pas ta Volvo ?

Elle la lui avait offerte pour son seizième anniversaire ; il y tenait comme à la prunelle de ses yeux.

– Oh ! euh, elle est au garage, M'man. J'ai eu... un petit accident.

– Petit ?

Katherine le dévisagea, en quête de signes montrant qu'il se droguait encore, mais ce matin il paraissait aussi adorable qu'innocent.

– Rien. Un débile m'a embouti par derrière, c'est pas ma faute. Brenda s'est occupée de l'assurance, elle ne voulait pas t'embêter avec ça.

– Très bien, chéri, dit-elle en soupirant. C'est Giancarlo qui a les clés, je vais les chercher.

Entrant dans la chambre, elle les prit sur la table de nuit sans faire de bruit, afin de ne pas réveiller Giancarlo, mais celui-ci ouvrit aussitôt les yeux, et la saisit par le poignet avec une rapidité de félin :

– Qu'est-ce que tu fais ?

– Je prends les clés de la Mercedes pour Tommy.

– Et pourquoi lui donnes-tu ma voiture ?

– Ta voiture ? C'est la mienne ! Je l'ai depuis quatre ans.

– Ah... euh... oui. Mais je ne crois pas que tu devrais confier une Mercedes de trente mille dollars à un gamin irresponsable qui se défonce en permanence.

Katherine se rendit compte qu'en dépit de leur nuit d'amour passionnée, une nouvelle querelle se préparait. Elle préféra donc jeter les clés sur le lit :

– Bon, je ne discute pas. Tu es fatigué, et de toute évidence tu as la gueule de bois. Mais n'oublie pas que Tommy est mon fils, et que si je veux le laisser conduire ma voiture, j'en ai le droit.

– Tu l'as tellement gâté qu'il est complètement pourri.

– Je n'ai pas besoin de conseils sur l'éducation de Tommy. Si tu comptes te comporter de cette façon, je suggère que nous passions la journée chacun de notre côté.

– Si c'est ce que tu veux ! maugréa-t-il avant de s'enterrer sous les couvertures.

Kitty partit en claquant la porte, et dut expliquer à un Tommy peu enthousiaste que, Giancarlo ayant besoin de la Mercedes, il lui faudrait se contenter de la vieille Ford de Maria.

Katherine avait prévu de passer la journée seule avec son mari. Après ce qui venait de se passer, mieux valait y renoncer. Il était par ailleurs impossible, comme elle y songea un instant, d'aller piquer une tête dans la piscine : une équipe d'ouvriers s'affairait à démonter le chapiteau et à faire disparaître les restes de la soirée de la veille. Maria nettoyait avec un courage exemplaire la moquette blanche constellée de débris de nourriture, de taches de vin, de cendres de cigarettes : certains y avaient même écrasé leur mégot du pied ! Kitty haussa les épaules. Quelle importance ? La maison tombait en morceaux, et alors ? Sa vie aussi.

Elle retourna dans sa chambre, seul endroit à peu près tranquille. Giancarlo s'était rendormi, sans doute n'ouvrirait-il pas l'œil avant le début de l'après-midi. Elle avait bien des choses à faire, de toute façon : soigner sa beauté en prévision du tournage, étudier le script, préparer leur départ pour Paris...

Paris ! La ville qu'elle aimait le plus au monde. Elle en mourait d'impatience.

La force de Katherine, mais aussi sa faiblesse, consistait à pouvoir fermer les yeux devant les problèmes. C'est ce qu'elle décida de faire cette fois-ci.

– J'y penserai demain, chuchota-t-elle.

15

Avant de se rendre sur les lieux du tournage de *Tout ce qui brille*, il fallut faire un arrêt à Palm Beach. Katherine devait y assister à un gala de charité destiné à collecter des fonds pour la recherche sur les problèmes cardiaques. Son père en était mort, c'était donc une cause qu'elle défendait avec chaleur. Elle alla s'installer au Breakers, grand hôtel d'une élégance toute classique, dans le quartier le plus chic de la ville.

Brenda l'aida à enfiler une robe noir et argent atrocement étroite :

– C'est complet ! Ils t'adorent ! Toutes les douairières, les veuves, et tous les liftings de Palm Beach seront là ! Et chacun va te regarder de près, alors tu ferais mieux d'avoir l'air sublime !

– J'essaie, j'essaie ! Mais cette robe est une véritable torture !

– Il faut souffrir...

– ... pour être belle ! Seulement là, ça n'est plus de la souffrance, c'est carrément les tortures de l'Inquisition !

– Tu as perdu tout le poids qu'il fallait, et tu as l'air fabuleuse.

– Mais est-ce que je n'ai pas la poitrine un peu trop plate ? Peut-être qu'un peu de rembourrage...

– Ne sois pas sotte ! Cette robe te donne une classe extraordinaire, pas besoin de gros nénés en plus. Laisse ça à Dolly Parton ! Il ne faut pas que Giancarlo te donne des complexes ! Tu es une femme superbe, et je ne veux pas que tu permettes à un Rital de t'inquiéter en te disant que tu es plate !

– Je ne devrais pas, je sais, mais tu connais Giancarlo, c'est un perfectionniste.

Dans le hall, l'intéressé rabrouait les photographes :

– Désolé, les gars, pas de photos.

– Giancarlo, voyons ! Vous venez à peine de vous marier ! Allez, quoi !

– Messieurs, Miss Bennett est la star de cette soirée ; je ne suis que le majordome.

Kitty arrivait justement ; elle entendit et sourit :

– Chéri, ne sois pas ridicule !

Mais il fit comme si de rien n'était, se dirigea à pas lents vers la limousine et, tout au long du trajet, n'adressa pas la parole aux deux femmes, discutant ostensiblement politique avec le chauffeur.

Toute la population de la ville semblait s'être rassemblée devant le théâtre : dix gardes ne furent pas de trop pour y faire entrer Katherine. Le public était largement féminin : pour beaucoup de femmes, elle était une héroïne, l'incarnation de tous leurs rêves de réussite. Kitty prit brièvement la parole – son petit discours fut follement applaudi – avant d'assister en invitée d'honneur à la réception qui suivait l'événement. Elle sourit, posa pour les photographes, acceptant l'adulation d'une foule d'admirateurs tous désireux de l'approcher, de lui serrer la main. C'était l'un des rares moments où elle avait l'impression d'être une star, et elle appréciait vraiment ce que cela signifiait. Tant de gens se pressaient autour de Kitty qu'au moment de partir, les gardes ne purent lui frayer un chemin qu'avec les plus grandes difficultés.

Comme d'habitude, elle monta la première dans la limousine – fesses d'abord, jambes ensuite –, suivie de Giancarlo et de Brenda. Il était furieux, cela se sentait. Se tournant vers elle, livide, il lança :

– Fichue diva ! Pour qui tu te prends ?

– Tu es ivre ? demanda-t-elle d'un ton glacial.

– Non. Enfin, pas encore, mais il y aurait de quoi. A te voir, on dirait que tu te prends pour la reine d'Angleterre !

Katherine détestait les scènes en public – d'autant plus que le chauffeur et le garde du corps, installé à l'avant, étaient tout ouïe ; rien ne les empêcherait, dès le lendemain, d'appeler la presse à sensation... Elle appuya sur un bouton qui fit monter la vitre les séparant d'eux.

– Calme-toi, Giancarlo, et cesse de faire l'enfant.

– Moi aussi, j'ai été célèbre ! Aussi célèbre que toi !

– Tu me l'as déjà dit ! Pourquoi ne pas en faire un disque ? Arrête de te comporter en idiot jaloux.

– Ne me traite pas d'idiot, sinon tu le regretteras ! Enfin, fais comme tu veux. Comme d'habitude !

Un silence de plomb régna dans la limousine jusqu'à leur arrivée au Breakers. Giancarlo alla se coucher, l'air maussade, tandis que Katherine et Brenda prenaient un dernier verre.

– Je ne sais pas ce qui lui prend ! soupira Kitty. Et c'est de pire en pire, j'ai l'impression de ne plus savoir qui il est. Depuis notre mariage, on dirait qu'il est devenu quelqu'un d'autre, comme s'il avait deux personnalités différentes.

– Mets-le à la porte, dit froidement Brenda.

– Je ne peux pas... Nous sommes mariés depuis trois mois, les choses ont à peine commencé. Peut-être qu'en réalité je ne suis pas faite pour le mariage.

– C'est surtout lui qui n'est pas fait pour toi. Flanque-le dehors. Tu as fait une erreur, bon, et alors ?

– Je n'ai pas l'intention de renoncer, Brenda. Du moins, pas avant la fin du tournage. A ce moment-là, je te jure que si Giancarlo n'a pas cessé de se comporter en schizophrène, je divorcerai. Mais après l'achèvement du film.

Brenda leva son verre :

– Je bois à ta décision – que j'espère prochaine !

Le lendemain, toutefois, dans l'avion, Giancarlo reprit l'interminable exposé de ses griefs. Katherine ne pensait qu'à sa carrière, cela lui montait à la tête, elle ne songeait pas un instant aux autres ; égoïsme, narcissisme, mégalomanie étaient les moindres de ses défauts. Cela dura jusqu'à ce qu'elle ne puisse en supporter davantage :

– Écoute-moi bien, pauvre fou : nous ne sommes mariés que depuis trois mois, mais si tu continues, j'arrête les frais dès notre arrivée en France. Compris ? C'est la fin de l'histoire, comme tu me l'as dit une fois, et je parle sérieusement.

Cela eut au moins l'avantage de le faire taire : il se contenta de contempler, l'air morose, les épais nuages qu'on apercevait par le hublot. Kitty s'en alla retrouver Brenda, avec qui elle passa le reste du trajet à boire.

Souriant, le directeur du Ritz s'inclina avant de quitter la suite, où ils venaient de s'installer. L'un des avantages de la célébrité est de toujours pouvoir trouver, à la dernière minute, une chambre dans le meilleur hôtel, une table dans le meilleur restaurant.

Giancarlo se tourna vers Katherine et, d'une voix tremblante, dit :

– Chérie, je t'en supplie, pardonne-moi... Je suis accablé par ce que j'ai dit et fait. Je me suis comporté comme un imbécile, je le sais...

Elle lui jeta un regard froid :

– Je ne sais pas pourquoi tu te comportes comme un porc, et je ne suis pas sûre de tenir à le savoir. Tu me fais des scènes en public, tu m'insultes, tu m'humilies, et maintenant voilà que tu prends un petit sourire triste, en disant que tu es accablé ! Et tu espères t'en tirer comme ça ?

– Mais c'est vrai ! A certains moments, je ne sais pas ce qui me prend. Kitty, je t'en supplie, pardonne-moi.

Katherine alla s'asseoir sur un sofa :

– Je ne te comprends pas. Je t'aime, ou du moins je t'ai aimé, je t'ai épousé, mais je ne te comprends toujours pas.

– Moi non plus.

– Giancarlo, il faut que je sache ce qui ne va pas. Les trois derniers jours ont été abominables.

Il s'affaissa dans un fauteuil, mit la tête dans ses mains et soupira, l'air si malheureux que Kitty dut résister à la tentation de le consoler : ç'aurait été une erreur fatale. Quels que soient les démons qui puissent le tourmenter, la seule solution était de l'aider à les dominer – ou de mettre un terme à leur mariage.

– Je ne peux tout simplement pas continuer comme ça, si tu te comportes de cette façon. Je deviens incapable de réfléchir... de penser au film... ou à quoi que ce soit.

– Personne ne le comprend mieux que moi, chérie, et j'en suis mortifié, mort de honte, vraiment... Je ne comprends pas ce qui me prend...

– As-tu pensé à consulter un psy ? Giancarlo, tu as besoin d'aide, et je suis prête à te soutenir. Il le faut, d'ailleurs, car autrement notre mariage est condamné.

Il marcha d'un pas lent jusqu'à la fenêtre, regarda dehors, puis dit à voix basse :

– Je n'ai pas besoin d'un psy, chérie. Je sais de quoi j'ai besoin, et je pensais l'avoir trouvé en toi : une femme qui m'aime assez pour comprendre ma souffrance, et qui m'accepte tel que je suis, qui comprenne que parfois je traverse des tourments auxquels je ne peux rien. C'est comme si... ça arrivait à quelqu'un d'autre...

– Continue, dit-elle, encore sur ses gardes.

– Ça a commencé il y a longtemps. Je ne sais pas si tu crois à toutes ces salades psychologiques, mais si oui, je suppose qu'on pourrait dire que c'est mon enfance qui a fait de moi ce que je suis.

– Comment ça ? demanda Katherine, toujours méfiante : il se pourrait bien qu'il lui fasse un grand numéro.

Le ciel si bleu virait au gris ; des nuages s'en vinrent assombrir la pièce.

– Ma mère était quelqu'un de très bizarre... comme mon père, d'ailleurs...

– Continue, dit Kitty, d'une voix plus douce.

C'était la première fois que Giancarlo lui parlait de son enfance ; il avait abondamment évoqué le temps de sa célébrité, mais sans jamais dire grand-chose de sa famille.

– Mon frère cadet, Luchino, était leur favori. J'avais trois ans de plus que lui. Dès qu'il est venu au monde, mes parents se sont mis à me critiquer et à m'humilier en permanence... Nous étions pauvres, et naturellement il passait toujours le premier. Quand tu sauras qu'en plus j'étais très mauvais élève à l'école... Il était très beau, très grand, et très intelligent. Mes parents l'adoraient et me méprisaient.

– Tu ne pouvais pas te confier à quelqu'un, une tante, un de tes grands-parents ?

– On ne pense pas à ça quand on a dix ans. Et d'ailleurs, qu'est-ce que j'aurais dit ? « Papa et Maman ne m'aiment pas, ils préfèrent Luchino » ? J'avais toujours pensé que s'il disparaissait, ma vie deviendrait à peu près supportable. Et en définitive, tu vois, je l'ai tué.

– Tué ? s'exclama Katherine, stupéfaite.

– Oui. Il est temps que je te dise tout. Ensuite tu décideras. C'était la veille de son septième anniversaire. Il y eut un orage très violent, comme il y en a parfois en été dans la vallée du Pô ; ils arrivent d'un seul coup. Il y avait du tonnerre et des éclairs, Luchino a eu peur et s'est mis à pleurer. Je lui ai dit de se taire, mais il a commencé à hurler – il voulait sa mère.

– Et où était-elle ?

– Là où elle était toujours, dans la cuisine, occupée à coudre, à se faire un chapeau ou un corsage. Nous n'étions pas riches, mais ça ne l'empêchait pas d'avoir une garde-robe de premier ordre ! Luchino s'est levé, il s'est avancé jusqu'en haut des escaliers, en hurlant toujours. Je l'ai secoué et lui ai crié de la fermer...

– Et puis ?

– Et puis... dans l'obscurité, il a trébuché et il est tombé en bas des marches, que notre mère, en bonne petite-bourgeoise, cirait toujours soigneusement.

Kitty redoutait la réponse à la question qu'elle allait poser, mais il le fallait bien :

– Alors ?

– Il s'est brisé la nuque, chuchota Giancarlo. Mes parents ont cru que je l'avais poussé, mais c'est faux, c'est faux... je le jure devant Dieu.

Katherine s'approcha et prit sa main d'un air hésitant :

– Que s'est-il passé ensuite ?

– Beaucoup de larmes, beaucoup d'hystérie, beaucoup de souffrance... Mes parents me traitaient comme si je n'existais pas. Ils me parlaient à peine, et toujours pour m'injurier. Il y a quatre ans, ma mère est morte d'un cancer ; je ne suis même pas allé à l'enterrement. Mon père l'a suivie un an plus tard.

– Et tu n'avais personne à qui parler ?

– Pour finir, Quentin. Nous étions allés nous installer à Rimini après la mort de Luchino, et je chantais dans les pizzérias, sans le dire à mes parents, pour me faire un peu d'argent de poche. J'avais dix-sept ans. Il m'a dit qu'avec ma voix et mon allure, je pourrais devenir le nouvel Adriano Celentano. J'ai quitté Rimini avec un sac à dos, je suis allé à Rome, Quentin est plus ou moins devenu mon manager. Je n'avais pas prévenu mes parents, je ne leur ai pas dit où j'étais, et je ne crois pas qu'ils se soient beaucoup inquiétés de mon départ...

– Giancarlo, soupira Katherine en le prenant dans ses bras, tu aurais dû me dire cela plus tôt. Maintenant je comprends tout.

Il s'était mis à pleuvoir à verse ; les touristes s'étaient dispersés en toute hâte, et on entendait au loin gronder le tonnerre. Elle jeta un coup d'œil furtif à Giancarlo, qui sourit :

– N'aie pas peur, chérie. Depuis ce jour, l'orage ne m'a plus jamais effrayé.

Puis il plongea les yeux dans les siens et dit :

– Kitty, tu es la seule femme que j'aie vraiment aimée. Tu es la seule que j'aie jamais pu aimer. Si parfois j'ai l'air un peu difficile... le mot est sans doute trop faible... disons... impossible... accepteras-tu de me pardonner, en de tels moments ?

Elle hocha la tête, le cœur plein d'espoir :

– Oui, chéri, je te pardonnerai. Et je promets que j'essaierai de te comprendre.

16

Kitty se lança avec enthousiasme dans la préproduction de *Tout ce qui brille* : ses journées se passaient en essayages – costumes et perruques étaient magnifiques –, en auditions d'acteurs anglais et français, et en répétitions avec le metteur en scène, Joe Havana.

Joe avait connu de gros succès avec des mini-séries d'inspiration très réaliste, même si les chaînes semblaient ne plus lui faire beaucoup confiance. C'était un Italo-Américain petit et trapu, à l'abondante chevelure grise, au cigare vissé en permanence entre les dents. Quentin avait eu l'idée de faire appel à lui. Katherine le trouvait sympathique, sans être pleinement convaincue qu'il saurait diriger un film historique ; mais elle refusait de s'en inquiéter, ses nuits étant de nouveau pleines de la passion et des protestations d'amour de Giancarlo.

Chaque jour, elle discutait au téléphone avec Tommy, qui se donnait tellement de bon temps en compagnie de Todd, qu'il n'était toujours pas décidé à venir à Paris. Ce dont elle était ravie : voilà au moins un problème qui lui serait épargné. Il lui avait juré avoir renoncé à la drogue, mais il y avait tant de tentations dans la capitale... Elle savait par ailleurs que le père de Todd était quelqu'un de très strict, qui saurait surveiller les deux jeunes gens. Et puis Paris était un lieu magique, en ce début d'été – et depuis sa confession, Giancarlo était un homme nouveau, qui l'aimait plus que jamais.

Une fois le tournage commencé, ils prirent l'habitude de se retrouver chaque soir au bar du Ritz, avec une partie de l'équipe et des responsables, pour bavarder et discuter des événements de la journée. C'est là qu'un jour Joe arriva et, se jetant dans un fauteuil, s'écria :

– Ce scénario est débile !

– N'est-il pas un peu tard pour t'en rendre compte ? demanda Giancarlo, sarcastique. Cela fait déjà six jours qu'on tourne. Qu'est-ce qui ne va pas ?

– La chaîne dit qu'il va falloir beaucoup travailler dessus, et ça les inquiète. Bien entendu, ça leur serait égal si un lauréat du prix Pulitzer l'avait écrit !

– On n'a plus le temps, intervint Katherine. Il faut que je recommence à tourner dans *les Skeffington* dès la fin du mois de septembre.

– Je sais, je sais, mais la chaîne menace de nous couper les vivres si on ne soumet pas la chose à un scénariste, et sur-le-champ !

– Et comment ? gronda Giancarlo. En premier lieu, il est impossible d'en dénicher un en aussi peu de temps, tout comme de modifier la logistique, l'équipe technique et les acteurs. Pourquoi le scénario ne marcherait-il pas ?

– Parce que la chaîne le dit. Elle ajoute que si on le tourne tel qu'il est, ça se transformera en désastre.

– Mais c'est faux ! s'écria Katherine. C'est un scénario formidable, tout le monde le sait !

– Nous, oui, soupira Joe. Malheureusement, les enfants, le branleur qui nous a donné le feu vert vient de se faire virer, et le branleur qui lui a succédé veut qu'on modifie tout de fond en comble pour viser le public des moins de vingt-cinq ans ! Incroyable, non ?

– C'est inepte ! s'écria Giancarlo. Ah ! vous autres Américains ! Comment veulent-ils moderniser le XVIIIe siècle français ?

– Oui, ça ne va pas être de la tarte, admit Joe. Mais un bon scénariste pourrait s'en charger, et fissa. Si on veut que ça marche, les enfants, il faut bien en passer par là.

– Et Steve ? suggéra Kitty. Steven Leigh ? Il sait écrire des dialogues remarquables, et je sais qu'il est libre. Il peut réécrire un scénario en une nuit. C'est d'ailleurs ce qu'il fait en permanence pour *les Skeffington* !

– Appelle-le, dit Joe en allumant l'un de ses éternels cigares. Et dis-lui de s'amener par le prochain avion !

Steven vint donc à Paris. Il en fut soulagé : cela faisait près de deux mois qu'il ne travaillait pas, et il avait l'impression de devenir fou. Non seulement la maison était vide sans Mandy et les deux jumelles, mais, de surcroît, Katherine lui manquait. Il savait, sans jamais se l'avouer, qu'il l'aimait, qu'il l'avait peut-être toujours aimée, et l'aimerait toujours.

Il la retrouva dans l'un des bureaux de la production : jamais elle ne lui avait paru aussi belle. La tension qu'il avait discernée sur son visage et dans ses yeux semblait avoir disparu. Peut-être ce fichu mariage allait-il marcher, en fin de compte. Il l'espérait bien, en tout cas – ou plus exactement il pensait l'espérer.

Ils travaillèrent sur le nouveau dialogue, si bien qu'en moins de dix jours Steven avait écrit quelque chose qui parut suffisamment « moderne » à la chaîne pour que de nouveau elle leur donne le feu vert. Le tournage reprit donc à Paris vers la fin juillet.

Steven passa la tête dans l'entrebâillement de la porte de la loge.

– Entre, dit Katherine, j'en ai presque terminé.

Elle était assise devant sa coiffeuse, exquise en robe de satin blanc d'époque, avec une authentique parure de diamants, et une perruque massive qui semblait ondoyer sur sa tête à grand renfort de vagues et de boucles. Steven en eut le souffle coupé.

– Alors, ça va ?

– Oui, merci. On dirait bien que tout est de nouveau

sous contrôle. Je comprends ce qui pousse Giancarlo à se comporter comme il le fait de temps en temps.

– De quoi s'agit-il ?

– Je ne peux pas te le dire maintenant, Steve. Une autre fois, peut-être. Nous avons éclairci certaines choses. Je ne réclame pas ta pitié, simplement ta compréhension.

– C'est trop beau pour être de toi, dit-il, taquin. De qui est-ce ?

– Tennessee Williams, *Les Doux Oiseaux de la jeunesse.*

On frappa à la porte.

– Au boulot, Kitty ! lança l'assistant metteur en scène. On est prêts !

Steve la prit par le bras :

– Bonne chance, ma belle. Tu vas être magnifique, je le sais.

Au lieu de s'installer au studio, avec les autres producteurs, Giancarlo avait préféré occuper une petite pièce à l'hôtel. Il y avait accumulé ses habituels gadgets technologiques et, quand il ne discutait pas avec Joe Havana ou ne téléphonait pas à Lew Lupino ou à un responsable de la chaîne, passait le plus clair de ses journées devant son ordinateur. Kitty le voyait à peine, sauf quand ils sortaient dîner le soir. Ils ne manquaient pas de sujets de conversation : après tout, la production s'était assuré la participation d'acteurs prestigieux, comme John Gieguld et Jeanne Moreau, Louis XV étant incarné par Gérard Leblanc, grosse vedette en France depuis près de trente ans. Il venait d'atteindre la cinquantaine, et teignait discrètement une chevelure grisonnante, mais n'avait rien perdu de sa séduction ; pour Katherine, après quatre ans d'affrontements avec le très irascible Albert Amory, c'était un vrai plaisir d'avoir pour partenaire quelqu'un d'aussi charmant.

Le tournage avait repris depuis près de trois semaines quand, un beau jour, Brenda arriva en courant dans la loge de Kitty :

– Je viens d'avoir Maria au téléphone, elle est au bord de l'hystérie ! Elle dit que la compagnie d'électricité menace de nous couper le courant !

– Tu plaisantes !

Katherine s'apprêtait à donner la réplique à Sir John Gieguld, ce qui la rendait passablement nerveuse. Une maquilleuse poudrait de blanc sa poitrine abondamment découverte – des rembourrages lui remontaient les seins –, elle était prise dans un corset abominablement serré, et une énorme perruque de près de trente centimètres reposait sur sa tête en équilibre instable : marcher sans qu'elle s'écroule constituait un véritable exploit.

– Hélas, non ! Maria m'a bien dit que si le courant était coupé, elle s'en irait ; or, il nous faut quelqu'un là-bas. Elle est à peu près tout ce qui reste en fait de personnel.

– Il va falloir que tu t'en occupes. Il faut que j'aille sur le plateau, Sir John attend et je suis déjà en retard.

– D'accord, d'accord. Comme tu le sais, toutes les factures sont transmises à ton cher époux.

– Je sais. Je signe les chèques une fois qu'il les a remplis, et tu les envoies. Où est le problème ?

– Tu en as signé, récemment ?

– A bien y réfléchir... pas depuis quelques jours avant la soirée. Je crois que ça fait plus d'un mois.

– En effet. Je sais que je ne devrais pas t'embêter avec tout ça, mais Maria m'a dit aussi que, justement, aucun des fournisseurs de la réception n'avait été payé. Tous sont venus frapper à la porte, du traiteur à l'orchestre, elle en devient folle.

– Mais où sont passées les factures ? Pourquoi Giancarlo ne m'a-t-il pas donné de chèques à signer ?

– Va lui demander ça dans sa tanière.

Brenda n'avait jamais fait beaucoup confiance à Giancarlo – le sentiment était d'ailleurs réciproque –, mais comme les choses semblaient s'être calmées, elle préférait tenir sa langue. Kitty, de son côté, n'avait pas pris garde au paiement des factures ; comme presque tous les acteurs, elle ne s'en préoccupait nullement. Quand Giancarlo avait pris la direction de ses affaires, elle avait fait comme il le lui demandait, et téléphoné aux banques et aux conseillers financiers pour vérifier ses chiffres. Mais elle s'était bientôt sentie si sûre que tout était en ordre qu'elle avait vite renoncé.

– J'en discuterai avec lui ce soir, Brenda, dit-elle, mais maintenant c'est impossible. Sir John attend, et je tremble comme une feuille !

En fait, le tournage s'étant prolongé jusque tard dans la soirée, Katherine dut attendre le lendemain matin. Pour la même raison, elle serait libre, et comptait consacrer la matinée à faire du shopping en compagnie de Brenda. Auparavant, elle s'en alla frapper à la porte du bureau de Giancarlo.

– Qu'est-ce que tu veux ? dit-il d'un air maussade, comme s'il rechignait à la laisser entrer.

– Parler avec toi, chéri. C'est important.

– Bon, bon, allons dans notre suite.

Il s'apprêtait à refermer la porte quand Katherine, le repoussant, entra dans la pièce. C'était une réplique presque exacte de son bureau de Los Angeles, à ceci près que le mobilier, sur lequel étaient posés ordinateurs et classeurs, était de style Louis XV.

Alice était là, vêtue de la mini-jupe la plus courte que Kitty ait jamais vue, et prenait des notes d'un air studieux. Giancarlo lui fit un geste de la main : elle se leva aussitôt et s'en fut.

– Je croyais que tu allais faire du shopping ? demanda-t-il.

– C'est bien mon intention, mais il y a un petit problème dont nous devons discuter.

A ce moment, les yeux de Katherine tombèrent sur une pile de factures qu'elle examina rapidement :

– Giancarlo, bon sang, tu te rends compte ! Aucune n'est payée !

– Nous avons tout le temps, chérie.

– Mais ce sont celles de toutes les compagnies de cartes de crédit ! Visa, Diners, American Express, j'en passe, et il y en a pour des milliers de dollars ! Pourquoi ne m'as-tu pas fait signer de chèques !

L'air toujours aussi revêche, Giancarlo contemplait le plafond avec obstination.

– Je vais faire du shopping aujourd'hui, et si les factures n'ont pas été payées, les banques refuseront d'honorer mes règlements par carte !

– Je me suis occupé de tout, chérie, je leur ai envoyé les documents nécessaires. Tout ira bien. Ne t'en fais pas.

Cela sur un ton traînant qui signifiait : « Tais-toi, sinon tu cours aux ennuis. »

Katherine lui jeta un regard furieux :

– Tu ferais mieux de préparer ces chèques, Giancarlo. Et pas cet après-midi ou ce soir, maintenant.

– Peut-être que oui, peut-être que non.

– Un conseil, fais-le, dit-elle d'un ton mauvais. Sinon j'enverrai tout à Ken et lui dirai de s'en occuper.

– Mieux vaudrait que tu t'en abstiennes, chérie, répondit-il, glacial. Je t'ai dit que je m'en chargeais. C'est moi qui traite tout ça, alors occupe-toi de tes affaires, va faire l'actrice et ne te mêle de rien.

– Comment ! Ce sont mes affaires !

– Katherine Bennett, tu n'avais rien quand je t'ai rencontrée, et tu n'auras plus rien sans moi. Souviens-toi bien de ce que je te dis. Tu ne comprends strictement rien à la finance, et tu perdras tout si je ne suis pas là pour te guider.

Elle fut scandalisée de l'entendre parler ainsi : c'est qu'il avait l'air d'y croire ! Kitty préféra pourtant ne pas insister. Après tout, elle avait son propre chéquier.

– Si tu penses vraiment ce que tu viens de me dire, c'est que tu es complètement fou.

Là-dessus, elle claqua la porte, retourna dans sa suite et fit un chèque à la compagnie d'électricité, tiré sur son compte personnel.

– Voilà, Brenda. Envoie ça immédiatement par Federal Express. Et allons faire un peu de lèche-vitrines !

– Oui, dit Brenda, tu l'as bien mérité !

Mais au grand embarras de Kitty, aucune de ses cartes de crédit ne fut acceptée dans les boutiques où elle passa ce matin-là. Rouge de colère et de honte, elle rentra à l'hôtel, furieuse, pour y trouver une pile de chèques bien rangés. Plus étonnant encore, Giancarlo était de nouveau tout charme et tout sourire.

Toutefois, Katherine n'avait pas l'intention de mordre à l'hameçon :

– Est-ce que tu te rends compte dans quelle situation tu m'as mise ? Ça m'est arrivé une fois à New York avec les impôts, et j'ai juré que plus jamais je ne serais humiliée de cette façon ! Plus jamais, tu m'entends ?

Il eut un sourire éblouissant et tenta de lui prendre la main, mais elle recula aussitôt.

– Chérie, chérie, calme-toi, bon sang. Tu es surexcitée, il n'y a pas de quoi en faire un drame. Tu travailles trop.

– Oh que oui ! Je dois apprendre mon texte tous les jours, j'étouffe sous ces perruques et ces corsets, et voilà qu'en plus j'ai des problèmes d'argent ! Tu essaies de me rendre folle, ou quoi ?

– Chérie, tout va bien. Tu sais que je me charge de tout en permanence, n'est-ce pas ?

Il avait passé les bras autour de sa taille, l'air protecteur. Elle le regarda bien en face :

– Pour l'amour du ciel, arrêtons ces jeux idiots. Je n'en peux plus, je n'en peux plus.

– Kitty, tu t'imagines des choses. Je ne fais que ce que je crois être le mieux pour toi, je ne veux que ce que tu veux, parce que je t'aime plus que je ne m'aime moi-même.

Il eut un sourire angélique, l'embrassa, la prit dans ses bras et la conduisit vers la chambre.

Katherine se sentit très nerveuse en enfilant son peignoir. C'était un ensemble de mousseline compliqué, avec des rubans de soie, et aussi du Velcro, habilement conçu pour paraître en révéler beaucoup – mais pas suffisamment pour offenser les censeurs.

Dans la scène qu'elle s'apprêtait à tourner, le roi entrait, passablement ivre, et la trouvait fouillant dans un de ses coffres. Il s'ensuivait un échange de répliques de plus en plus fiévreuses, puis le souverain, d'abord furieux, semblait changer d'idée en cours de route... le peignoir en faisait les frais.

Gérard Leblanc se montrait extraordinaire : à la fois sensuel, violent, terrifiant. Kitty en fut stupéfaite : ce n'était plus de la comédie, mais la réalité même ; on n'était plus sur un plateau, mais à Versailles en 1750...

La fin de la scène avait été véritablement chorégraphiée dans les plus infimes détails. Leblanc la jeta sur le sofa ; Katherine se tortilla pour lui échapper, se leva d'un bond et parvint presque à s'enfuir, mais il s'empara d'un bout du peignoir, qu'il déchira net. Il s'ensuivit une lutte furieuse, à l'issue de laquelle il la repoussa sur le lit. Les choses allaient devenir particulièrement intéressantes quand Joe lança :

– Coupez ! Parfait, les enfants, parfait !

L'équipe tout entière applaudit. Gérard, qui paraissait pouvoir entrer et sortir de son rôle à volonté, sourit, salua, et s'apprêtait à baiser la main de Katherine quand celle-ci poussa un cri perçant : elle venait de ressentir une douleur atroce au niveau de l'estomac – si atroce que, sans pouvoir parler, elle s'effondra sur le sofa.

– Appelez une ambulance ! s'écria Steven, livide.

– Bon Dieu ! s'exclama Joe. Trois semaines de tournage, et la vedette principale nous fait une crise cardiaque ! C'est bien ma veine !

– Il n'y a que ça qui t'intéresse ? lança le scénariste d'un ton glacial.

– Non, mais on a eu assez de problèmes comme ça. Je vais demander à ASAP si Donna Mills est libre. Si on n'a pas quelqu'un pour remplacer Kitty au pied levé, on va être dans le pétrin !

Une ambulance emmena à toute allure Katherine, Brenda et Steven jusqu'à l'hôpital le plus proche. Deux internes et une infirmière arrivèrent presque aussitôt, alertés par Brenda :

– Il a bien fallu que j'explique qui elle était, expliqua-t-elle à Steve.

Tous trois repartirent avec Katherine, déposée sur une civière, sans que ses deux compagnons soient autorisés à la suivre.

Kitty fut, sans cérémonie, dévêtue jusqu'à la taille. Une infirmière lui fixa des électrodes sur le torse, prit sa tension, vérifia que le cœur battait normalement, et lui fit une piqûre qui la plongea dans le sommeil.

Alice entra dans le bureau que Giancarlo avait installé dans une pièce de l'hôtel. Comme d'habitude, il y régnait un ordre immaculé : les classeurs étaient soigneusement fermés à clé, les ordinateurs recouverts de housses de plastique. Elle se demanda, tout excitée, s'il ne serait pas en train de dormir dans la pièce voisine. Maintenant qu'elle était à Paris, ils avaient plus souvent l'occasion de faire l'amour.

Elle passa sur la pointe des pieds dans la chambre, en prenant bien soin de ne pas faire de bruit : il ne détestait rien tant que d'être réveillé. Jamais elle n'avait connu d'homme qui aimât à ce point dormir – et faire l'amour. Bien qu'à peine âgée de vingt ans, Alice avait déjà eu affaire à un certain nombre d'hommes – mais aucun ne s'était montré aussi viril et passionné que Giancarlo.

Elle passa la tête par l'entrebâillement de la porte, et sourit. Il était là, endormi comme un bébé. Alice commença à se dévêtir, puis se dit qu'elle allait lui faire une surprise. Elle allait revêtir une de ces tenues très particulières qu'il aimait tant, qu'il dissimulait dans l'une des armoires où il stockait ses fichiers. Elle seule en avait la clé. Pas question de le réveiller, cela l'agacerait. Elle attendrait, allongée dans le fauteuil, qu'il ouvre les yeux.

C'était un ensemble compliqué de bandes de cuir noir, qui se croisaient sur son corps en en révélant les zones les plus érotiques. Qu'est-ce que sa vieille garce de femme en penserait ? songea Alice en gloussant, avant de hausser les épaules. Peu lui importait : pour elle, le monde tournait autour de Giancarlo, et elle entendait bien que cela continue.

– Mais où est donc passé Giancarlo ? grogna Steve.

– Je n'en sais rien, répondit Brenda d'un ton lugubre. L'hôtel m'a dit qu'il était sorti. Il va m'entendre en arrivant !

– Il devrait être là avec elle, bon sang ! Quel taré !

– Steve, nous savons tous deux à quoi nous en tenir.

La secrétaire de Giancarlo finit par téléphoner en fin d'après-midi :

– Nous avons reçu votre message, dit Alice d'une voix un peu essoufflée. Comment va Mme Valmerio ?

– Nous n'en savons rien, ils sont encore en train de faire des examens. Où est son mari ?

– Au bureau. Il... euh... il dort.

– Il dort ? A quatre heures de l'après-midi ?

– Je sais, je sais, répondit Alice d'un ton contrit. J'ai essayé de le réveiller, mais pas moyen. Vous savez comment il est, ajouta-t-elle en gloussant.

– Non, et je ne tiens pas à le savoir ! Réveillez-le, et dites-lui que Kitty est vraiment mal ! Il se peut qu'elle ait eu une attaque ! Dites à la Belle au bois dormant que nous sommes toujours à l'hôpital, et que nous y resterons tant que Kitty aura besoin de nous.

– Vous avez prévenu Tommy ?

– Nous nous sommes dit qu'il valait mieux ne rien lui dire. Ça pourrait le bouleverser. Et il le sera beaucoup plus si sa mère meurt.

17

Bien que la chambre d'hôtel soit plongée dans l'obscurité, Brenda se rendit compte que Kathy était éveillée, et s'approcha sur la pointe des pieds, portant un plateau qu'elle déposa sur la table de chevet :

– Comment ça va ?

– Beaucoup mieux, répondit Katherine en se redressant. Je ne me sens pas très fière ! Les journaux ont raison : Kitty Bennett est prête à tout pour qu'on la remarque, dit-elle avec un faible sourire.

– Tu as voulu trop en faire.

– Comme tout le monde ici, soupira Katherine en s'emparant d'un croissant. Enfin, l'essentiel c'est que j'aille à peu près bien. Si tu savais quelle peur j'ai eue en ressentant cette douleur ! Je me suis vue partir ! Jamais je n'ai autant souffert !

– Le médecin dit que c'est toujours comme ça avec une gastro-entérite. Ça fait horriblement mal.

– Une gastro-entérite ? C'était donc ça ? Ça manque un peu de classe ! gloussa Katherine en s'attaquant aux œufs brouillés. Je vois d'ici les gros titres : « Affronter le roi Louis donne la diarrhée à la somptueuse Paulette de Waldner. » Je ne vais pas avoir l'air très maligne devant l'équipe !

– Le médecin a dit que tu étais nerveuse et que ça a provoqué des spasmes, qui naissent généralement du stress.

– Le stress, moi ? Je ne sais pas ce que c'est !

– Enfin, il a aussi ajouté que ça n'aurait pas de suites, mais il faut vraiment que tu évites tout ce qui peut te stresser.

En particulier ton mari, songea-t-elle.

– Tommy est au courant ?

– Je l'ai appelé chez Todd, mais bien entendu j'ai présenté tout ça comme étant sans gravité.

– C'est bien. Je ne veux pas lui donner de raison supplémentaire de s'inquiéter, surtout après ce qui est arrivé à Johnny.

– Écoute, Johnny l'avait cherché. Tout le monde sait que quand on en est à soixante cigarettes par jour, on va droit aux ennuis.

– Ça sera vraiment terrible pour Tommy quand son père mourra. Il a vraiment beaucoup d'affection pour lui.

– Ça n'est pas ton problème. Tu en as déjà suffisamment, ne te charge pas de ceux des autres.

– Autrement, quoi de neuf ?

– Je crois que je ferais mieux de te montrer ceci, soupira Brenda en lui tendant un exemplaire de *France-Soir*. C'est pénible, je sais, mais il faut que tu le voies. Le téléphone n'a pas arrêté de sonner de la matinée ! Apparemment, tous les journaux de la planète veulent savoir en exclusivité quel effet ça fait de frôler la mort.

– Quel salopard ! s'exclama Kitty en examinant le cliché. Comment a-t-il réussi à entrer dans l'hôpital ?

Brenda haussa les épaules :

– Il a graissé la patte à quelqu'un, comme d'habitude. Au moins tu es recouverte d'un drap ! S'il était arrivé cinq minutes plus tôt, il aurait pris des photos autrement intéressantes !

– J'ai l'air d'un vrai désastre !

– En effet.

– Et ils ne sont même pas fichus de donner mon âge ! Quarante-quatre ans ! Je ne les aurai que dans quelques mois !

– C'est bien la presse à sensation, en France comme ailleurs ! Ne te laisse pas abattre.

– Je n'en ai pas l'intention.

– Oh ! à propos, Giancarlo est passé te voir hier soir, mais tu étais complètement dans le cirage. Il est en route, les bras chargés de roses et prêt à déposer son cœur à tes pieds.

– C'est bien, dit Katherine qui soupira : il me manque.

– Je sais, je sais.

Brenda se garda bien de croiser le regard de Kitty. Elle se souvenait de la scène dont elle avait été témoin la veille au soir, dans le bureau de Giancarlo : Alice perchée sur le lit, passant les mains dans les cheveux du bel Italien, et murmurant à son oreille. Ce n'était pas exactement le genre de détail dont elle tenait à informer Katherine. Du moins pas pour le moment.

Une semaine plus tard, Giancarlo entra dans la loge de Katherine et, posant une pile de chèques sur la coiffeuse, dit simplement :

– Signe.

Tout le monde était sur le pont : Brenda, Mona et Blackie entouraient Kitty, dont ils s'apprêtaient à lacer le corset – véritable torture à laquelle il fallait procéder deux fois par jour. Tous trois étaient d'ailleurs plutôt inquiets : elle paraissait particulièrement pâle et fragile.

– Pas en ce moment, chéri. Je suis occupée.

– Fais comme tu veux, dit-il d'un ton dédaigneux. En tout cas, veille à ce que Brenda les envoie par Federal Express.

– Oui, chef ! Bien, chef ! lança l'intéressée sans le regarder.

Giancarlo lui jeta un regard mauvais. Ni l'un ni l'autre ne faisaient plus beaucoup d'efforts pour dissimuler leur animosité réciproque. Brenda était bien décidée à tout dire à Katherine, mais pensait que mieux valait attendre la fin du tournage.

Ce soir-là, Katherine signa des chèques d'un montant total de quatre-vingt-quinze mille dollars, que Brenda expédia aussitôt par Federal Express. Une semaine plus tard, toutefois, alors qu'ils tournaient à Chartres, un fax arriva de la banque :

> *Nous regrettons de vous informer que les fonds déposés sur les comptes de Mme Katherine Bennett étaient insuffisants pour couvrir ses derniers chèques. Nous avons dû interrompre les paiements à hauteur de quarante-sept mille dollars. Veuillez nous contacter. Amicalement, Henry S. Belver, Bank of America.*

Brenda en fut horrifiée : Katherine lui avait bien dit que Giancarlo lui avait mis de l'argent de côté, et qu'elle avait presque sept cent cinquante mille dollars sur ses comptes. Et voilà qu'ils étaient presque vides ! Il est temps d'aller affronter le lion dans son repaire, songea Brenda.

Giancarlo avait transformé une chambre de l'hôtel où ils logeaient en bureau rempli de ses habituels gadgets technologiques. Elle entra sans prévenir et ne se perdit pas en circonlocutions.

Il s'empara du fax, qu'il froissa en boule avant de le jeter à terre.

– Aneries ! C'est bien les banques ! Ils ont dû déplacer les fonds d'un compte sur l'autre ! De toute évidence, ils ont fait une erreur. Si tu n'es pas convaincue, appelle-les et demande-leur ce qu'ils ont fait de l'argent de Kitty.

– C'est à toi de le faire. Après tout, c'est toi le génie de la finance, non ? Et c'est toi qui contrôles les fonds, c'est en toi que Kitty a confiance. Écoute-moi bien, Giancarlo Valmerio. Je ne compte pas prévenir Kitty, elle a assez d'ennuis comme ça. Mais tu ferais mieux d'arranger les choses tout de suite, sinon...

– Sinon ? dit-il d'un ton lassé, en contemplant le plafond.

– Sinon je lui dis ce que je sais.

– Et quoi donc ?

– Tu sais parfaitement. Rends-lui cet argent, Giancarlo, car je sais que tu l'as pris. Et alors je m'abstiendrai de lui parler de cette jolie rousse.

Il lui jeta un regard insolent qu'elle lui rendit, sans qu'il parvienne à lui faire baisser les yeux, puis finit par dire :

– D'accord, Brenda, laisse-moi m'occuper de ça. Je discuterai avec la banque, ils ont sans doute fait une erreur informatique, du moins je ne vois pas d'autre explication.

– Oui, ça doit être quelque chose comme ça, répondit Brenda en essayant de ne pas paraître trop sarcastique. Je retourne sur le plateau, dans ce cas. Nous feras-tu le plaisir extrême de ta présence, aujourd'hui ?

– Non, j'ai trop de choses à faire.

Il fit pivoter son fauteuil et se mit à pianoter sur son ordinateur :

– Je parlerai avec Kitty ce soir.

Tommy arriva, bronzé, l'air heureux, pour passer les deux dernières semaines de tournage avec sa mère. Il boitait encore un peu, mais les choses paraissaient devoir s'arranger. Toutefois, s'il traîna sur le plateau, et s'en alla dûment visiter les musées, il fut vite évident qu'il s'ennuyait. Brenda suggéra de l'emmener en tournée gastronomique.

– Nous nous gorgerons de cuisine française, et j'aurai sans doute doublé de volume en rentrant !

– Je suis jalouse ! s'exclama Katherine en riant.

Le lendemain, Giancarlo la prévint qu'il avait à régler des affaires urgentes concernant son projet d'hôtel dans le Nevada. Ce soir-là, elle alla dîner avec Steve dans un petit restaurant des environs de Chartres, un de ces endroits inconnus des guides touristiques où la cuisine est si délectable que les habitués se gardent soigneusement d'en donner l'adresse.

Steve travaillait toujours sur le scénario, et tout le monde s'accordait à dire qu'il faisait du très bon boulot. Kitty avait bu quelques verres d'excellent vin ; elle se sentait portée aux confidences.

– Parfois, je pense que les choses ne pourraient pas être pires. Le gros problème, c'est que Giancarlo semble avoir pris tout d'un coup la manie du secret. Il n'a jamais été très ouvert, mais désormais il ne veut plus rien me dire sur quoi que ce soit. C'est comme s'il était quelqu'un d'autre, et menait une autre vie qu'il veut tenir parfaitement séparée de la mienne. On dirait même qu'il ne s'intéresse plus au film. Je me demande si en fait ce n'est pas l'aspect financier qui le retient, et rien de plus. Je n'ai vraiment pas l'air douée pour le mariage...

– Ça n'est pas parce que le premier a échoué, et que le second se met à tanguer, que les choses sont désespérées. Tout le monde a le droit de faire des erreurs, Kitty. Arrête les frais, si tu le désires, et ne te transforme pas en martyre.

– Ça n'est pas mon genre.

– Peut-être devrais-tu te débarrasser de lui. Du moins je te le conseille, dit Steve en servant à boire à Katherine. Il ne te fait aucun bien. Ensuite tu pourras recommencer à zéro.

– Le problème, c'est qu'en dépit de tout, je l'aime encore, et que je comprends ses problèmes, qui sont passablement... compliqués.

– Alors, garde bien les yeux et les oreilles ouverts, et essaie de conserver un peu d'avance sur lui quand tu réfléchis.

– C'est ce que je fais en permanence. Ne t'inquiète pas tant pour moi, Steve.

L'amour est aveugle ! songea amèrement le scénariste – qui entendit aussitôt une petite voix intérieure lui dire ironiquement : « C'est une autocritique ? »

Brenda éprouvait le besoin de confier à quelqu'un les soupçons qu'elle nourrissait envers Giancarlo. Elle finit donc par raconter à Steve tout ce qu'elle savait, et une bonne part de ce dont elle se doutait.

Il n'en fut pas surpris :

– Ça ne m'étonne pas : j'ai toujours pensé que ce type était un salopard.

– Qu'est-ce que nous allons bien pouvoir faire ?

– Pour le moment, rien. Il faut d'abord qu'elle vienne à bout du tournage, et alors nous serons là pour lui venir en aide. En attendant, ouvrons l'œil.

Katherine était décidément de plus en plus lassante, songea Giancarlo. Pour tout dire, elle l'ennuyait, au lit comme ailleurs. Son amour insensé pour son petit imbécile de fils, ses inquiétudes, son narcissisme, sa carrière d'actrice... sans compter cette fichue Brenda, qui ne la quittait pas d'une semelle.

En fait, il commençait également à se lasser d'Alice, mais au moins elle lui accordait ce qu'il aimait, contrairement à Kitty, qui, du point de vue sexe, ne serait jamais qu'une brave Américaine incapable d'apprécier les joies du sadomasochisme. Fort heureusement, elle était si épuisée, en ce moment, qu'elle s'endormait à peine couchée.

Giancarlo avait besoin de faire l'amour comme d'autres ont besoin de manger et de boire ; au fond, peu lui importait la – et parfois le – partenaire. Il était toutefois suffisamment sagace pour comprendre que lorsqu'on avait fait une aussi belle prise que Katherine Bennett, mieux valait lui donner ce qu'elle voulait : serments d'amour éternel et sans limites, passion romantique... Les femmes s'y laissent prendre aisément, parce que beaucoup d'hommes sont trop fainéants pour se donner le mal nécessaire. Mais pas Giancarlo.

Il songea à Éléonore Norman. Au moins, voilà une femme qui partageait ses fantasmes, qui ferait n'importe quoi pour parvenir à l'extase. Il avait passé bien des matinées et des après-midi à lui faire l'amour pendant que Kitty était au studio. L'Anglaise se délectait à l'idée de voler le mari de sa rivale, ce qui lui procurait un plaisir que seule égalait sa crainte de ce que Giancarlo ferait si elle se risquait jamais à trahir leur secret. Non qu'elle y pensât sérieusement : elle le désirait trop, comme toutes les autres. Le pouvoir qu'il avait sur les femmes était presque surnaturel.

Dès son retour, Giancarlo annonça qu'il allait renvoyer Tommy à Los Angeles.

– Tu passes trop de temps avec lui, dit-il à Katherine. Tu devrais étudier ton rôle, et dormir un peu plus.

Elle lui jeta un regard glacé ; c'était vraiment la goutte d'eau qui fait déborder le vase.

– J'espère que tu plaisantes ?

– Il faut que tu te reposes. Tu as l'air d'une ruine.

– Comme c'est gentil. Il n'est pas question que j'envoie Tommy où que ce soit. Il viendra avec moi à Antibes et à Venise. Et n'essaie pas de me manipuler, Giancarlo ; je n'ai pas l'intention de jouer à ton petit jeu.

– Tu passes des soirées entières avec lui, pas étonnant que la chaîne dise que tu as l'air lessivée le matin.

Katherine savait qu'il n'en était rien : la magie des éclairages de Laszlo la rajeunissait, elle paraissait plus belle que jamais. Mais elle était trop lasse pour discuter et, bien qu'elle détestât le reconnaître, trop effrayée. Le comportement de Giancarlo devenait si bizarre qu'il lui était impossible désormais de prévoir ce qu'il allait faire.

– Si tu divorces, je raconterai tout à la presse, et je leur dirai quelle garce tu es ! lança l'Italien d'un air mauvais.

Kitty se leva, furieuse :

– J'en ai assez de tes insultes et de tes menaces, et j'aime mieux te dire que si tu ne changes pas d'attitude, je divorcerai bel et bien.

– C'est ça, et tu passeras pour une idiote aux yeux de la planète entière ! Six mois de mariage, et madame a des vapeurs !

– Je me fiche éperdument de ce qu'on pensera. C'est ma vie, pas une répétition théâtrale.

– Vas-y, vas-y ! Il faudra que tu me cèdes la moitié de ce que tu possèdes ! Si tu gagnes de l'argent, Katherine Bennett, c'est grâce à moi. Je te préviens, n'essaie pas de te débarrasser de moi, parce que tu ne pourras pas. Tu vas donc me faire le plaisir de renvoyer ton crétin de môme à la maison.

– Mon fils reste avec moi, là où il doit être.

– Fais comme tu veux, après tout. Je me fous complètement de ce qui peut lui arriver. Mais sois prévenue : plus de vagues !

Il sortit en claquant la porte.

Katherine savait qu'elle devait faire quelque chose. Mais elle avait peur, et surtout se sentait assez mal – ce qu'elle s'était bien gardée de dire à qui que ce soit. Tourner ce fichu film devenait de plus en plus épuisant ; parfois, à peine levée, elle était prise de vertiges, au point parfois de vomir. Elle se demandait même si cela ne signifiait pas en fait qu'elle était enceinte. Sa vie semblait s'écouler au ralenti ; le seul moyen d'espérer en sortir, c'était d'attendre la fin du tournage, et d'ici là de se plier à tout ce que voulait Giancarlo.

Elle avait peur de lui, désormais, sentant qu'il avait le pouvoir de la détruire, alors même qu'elle n'avait pas le temps de réfléchir. On aurait dit qu'on venait en permanence cogner à sa porte pour lui annoncer la reprise immédiate du tournage.

Elle soupira et, se levant, se dirigea vers le plateau.

Le tournage à Chartres s'acheva enfin ; le plus gros du film était en boîte. L'histoire se terminait à Venise ; avant de s'y rendre, l'équipe tournerait deux jours à Antibes. Le second après-midi, Giancarlo tint à emmener Kitty, Brenda et Tommy faire un tour sur l'eau. Katherine aurait adoré pouvoir se détendre un peu au soleil, mais cela lui était strictement interdit : Paulette de Waldner se devait de garder ce teint laiteux si prisé au XVIIIe siècle. Ce fut pourtant un vrai plaisir de pouvoir somnoler, même à l'ombre, tandis que le bateau fendait les flots de la Méditerranée. Giancarlo se montra exceptionnellement charmant. Il semblait être redevenu l'homme qui l'avait séduite, mais elle ne mordit pas à l'hameçon. Kitty ne désirait plus qu'une chose, qu'il la laisse en paix ; la passion qu'elle avait éprouvée pour lui n'était plus que cendres. Pourvu qu'elle ne soit pas enceinte ! Katherine soupira, lassée. Il faudrait d'abord venir à bout de ce film, puis de leur mariage...

Ils allèrent pique-niquer sur une plage, sous un grand parasol – pâtés de campagne, fromages du pays, baguettes, le tout arrosé d'un rosé local passablement corsé –, puis Kitty reprit sa sieste, tandis que Giancarlo décidait de faire un peu de ski nautique. Tommy le suivit des yeux tandis qu'il évoluait avec aisance, et soupira :

– Ah ! M'man, c'est vraiment rageant de ne pas pouvoir en faire autant ! J'en ai vraiment assez de boiter et de devoir prendre des précautions.

Puis il parut se décider et lança :

– Je ne voulais pas te le dire pour ne pas t'inquiéter, parce que tu en subis déjà assez comme ça, mais j'ai reçu un coup de fil de Papa ce matin. Il a des ennuis...

– Et quoi donc, chéri ?

– Il m'a dit que la semaine dernière, en rentrant de l'hôpital où il va suivre un traitement, il est tombé sur un type des impôts qui l'attendait.

– Ça arrive à tout le monde, Tommy.

– Aux autres, je sais pas... en tout cas, il a dit à Papa que si fin septembre il n'avait pas réglé huit mille dollars, ils allaient le saisir et tout le tremblement. Papa est vraiment secoué, c'est un dernier avertissement ou un truc du même genre. Tu crois qu'on peut l'aider ?

Et les problèmes recommencent, songea Kitty. Mais, prenant son fils par les épaules, elle dit d'une voix douce :

– Nous ferons ce que nous pourrons, chéri. Je ferai tout mon possible pour l'aider, je te le promets.

Ce soir-là, tandis que Blackie et Mona s'affairaient autour d'elle dans sa caravane, Katherine réfléchit à la manière la plus diplomatique d'informer Giancarlo qu'elle comptait donner de l'argent à son ex-époux. Ils avaient déjà eu là-dessus des querelles que Kitty détestait, aussi préférait-elle céder. Mais, cette fois, les choses étaient différentes. Si elle abandonnait Johnny à son sort, jamais elle ne se le pardonnerait – et Tommy non plus.

On frappa à la porte, et Giancarlo – qu'elle n'attendait pas – entra, portant une grande boîte recouverte de cuir rouge.

– C'est pour toi, chérie, minauda-t-il. Bon anniversaire.

Katherine fut stupéfaite de découvrir les boucles d'oreille – perles noires et diamants. Elles étaient vraiment superbes, et devaient valoir au moins vingt mille dollars. Comment diable a-t-il pu les acheter ? Et si c'était avec mon argent ? pensa-t-elle.

– Elles sont merveilleuses, Giancarlo, dit-elle, un peu lasse. Mais ce n'est pas mon anniversaire, il ne tombe que dans huit mois ! Alors ?

– Pour moi, c'est ton anniversaire tous les jours, chérie, répondit-il en l'embrassant dans le cou.

Blackie et Mona échangèrent des regards entendus, tandis que Katherine, se dégageant, allumait une cigarette.

– Elles sont vraiment charmantes. Merci.

– Pas aussi charmantes que toi, reprit-il en lui embrassant le bout des doigts.

Kitty se dit que c'était le moment ou jamais.

– Les enfants, dit-elle, ça vous ennuierait de nous laisser deux minutes ? J'ai à parler avec Giancarlo.

Une fois seuls, elle lui expliqua ce qu'elle comptait faire pour venir en aide à Johnny.

– J'espère que tu plaisantes ! s'écria-t-il. Donner huit mille dollars à cette épave ? Pas question.

– Giancarlo, je suis désolée, mais c'est bien ce que je compte faire.

– Katherine, il n'est pas question que je donne le moindre sou, à ce déchet !

– Mais tu n'as rien à donner du tout, Giancarlo. C'est mon argent. Tu ne vois donc pas ce que ça représente pour moi ? Et surtout pour Tommy ?

Le visage de Giancarlo se tordit de fureur, et il se mit à hurler – sans même se rendre compte que toute l'équipe, juste à côté, entendait. Katherine finit par exploser :

– Écoute-moi bien, espèce de fumier ! Je ne sais pas pour qui tu te prends, ou ce qui te fait croire que tu peux me manipuler ! En tout cas, je vais envoyer cet argent à Johnny dès demain, et rien ne m'en empêchera, tu m'entends ?

– Alors, nous en resterons là, dit-il. J'en aurai fini avec toi.

– Oui, et ce ne sera pas trop tôt.

– Espèce de garce ! Tu es vraiment telle que la presse te décrit !

– Si c'est ce que tu crois, tu ferais peut-être mieux de débarrasser le plancher ! Sors d'ici, et laisse-moi en paix ! Laisse-moi m'occuper de ma vie, laisse-moi m'occuper du film !

Il y avait dans les yeux de Giancarlo comme une lueur démente :

– C'est ce que tu veux ? lança-t-il d'une voix perçante.

– Oui. Notre histoire est terminée. Je veux que tu sortes de ma vie pour de bon, et à l'instant même !

On frappa, et l'assistant du metteur en scène, un peu mal à l'aise, lança :

– Katherine, on a besoin de toi, toute l'équipe attend.

– Je m'en fous ! gronda Giancarlo. Dégagez ! Je parle à ma femme !

– Giancarlo, tu ne vas quand même pas empêcher le tournage !

– Tu crois peut-être que ça m'intéresse ? hurla-t-il. Tu crois vraiment que je pense à ton minable petit film de merde ?

Il la saisit par les épaules et se mit à la secouer furieusement, non sans mettre à mal la perruque de Kitty, ornée d'oiseaux, de perles et de fleurs, qui tombèrent sur le plancher.

– Arrête, Giancarlo ! Arrête ! s'écria-t-elle, en essayant de dominer la peur qui l'envahissait.

– Pauvre idiote ! Pauvre idiote ! Jamais tu ne retrouveras quelqu'un comme moi ! Jamais !

Puis il lui passa les mains autour du cou.

– Pauvre imbécile ! Je suis ton mari ! Ton mari ! Et n'essaie plus jamais de me quitter, tu m'entends ? Sinon je te tue !

Incapable de respirer, et encore moins de parler, Katherine planta ses ongles dans les mains de Giancarlo, tout en se sentant défaillir. Un voile rouge semblait flotter devant ses yeux, et son cœur battait si fort qu'elle crut qu'il allait exploser. Puis la porte de la caravane s'ouvrit toute grande. Steven et Blackie entrèrent en toute hâte :

– Qu'est-ce qui se passe, bon Dieu ? s'exclama le scénariste.

Giancarlo leur tournait le dos. Il s'immobilisa puis, relâchant Kitty, se tourna vers les deux hommes avec un grand sourire :

– Bonsoir ! J'aidais Katherine à se préparer.

Se tournant vers elle, il chuchota :

– Je vais envoyer le chèque à Johnny, chérie, c'est comme si c'était fait, ne t'inquiète pas.

Il se dirigea vers la porte, s'arrêta, fit demi-tour, et dit, souriant toujours :

– Je pars pour Venise demain, chérie. Il me faudra un jour ou deux pour que tout soit prêt avant votre arrivée.

Et il disparut.

Kitty se laissa tomber dans le fauteuil, tandis que Blackie entreprenait de réparer les dommages infligés à son maquillage. Ce n'est pas le moment de se laisser aller, songea-t-elle. Pas question de s'apitoyer sur elle-même, de s'évanouir. Il fallait qu'elle se reprenne, qu'elle tourne cette scène qu'ils devaient finir ce soir. Il ne restait que sept heures avant l'aube, ce qui voulait dire qu'ils étaient déjà très en retard.

Brenda fit son entrée, ramassa sans mot dire les colifichets qui traînaient par terre, et les tendit à Mona qui tentait de remettre en état la perruque.

– Qu'est-ce qui s'est passé ? demanda-t-elle.

– Rien, dit Katherine, qui se tourna vers Blackie et Mona. Ça vous ennuierait d'aller retaper la perruque chez la coiffeuse, les enfants ? J'ai besoin de cinq minutes avec Steven et Brenda, d'accord ?

Pour la seconde fois de la soirée, ils quittèrent la pièce.

– Ce type est un psychopathe, dit Steven. Un sadique ! J'en ai déjà rencontré un ou deux, mais comme celui-là, jamais ! Ces gens n'ont aucune moralité, le malheur est qu'ils savent se montrer incroyablement charmeurs.

– Comment ai-je pu être assez sotte pour me laisser prendre ? Comment a-t-il pu y arriver ?

– Kitty, bon sang, ça n'est pas de ta faute. Il est beau, charmant, affectueux, mais incapable de ressentir ou de prendre en compte d'autres sentiments que les siens. Ça peut durer des années sans que les autres s'en rendent compte, car ces types sont toujours des menteurs très brillants, et de redoutables manipulateurs persuadés d'avoir toujours raison, qui marcheront sur tout le monde pour obtenir ce qu'ils veulent.

– C'est-à-dire ? demanda Katherine, qui avait de plus en plus envie de vomir.

– En général, le pouvoir, l'argent, et surtout le contrôle de tout et de tous ceux qui les entourent. Je suis désolé d'avoir à te dire ça.

– Comment ai-je pu le laisser prendre une telle emprise sur ma vie ? Tout ça est de ma faute.

– Allons, allons ! Il est arrivé au bon moment, et il s'est bien débrouillé, intervint Brenda. Il est malin, je dois bien le reconnaître.

– Mais qu'est-ce que je vais faire ? Il contrôle tout ce qui concerne mes finances, mes contrats, mes affaires ! Tout est dans son bureau, et il refuse de transmettre quoi que ce soit à mon avocat ! Il m'empêche d'y accéder, et tout est enfermé dans des classeurs dont il est le seul à avoir la clé.

– Tu veux dire qu'il a tout fait venir de L.A. ? demanda Steve qui eut un sifflement admiratif. D'abord Paris, puis Nice, et ensuite Venise ? C'est franchement bizarre.

– Et de l'argent a disparu de mes comptes. Brenda a essayé de me le cacher, mais je m'en suis aperçue.

– Je m'excuse de te l'avoir dissimulé, dit Brenda, je pensais au film avant tout.

– Bon Dieu ! s'exclama Steve. Combien manque-t-il ?

– J'ai contacté la banque, ils m'ont dit que l'argent était bel et bien rentré, mais qu'il était reparti le lendemain.

– Et vers quel compte ?

– Comment savoir ? Quand je lui pose la question, Giancarlo me répond que je n'y connais rien, que je suis idiote. Et si j'insiste, il me traîne devant son ordinateur, fait défiler sur l'écran des chiffres bidons et dit : « Regarde, Kitty. Voilà la vérité : tu vaux plus d'un million de dollars en liquide, alors cesse de geindre. » C'est comme d'être sur une balançoire : on monte, on descend... Il y a quelques jours, il a menacé de détruire toutes les données financières, pour que j'aie des ennuis avec les impôts ! Et voilà que des centaines de milliers de dollars semblent avoir disparu de mes comptes ! Il faut que j'aie ces informations, et tout est sous clé !

– Ça devient vraiment de pire en pire, dit Steven d'un air sombre.

– Tu ne vas pas me croire : il faut que je lui demande la permission de lire mes contrats ! Et parfois il ne me laisse même pas les voir ! J'ai vraiment été idiote, et tout le monde va dire que j'ai bien mérité ce qui m'arrive, mais je travaillais si dur qu'il me paraissait plus facile de laisser glisser.

– Comment peux-tu aimer ce type ? C'est un innommable salopard.

– Je ne l'aime plus, Steve. Seulement... il faut du temps pour tomber amoureuse de quelqu'un, il faut du temps pour s'en déprendre.

On frappa de nouveau à la porte :

– Katherine, on t'attend, le temps presse !

– Et c'est reparti ! soupira celle-ci.

Mona revint pour remettre la perruque en place, sans dire mot.

– Vas-y, ma belle, dit Steve. Je repars pour L.A. demain, et je vais réfléchir pour t'aider à sortir de ce désastre.

– Merci, Steve. C'est vraiment toi le meilleur, dit Katherine en sortant.

Il se tourna vers Brenda :

– Bon Dieu, il faut que quelqu'un fasse quelque chose pour mettre ce cinglé hors d'état de nuire, et j'ai bien l'impression que je vais devoir m'y coller.

18

Comprendre qu'elle portait sans doute l'enfant de Giancarlo remplit Katherine d'épouvante. Il restait moins d'une semaine de tournage. Il lui faudrait poursuivre la sinistre comédie du mariage jusqu'à son retour à L.A., où elle pourrait entamer une procédure de divorce. Elle avait cessé de craindre ce que les autres pourraient en penser, ne songeant plus qu'à se sortir de là, à n'importe quel prix.

Elle devait d'abord découvrir ce qu'il avait fait de son argent. Il serait nécessaire d'ouvrir ses armoires, de trouver les logiciels, les dossiers et les documents dont Ken Stringer avait besoin pour lui remplir sa déclaration d'impôts. Giancarlo prétendait ne disposer d'aucune sauvegarde, ce qui manifestement était un mensonge ; il conservait tout, et il faudrait qu'ils mettent la main dessus. Kitty devait se confier à la seule personne en qui elle ait totalement confiance. Brenda était un vrai roc – ce que Kitty ne pouvait guère dire de sa mère.

Véra avait appelé de New York, officiellement pour évoquer les dernières apparitions de sa fille dans la grande presse, mais en réalité pour lui faire des remontrances.

– Kit-Kat, Liz Smith raconte dans sa rubrique de ce matin que Giancarlo passe de plus en plus de temps loin de toi, et que vous n'êtes plus aussi unis qu'avant. C'est vrai ?

– Non, Maman. C'est pour ça que tu me téléphones ?

– Giancarlo est quelqu'un de bien, chérie. Tu ferais mieux de t'accrocher à lui.

– Oui, Maman.

Katherine se demanda avec lassitude comment Véra pouvait savoir quoi que ce soit sur Giancarlo, à part ce qu'elle lisait dans les journaux. Sa mère était bien la dernière personne avec qui discuter de ses problèmes.

Elle avait pourtant vraiment besoin de parler, aussi demanda-t-elle à Brenda de dîner en sa compagnie le soir précédant leur départ pour Venise. Toutefois, à peine s'étaient-elles installées dans la chambre de Katherine que Giancarlo fit son apparition sans prévenir. Brenda se leva aussitôt, en marmonnant :

– Bonne nuit – et bon débarras !

Puis elle secoua la tête et sortit, sans que Kitty puisse faire quoi que ce soit pour la retenir.

Giancarlo s'était arrêté devant le miroir, où il examinait son reflet, sourcils froncés. Il avait le look « détendu » qu'il affectionnait depuis peu : coûteux *bomber* de cuir aux épaules rembourrées, d'un bleu pétrole particulièrement malsain, pantalon et chaussettes assorties. Cela contrastait bizarrement avec son raffinement d'autrefois : son élégance avait quelque chose de criard et de bon marché.

Kitty alla s'asseoir devant sa coiffeuse et entreprit de se brosser les cheveux :

– Je croyais que tu devais partir pour Venise aujourd'hui ?

– Toi aussi, tu essaies de te débarrasser de moi ?

Il se glissa derrière elle et se mit à défaire les nœuds de satin de sa chemise de nuit.

– Qu'est-ce que tu fais ?

– D'après toi ?

– Giancarlo, je t'en prie, arrête.

– « Giancarlo, je t'en prie, arrête ! », lança-t-il d'une voix moqueuse. Tu es ma femme, Kitty. Tu l'as peut-être oublié ?

– Si seulement je pouvais ! répliqua-t-elle en s'éloignant.

Pourquoi n'avait-elle pas eu l'idée de mettre un vieux

peignoir de bain, et non cette tenue aussi suggestive ! Mais il faisait si chaud...

– Il fait une chaleur épouvantable, je suis épuisée et demain je me lève tôt.

– Ah bon ? dit-il, encore plus sarcastique. Il n'est que dix heures du soir, chérie, et moi je ne suis pas fatigué du tout.

Il la saisit par le bras, la traîna vers le lit, où il la jeta avant de venir s'allonger à côté d'elle.

– Giancarlo, je t'en prie, non !

– Et pourquoi non, ma diva bien-aimée ?

Ses mains se refermèrent sur le cou de Katherine :

– Boucle-la, garce !

Il la gifla avec violence. Elle le regarda, stupéfaite : jamais il ne l'avait frappée, ni même jamais menacée. Elle voulut hurler, mais il lui couvrit la bouche de sa main. Ce qui suivit donna à Kitty l'impression de durer des siècles. Puis il se leva sans mot dire et passa dans la salle de bains.

Sa veste de cuir était restée sur le lit. Furieuse, épouvantée, Katherine la fit tomber à terre d'un coup de pied – et entendit un petit bruit métallique. Baissant les yeux, elle aperçut un trousseau de clés dépassant d'une poche. Des clés ! Une bonne dizaine... Lesquelles pouvaient ouvrir les classeurs dont il interdisait l'accès ? Giancarlo était sous la douche : il chantait cette ballade italienne qu'elle avait entendue pour la première fois à Saint-Tropez. Pas de danger qu'il entende quoi que ce soit.

Examinant le trousseau, Kitty y remarqua deux petites clés plates identiques. Impossible de prendre les deux, mais l'une d'elles devait ouvrir au moins quelques-uns des classeurs. Elle en choisit une au hasard, la glissa dans son sac à main, puis alla de nouveau s'allonger sur le lit, épuisée.

Quelques minutes plus tard, il sortit de la salle de bains en sifflotant :

– Je pars ce soir à Venise, chérie, afin de tout préparer pour toi.

Elle ne répondit rien.

– C'est tout l'effet que ça te fait ? demanda-t-il d'un ton moqueur.

– Qu'est-ce que je suis censée dire ? Merci ? Quel amant merveilleux tu es ? Si tu disparaissais ?

– Tu pourrais au moins déclarer que je te manquerai. Tu vas me manquer, en tout cas.

– Oui, après m'avoir violée ! Si tu crois que je vais te regretter, c'est que tu es fou !

– Tu as adoré ça ! Comme toutes les autres ! Oh ! à propos, ce n'est plus la peine de t'inquiéter au sujet de tes histoires de compte en banque. Je t'ai expliqué un million de fois quel était l'état de tes finances.

Kitty le contempla, sans pouvoir dissimuler son dégoût, puis alla s'asseoir devant sa coiffeuse et entreprit de recommencer à se brosser les cheveux. Plus qu'une semaine et elle en aurait fini avec Giancarlo Valmerio. Pas question, toutefois, de lui faire savoir que sa décision était prise. Il lui fallait être plus habile que lui. Elle avait au moins la clé ouvrant ses classeurs – pourvu que ce soit la bonne...

– Réponds-moi, Kitty. Réponds-moi.

– J'ai cru... enfin, je me faisais des idées fausses, dit-elle en se méprisant de mentir. C'est à cause du tournage, tout ça est épuisant... Je suis lessivée, je me demande si en fait je ne suis pas malade.

– J'en suis navré. Je t'aime, chérie, tu le sais. Quand tout ça sera terminé, nous irons quelque part ensemble dans un endroit perdu, en amoureux...

La voix de Giancarlo avait retrouvé toute sa douceur : elle se tendit, craignant qu'il ne veuille de nouveau faire l'amour.

– Tu sais que je ne veux que ton bien, parce que je t'aime.

Elle eut un sourire crispé tout en réprimant avec difficulté une envie de vomir. Combien de fois l'avait-elle entendu ressasser de telles formules éculées ? Combien de fois avait-elle été assez sotte pour y croire ? Leurs regards se croisèrent : elle ne vit dans le sien que cette tendresse et cet empressement qui l'avaient si longtemps attirée. Mais Kitty savait désormais à quoi s'en tenir. C'était un psychopathe, et si elle voulait lui échapper, il faudrait le battre à son propre jeu. Elle se sentit très lasse. Tout son corps lui faisait mal, elle savait désormais que son mari était une brute sadique, un menteur et un escroc. Au moins avait-elle la clé. La chance allait tourner. Il le fallait.

Son travail de réécriture terminé, Steven devait rentrer à Los Angeles. Il décida cependant de s'arrêter à Paris, pour y mener sa petite enquête concernant le mari de Katherine. Giancarlo Valmerio, né le 4 décembre 1947... C'était plutôt maigre. Il faudrait commencer par les journaux, puisque Giancarlo avait, paraît-il, été une vedette de la chanson durant les années 60.

Il contacta un de ses vieux amis, Félix Laffite, journaliste au *Parisien libéré*, et grâce à lui eut accès à ce que dans la presse on appelle « la morgue » : des archives fort complètes, pleines d'innombrables dossiers individuels, grâce auxquels on peut rédiger en une heure la nécrologie de tel ou tel. Aucun, toutefois, ne portait le nom de Valmerio. Ce devait être un pseudonyme. Katherine avait raconté à Steven qu'à Saint-Tropez, les invités avaient été ravis de l'entendre chanter : c'est donc qu'il avait été célèbre. Mais sous quel nom ?

Steven et Félix se retrouvèrent dans un café. Le scénariste tendit à son ami une photo récente :

– Ça te dit quelque chose ?

Le journaliste examina le cliché :

– Une vedette de la chanson, d'après toi ? A quelle époque ?

– Vers le milieu des années 60.

– En tout cas, sa tête ne m'est pas inconnue... Hé, c'est le mari de Katherine Bennett ! Je me souviens que le journal avait envoyé des photographes à Versailles, il y a quelques semaines... mais lui n'était pas dans le coin. Tu sais ce que nous allons faire ? On va demander au spécialiste maison : il a une mémoire d'ordinateur.

Laurent Délanger était assis derrière son bureau, disparaissant presque derrière les piles de compacts qui s'y accumulaient. Il étudia longuement la photo de Giancarlo sans cesser de tirer sur sa Gauloise :

– Bien sûr ! finit-il par dire. C'est Giacomo Costello. Enfin, il se faisait appeler comme ça, mais ça ne devait pas être son vrai nom. Il a eu deux ou trois succès importants vers la fin des années 60, c'est vrai, avec ce que dans le métier on appelle les « italiâneries » – le ciel, le soleil, la mer, toi et moi ; enfin vous voyez le genre. Des tubes d'été... On gagne de quoi tenir une année entière, et on recommence... Ça n'a pas duré, bien entendu. Je ne sais pas ce qu'il est devenu. Il me semble qu'il a été impliqué dans je ne sais plus quel scandale.

– Un scandale ? De quel genre ? demanda Steven.

– Voyez ça dans les dossiers, répondit Délanger en allumant une nouvelle Gauloise. Tout est là. Il suffit de chercher suffisamment longtemps, et on trouve tout ce qu'on veut sur qui on veut.

Steven s'en retourna donc à la morgue, en quête d'un dossier Giacomo Costello – qu'il trouva presque aussitôt.

Le sieur Costello avait bel et bien été une vedette de la chanson, en France comme en Italie, un peu avant 1967. Peut-être les événements de Mai 68 avaient-ils mis un terme prématuré à sa carrière – l'heure n'était plus à la ballade roucoulante. En tout cas, on ne pouvait s'y tromper : les photos étaient bien celles de Giancarlo, avec vingt ans de moins et des cheveux bruns. Un visage moins marqué, un peu plus rond, mais qui n'avait pas beaucoup changé.

Steven lut toutes les coupures de presse de cette époque avec la plus grande attention, mais sans grand résultat. Aucune ne semblait d'ailleurs postérieure à 68, quand le chanteur était retourné à l'anonymat. Qu'avait-il bien pu faire depuis ?

Tous les articles étaient classés par ordre chronologique. C'est donc en dernier lieu que le scénariste en découvrit un paru dans *Le Monde* en 1984, qui avait pour titre : « Qu'est donc devenu Giacomo Costello ? » On y apprenait que l'intéressé était, l'année précédente, sorti de prison après avoir purgé une peine de sept ans pour bigamie et détournement de fonds.

19

Un garde du corps italien nommé Fabrizio était venu les attendre à l'aéroport Marco Polo. Il emmena Katherine et Tommy, Brenda restant s'occuper des bagages.

Le soleil se couchait déjà ; ils étaient montés à bord d'un canot à moteur qui faisait office de taxi. L'embarcation ralentit pour entrer dans un canal minuscule. Un lourd silence les enveloppait comme une brume. L'eau était noire et crasseuse, l'air paraissait figé, et l'ambiance oppressante, bien qu'on soit encore à la saison touristique. Kitty se frotta le cou. C'était la première fois que Giancarlo se montrait physiquement violent ; ce serait la dernière. Jamais elle ne le reverrait. Ce serait bref et rapide, contrairement au supplice chinois dont il lui avait parlé une fois.

Elle avait tenté plusieurs fois de contacter Steven à L.A., pour lui parler de la clé, mais il n'était jamais chez lui, et le téléphonc portable de Katherine était notoirement imprévisible.

La petite embarcation, après des détours extrêmement sinueux, finit par entrer dans le Grand Canal, où d'énormes *vaporetti* chargés de touristes allaient et venaient. Les deux rives étaient bordées de bâtiments qui paraissaient en ruine, comme toujours à Venise, avec de-ci de-là de petites plates-formes en bois, équivalent local de l'arrêt de bus.

Le centre était plus chic, moins décadent ; les inévitables gondoliers se firent plus nombreux. Ils passèrent devant la maison où Byron avait vécu. La légende disait que chaque matin il se rendait à la nage jusqu'à un établissement voisin, où il prenait le petit déjeuner : à en juger par l'aspect des eaux, mieux valait ne pas essayer aujourd'hui.

Le canot s'arrêta finalement dans un étroit canal d'où ils aperçurent, au loin, le dôme de Santa Maria della Salute, qui ressemblait à un énorme gâteau à la crème.

– Je croyais que nous devions aller au Palazzo Albrizzi, dit Katherine à Fabrizio.

– *Si, si, signora !* C'est bien ce que nous avons fait ! Il a deux entrées, en fait, et la principale est à peu près inaccessible à cette heure, à cause du trafic. Il va falloir marcher un peu, mais ce ne sera pas long. *Scusi.*

Le studio, sachant que Kitty ne tenait pas à être importunée par les touristes, lui avait laissé le choix : l'hôtel ou le palazzo. C'est là, en effet, qu'ils devraient tourner une bonne part des scènes, et le directeur de production pensait que ce serait plus pratique pour elle.

Fabrizio leur fit traverser le Campo della Pescaria, le marché aux fruits et aux poissons près du quai, au milieu de bâtiments aux couleurs vives, typiquement vénitiennes : ocre jaune, terre de Sienne, ambre. Puis, tous trois s'engagèrent dans de petites rues commerçantes où on vendait toutes sortes de souvenirs, des abominables gondoles en fer-blanc aux admirables miroirs, et des masques plus grotesques les uns que les autres. Les ruelles étaient si étroites qu'on devait pouvoir converser sans effort d'une fenêtre à une autre.

Ils parvinrent finalement sur une petite place pavée de pierres. C'était là que se dressait le Palazzo Albrizzi avec sa lourde porte d'un noir d'ébène. Fabrizio sonna ; un maître d'hôtel qui paraissait aussi vieux que le bâtiment vint ouvrir et demanda d'un ton froid :

– Que désirez-vous ?

– *Ecco la signora Bennett e suo figlio.* Voici Alessandro, *signora*, il s'occupera de vous.

Le garde du corps s'inclina et eut un grand sourire qui révéla un nombre considérable de dents en or.

– Je vous laisse.

– Vous n'êtes pas censé rester ici pour veiller sur moi ?

– Non, *signora*, je ne serai là que lorsque vous travaillerez. Telles sont en tout cas les instructions que j'ai reçues de la société de production.

Il la salua et parut s'évaporer aussitôt dans le crépuscule.

– C'est le temps des aventures ! soupira Katherine en haussant les épaules.

– Tout ira bien, dit Tommy. Dis donc, M'man, c'est un endroit un peu bizarre, mais vraiment sympa. C'est dommage que Brenda et moi on ne loge pas avec toi.

Le maître d'hôtel, marmonnant quelque chose d'inintelligible, leur fit signe de le suivre : ils s'engagèrent dans un couloir obscur, où leurs pas résonnèrent sinistrement sur le sol de marbre. Une seule ampoule clignotante, dans une énorme lanterne de fer, éclairait lointainement l'endroit, qui parut devenir de plus en plus sombre ; Katherine ressentit quelque chose d'étrange, comme si la mort flottait dans l'air. La légende voulait que le palazzo soit hanté depuis quatre siècles par le fantôme d'une comtesse que son mari, dans un accès de jalousie, avait décapitée d'un coup de sabre – les Italiens sont plutôt portés à l'exagération.

– Qu'est-ce que c'est que ça ? demanda Tommy en apercevant des armoiries montrant, d'un côté, un chevalier en armure, au casque orné de plumes d'or, et, de l'autre, une main gantée tenant une épée.

– Ce sont les armes de la famille Albrizzi, expliqua Alessandro. Elle a vécu ici cinq siècles durant. Le dernier comte Albrizzi a malheureusement été victime d'un pénible accident voici une vingtaine d'années, et comme il n'avait pas d'enfant, la lignée s'est éteinte. *Che peccato ! Fu una tragedia enorme.*

Mère et fils suivirent le maître d'hôtel dans des escaliers de pierre couverts d'un tapis élimé. En haut, ils parvinrent dans une salle immense, au sol de marbre blanc et noir, et au plafond orné de *putti* de pierre. Plusieurs portes de bois sculpté donnaient on ne savait où.

– La salle de bal ! dit Alessandro avec fierté. La famille Albrizzi y donnait un bal masqué tous les ans. C'est là que se tournera votre film, *signora.*

Katherine hocha la tête, admirant la splendeur baroque de l'endroit, dont les murs étaient ornés de vieux tableaux. Le maître d'hôtel leur fit ensuite emprunter un escalier en colimaçon, et ils atteignirent enfin la chambre de Kitty. Blackie et Mona s'étaient déjà installés dans les pièces voisines pour travailler au tournage du lendemain. Le plafond, très haut, était orné de peintures représentant des nymphes, des bergers, ainsi qu'une sorte de démon au regard énigmatique.

– On se croirait dans un film d'épouvante ! dit Tommy, un peu revenu de son enthousiasme initial. Il faut vraiment que tu t'installes ici ?

Mona vint apporter la superbe robe de bal de Katherine :

– L'endroit me donne la chair de poule ! dit-elle gaiement.

– Et on dit qu'il est hanté ! ajouta Blackie. Je ne crois pas aux fantômes, à L.A. on ne redoute que les tremblements de terre, mais... tu vas vraiment loger ici ?

– En effet, dit Katherine. Je ne sais pas si c'est une très bonne idée.

Elle jeta un coup d'œil aux rideaux de soie rouge autour des fenêtres :

– Drôle de couleur, pour une chambre à coucher ! On dirait que tout est ensanglanté !

– C'est un endroit bizarre, en tout cas, dit Blackie. Le vieux dit que le palais est hanté ! Enfin, tout ça c'est des âneries, poursuivit-il en installant son matériel de maquillage. Cela dit, j'ai vu le portrait de la femme qui a été tuée ici, c'est impressionnant !

– Où est-il ? demanda Katherine. J'aimerais le regarder.

– Dans la salle à manger, intervint Mona. Katherine, tu vas trouver que je suis idiote, mais je pense vraiment que tu ne devrais pas rester ici.

– Je ne crois pas aux esprits.

– Ne dis pas ça ! Ça porte malheur de les provoquer. Enfin, on va essayer ta robe pour voir si elle va.

L'obscurité ne faisait que croître, médiocrement combattue par de faibles lumières électriques, et Katherine ressentit bel et bien quelque chose qui ressemblait à un frisson glacé.

– Je ne crois pas aux fantômes, moi non plus, dit Blackie, pourtant ça ne me plaît pas de savoir que tu vas dormir ici seule.

– Il y a quelque chose ici, avec nous ! s'écria Mona. J'ai la chair de poule !

– Arrêtez un peu, tous les deux ! Je crois que vous avez raison. Je vais demander au studio de me trouver une chambre d'hôtel. Vous savez que cela signifie que l'un d'entre vous devra rester ici, dit Katherine d'un ton espiègle.

– Pas moi ! s'écria Mona en frissonnant. J'aimerais mieux aller dormir sur la place Saint-Marc !

Franco, le directeur de production italien, réussit assez vite à trouver une chambre d'hôtel à Kitty – au Cipriani, où Brenda et Tommy étaient descendus. Il s'excusa auprès d'elle :

– Le *signor* Valmerio nous a assuré que vous désiriez séjourner au Palazzo Albrizzi, en disant que vous aviez besoin d'un peu d'intimité, et teniez à être seule. Je suis désolé.

– Ne vous excusez pas, Franco. Je suis soulagée de ne pas avoir à y dormir. Est-il vraiment hanté par le fantôme d'une comtesse assassinée ?

– Je ne crois pas aux fantômes... ce qui ne veut pas dire que je refuse d'y croire. Mais je me demande pourquoi Giancarlo tenait à ce que vous vous y installiez.

Katherine haussa les épaules. Le comportement de son mari était devenu trop bizarre pour qu'on perde encore du temps à y réfléchir. Il fallait toutefois qu'elle l'empêche d'accéder au plateau. Peu importait la réaction de Giancarlo ; elle ne voulait plus le voir et ne le verrait pas, quelles qu'en soient les conséquences. Elle expliqua le problème à Franco.

– Mais Kitty, il est le producteur du film ! Je ne peux pas lui interdire l'entrée ! Ça fait trente ans que je suis dans le métier, et jamais je n'ai vu ça !

– Franco, tenez-vous à ce que je termine ce film en un seul morceau ? Regardez ça ! dit Katherine en ôtant son écharpe de mousseline.

Il y avait encore des marques sur son cou.

– C'est Giancarlo qui vous a fait ça ?

– Oui. Je peux toujours en parler à Joe Havana, mais il est bien capable d'aller trouver Giancarlo pour lui demander des explications, et ça finira mal. Nous ne pouvons pas nous le permettre alors qu'il ne nous reste que deux jours de tournage.

– C'est impossible, en effet.

Franco était déjà inquiet : le planning était très serré, le temps n'avait pas l'air formidable, et la compagnie américaine qui devait l'engager ensuite n'avait plus l'air très décidée... Pas question de s'attirer des ennuis supplémentaires, sans compter que le budget était déjà dépassé.

– Je vous demanderai de placer des gardes à chaque entrée du palazzo, pour l'empêcher d'entrer, puis de l'appeler pour lui dire que je ne veux pas le voir, et que l'accès au plateau lui est interdit.

Franco soupira.
– Bon, bon, dit-elle, je lui téléphonerai moi-même.

Quand elle appela, toutefois, Giancarlo n'était pas là : ce fut Alice qui répondit. Ne voulant pas lui révéler quoi que ce soit, Kitty lui dit simplement de prévenir Giancarlo pour qu'il lui téléphone à son retour. La secrétaire expliqua, un peu embarrassée, qu'il était brusquement parti pour Rome en raison d'affaires urgentes. Tiens donc !

Katherine aurait bien aimé discuter avec Steven, mais il était injoignable. En attendant de pouvoir le contacter, il fallait qu'elle dresse des plans. Elle demanderait à Brenda d'amener Alice à quitter le bureau sous un prétexte quelconque, tandis qu'elle-même ouvrirait les classeurs, grâce à la clé dont elle s'était emparée.

Katherine contempla les eaux de la lagune en face du Cipriani, où le soleil semait des reflets éblouissants. La matinée était superbe, il faisait déjà chaud ; quel bonheur que d'être ici, plutôt que dans ce sinistre palazzo ! Ils y avaient tourné des extérieurs la veille, et ce soir, enfin, ce serait le tour de la dernière scène, celle du bal masqué, la plus importante du film. En attendant, il n'était que dix heures du matin ; c'était le moment d'aller rejoindre Tommy et Brenda sur la plage.

Kitty avait revêtu un maillot de bain noir sous une robe d'été légère ; mettant des lunettes noires, elle s'empara de son sac de toile et se coiffa d'un chapeau de paille. A peine sortie, elle sentit se dissiper son humeur chagrine : il faisait beau, il y avait du soleil, tout irait bien.

En arrivant sur la plage, elle constata qu'il se passait quelque chose : une foule s'était rassemblée au bord de l'eau, des gens criaient, on entendait au loin la sirène d'une ambulance. Un corps était étendu sur le sol. Elle se rapprocha, envahie par une crainte irraisonnée :

– Tommy !

Mais c'était Brenda, apparemment inconsciente, dont Tommy, en larmes, soutenait la tête :

– Maman, elle est morte, elle est morte ! Elle s'est noyée et c'est ma faute !

Kitty se sentit simultanément envahie par deux sentiments contradictoires : le soulagement à l'idée que son fils était sain et sauf, et une énorme culpabilité à l'idée que sa meilleure amie était morte – et qu'elle-même, un infime instant, avait été heureuse qu'il ne s'agisse pas de Tommy.

Elle sut plus tard ce qui s'était passé. Brenda n'avait jamais été très bonne nageuse, mais elle adorait la mer. Tommy, enfin remis de ses blessures, voulait se donner un peu d'exercice ; il lui avait donc proposé de nager jusqu'aux pontons de bois situés à quelques centaines de mètres. Elle y était parvenue sans trop de problèmes. Au retour, toutefois, l'effort avait manifestement provoqué un accident cardiaque. Le temps que les gardes-plage s'en rendent compte, il était trop tard.

Katherine se versa un nouveau verre d'alcool. Elle ne pouvait croire que Brenda, sa confidente, toujours si gaie, si pleine d'entrain, soit morte. Tommy sanglotait sans arrêt. Elle essayait bien de se montrer courageuse, pour lui remonter le moral, mais gardait dans la gorge une boule qui semblait vouloir l'étouffer.

Le directeur de l'hôtel s'était montré des plus prévenants :

– Il faut que vos amis soient là.

– Je vais les appeler.

– Je m'en chargerai, *signora.* Restez calme. Je vais également appeler un médecin.

Le ciel s'était assombri : on entendait les lointains grondements du tonnerre. Ce qui rappela à Katherine le récit de Giancarlo : un soir d'orage, le frère cadet qui meurt... elle frémit.

Blackie et Mona accoururent en toute hâte au Cipriani, accompagnés de Franco. Tommy, écrasé de chagrin, et qui se sentait coupable, reçut un sédatif ; le médecin suggéra que Katherine prenne un tranquillisant léger. N'en ayant pas l'habitude, elle était passablement dans le brouillard lorsque le téléphone sonna. Mona décrocha :

– C'est Giancarlo.

Kitty prit le combiné sans réfléchir, mais se figea en entendant sa voix :

– Chérie ? Je suis navré de n'avoir pas donné de nouvelles, mais il a fallu que je me rende à Rome en toute hâte. Comment vas-tu ?

L'habituelle voix de miel, aimante, pleine d'affection.

– Non, ça ne va pas ! dit-elle, avant de lui expliquer, sans émotion, ce qui s'était passé.

– Chérie, je suis accablé ! J'arrive immédiatement !

– Non. Je ne veux pas te voir. Ni maintenant, ni ce soir, ni jamais.

– Qu'est-ce que tu racontes ? demanda-t-il d'un ton âpre. Chérie, tu ne parles pas sérieusement !

– Oh ! que si. Franco t'en parlera. Je suis trop épuisée pour discuter davantage.

Elle raccrocha et s'effondra sur un sofa.

Tommy dormait dans la pièce à côté. Blackie s'efforça de réconforter Kitty, qui frissonnait, tout en essayant de se reprendre. C'était la dernière journée. Il fallait terminer ce film, il le fallait. Demain elle pleurerait Brenda, elle pleurerait l'échec de son mariage, mais pour le moment c'étaient là autant de luxes qu'elle ne pouvait se permettre.

– Katherine, dit Blackie, tu ne vas quand même pas tourner ce soir ! C'est impossible !

– C'est indispensable ! intervint Franco. Il faut que nous finissions cette scène. J'ai discuté avec la compagnie d'assurances, qui refuse de payer la moindre compensation au cas où Katherine ne travaillerait pas. Qu'elle soit bouleversée n'est pas prévu par le contrat. Je sais que c'est dur, atroce, mais nous avons convoqué quatre cents figurants, dont certains sont déjà maquillés. Nous devons absolument tourner cette scène.

– C'est inhumain ! gronda Blackie.

– C'est la télévision.

– Franco a raison, Blackie, dit Kitty d'une voix lasse. Il le faut. Brenda aurait été d'accord. Nous tournerons cette scène et nous rentrerons tous aux États-Unis demain. Je veux partir d'ici, comme tout le monde.

– Bon, bon... mais Tommy ? Il n'est vraiment pas en forme, tu crois qu'il pourra prendre l'avion ?

– Le médecin lui a donné des sédatifs. Mona s'occupera de lui, et s'il se repose, ça ira. Mais il faut que je parle à Steven. J'ai reçu un fax très étrange de sa part, il est à Paris. Vous croyez qu'on peut le contacter là-bas ?

Franco secoua la tête :

– Il y a des milliers d'hôtels à Paris, c'est impossible. Je suis sûr qu'il arrivera dès qu'il saura ce qui est arrivé à Brenda.

– Espérons-le, dit Katherine d'un air sombre. Mona pourra s'occuper de Tommy ?

– Bien sûr, dit Blackie, et je peux me charger de ta coiffure. Tu es sûre d'être à la hauteur ?

– Il le faudra bien, répondit Kitty en se tournant vers Franco, à condition que soit réglé le problème dont nous avons parlé.

– Je doublerai les gardes à toutes les entrées du palais, dit l'Italien.

Steven raccrocha, furieux. Il lui avait d'abord fallu contacter les plus grands hôtels de Venise avant de découvrir que Katherine, Brenda et Tommy séjournaient au Cipriani, et voilà que personne n'était là. Il composa le numéro du portable de Kitty, en pure perte : Brenda oubliait toujours de recharger les piles. Il est vrai qu'il était aussi relié à un répondeur installé dans la chambre de Brenda. Rien de très fiable, mais si elle était dans les environs, le message lui parviendrait.

Steven voulait mettre Katherine en garde ; quelque chose lui disait qu'elle était en danger. Il consulta sa montre. Trois heures trente. Tout le monde devait être sur le plateau. Dans quel palais pourri tournaient-ils donc ? Il était incapable de s'en souvenir.

Sans se contenter de l'article du *Monde*, le scénariste avait épluché tout ce qu'il avait pu trouver sur Giancarlo Giacomo et avait découvert des choses très inquiétantes. Escroquer une riche veuve, qu'il avait épousée, lui avait valu sept ans de prison pour bigamie et détournement de fonds. Il avait aussi été inquiété pour une histoire de chantage, dans laquelle était impliquée une femme chez qui il vivait ; mais les poursuites avaient été abandonnées. Les journaux mentionnaient Giancarlo pour la dernière fois en 1985 : il avait épousé à Marrakech une riche héritière italienne – sous le nom de Pierre Rondeau. Après cela, plus rien. Cela signifiait-il qu'il était toujours son époux ? Dans ce cas, son mariage avec Katherine serait nul et non avenu – et il était, de nouveau, bigame.

Kitty, bien entendu, ignorait tout du passé de son mari. Mais elle avait parlé à Steven de ses crises de fureur, de plus en plus fréquentes, et le scénariste s'inquiétait au plus haut point. Il appela la réception de son hôtel :

– Désolé, monsieur. Le dernier vol direct pour Venise est à dix-sept heures, j'ai bien peur qu'il ne soit trop tard pour le prendre.

– Bon Dieu, comment puis-je faire pour me rendre là-bas ?

– Vous pourriez partir de l'aéroport Charles de Gaulle, atterrir à Rome, et prendre la correspondance pour Venise, qui part à vingt heures dix pour arriver une heure plus tard.

Il y eut un froissement de papiers, puis l'homme reprit :

– Il y a aussi un vol direct, qui part à vingt-deux heures vingt pour arriver à vingt-trois heures trente environ. Je dis environ, parce que c'est un appareil à hélice, et que la compagnie annule parfois le vol à la dernière minute, du fait qu'il n'y a pas assez de passagers.

– Mais c'est incroyable ! s'exclama Steven, tout en se rendant compte qu'il lui fallait partir sur-le-champ s'il ne voulait pas manquer l'avion.

– Monsieur, je suis désolé, je ne fais que vous lire les renseignements dont je dispose.

– Excusez-moi, dit Steven. Prenez-moi une réservation sur les deux vols, voulez-vous ? Il faut que je sois à Venise cette nuit même : c'est urgent !

20

Giancarlo était dans le bureau qu'il avait installé au Danielli, en train de tripoter les boutons d'une machine japonaise dernier cri particulièrement complexe, grâce à laquelle il pouvait prendre connaissance de tous les messages laissés sur le répondeur de Kathy. Il avait en effet réussi à convaincre Brenda de l'utilité de la chose, et s'en félicita en entendant la voix de Steven :

– Kitty, je suis à Paris, je vais prendre le prochain avion pour Venise. J'ai des choses à t'apprendre sur Giancarlo, et j'ai bien peur que ça ne soit très désagréable. Outre que ce n'est pas son vrai nom, il a été condamné pour escroquerie et – tiens-toi bien ! – bigamie. Ce qui signifie qu'en fait votre mariage est sans valeur légale. Je te dirai tout dès mon arrivée.

La fureur envahit peu à peu le visage de Giancarlo. On aurait bien dit que la plaisanterie était terminée.

– Oh ! que non, marmonna-t-il. J'ai toujours eu une longueur d'avance sur tout le monde, et j'ai la ferme intention de continuer.

Il songea au Palazzo Albrizzi – il avait persuadé la chaîne d'y tourner la scène du bal –, dont il connaissait parfaitement l'histoire passablement obscure. En prison, il avait, par désœuvrement, lu des livres sur l'occultisme, le surnaturel. Depuis le meurtre de la comtessa Albrizzi, quatre siècles auparavant, beaucoup de gens étaient morts de manière très mystérieuse dans le palazzo. Bien entendu, Giancarlo ne croyait pas un instant aux fantômes, aux démons, à tout ce fatras de superstitions ; mais nombreux sont ceux convaincus de leur existence, et il savait quelle est la puissance de la suggestion.

Le téléphone sonna. Il attendit que le répondeur se mette en route, pour savoir qui appelait, puis décrocha et lança sèchement :

– Oui ?

– Giancarlo ? C'est Franco Fabbri.

La voix lui paraissait plutôt distante. Franco ne connaissait que trop le tempérament de son interlocuteur, qu'il n'appréciait guère, comme d'ailleurs le reste de l'équipe : en neuf semaines, Giancarlo n'était passé sur le plateau que deux fois, et tout le monde ne voyait en lui qu'un gigolo besogneux qui exploitait Katherine.

– Qu'y a-t-il ?

– J'ai de mauvaises nouvelles, et je n'ai pas l'intention de tourner autour du pot.

– Alors ne perdons pas de temps.

Franco lui expliqua donc qu'à la demande expresse de Katherine, il se verrait interdire l'accès au plateau ; ce que Giancarlo accueillit d'abord par un profond silence, puis par un déferlement d'obscénités.

– C'est ce que Katherine veut, dit Franco, et ça se passera comme ça. Mieux vaut que vous restiez à l'écart.

Et là-dessus, il raccrocha.

Giancarlo contempla le téléphone, incrédule. On l'empêchait d'accéder à son propre plateau ? Celui du film qu'il avait mis sur pied pour cette garce ingrate, sa femme ?

– On va voir ça. On va voir ça, madame la diva.

A quatre heures de l'après-midi, Blackie escorta Katherine jusqu'à sa loge. Elle venait de recevoir un coup de fil du chef de rang de l'hôtel, selon lequel elle devait appeler Steven à Paris. Ce qu'elle s'efforça de faire, en vain : un orage abominable s'était déchaîné. Impossible de téléphoner.

Joe Havana paraissait furieux, et il était difficile de savoir qui grondait le plus, de lui ou du tonnerre :

– Bon Dieu, comment mettre cette scène en boîte par un temps pareil ?

L'équipe technique attendait dehors, se préparant à filmer l'arrivée en gondole des invités au bal donné à Venise par Paulette de Waldner. Tous étaient des figurants, ou des seconds rôles : une telle foule rendait la scène horriblement difficile à tourner, d'autant plus que les touristes, péniblement tenus à distance, trouvaient toujours un moyen de se faufiler dans un plan. Le réglage des lumières devenait un casse-tête, à cause des éclairs, et le fracas du tonnerre menait l'ingénieur du son au bord du suicide. Franco suggéra donc à Joe, peu enthousiaste, de filmer plutôt la salle de bal elle-même.

Blackie venait de mettre sa perruque à Kitty, et la maquillait en silence. Elle était pâle et tremblante.

– Blackie, cet endroit me fait horreur. Je sais qu'il est hanté – tu ne sens pas quelque chose ?

– Allons, allons, ne t'inquiète pas. Même s'il est vraiment hanté, les fantômes ne peuvent pas te faire de mal. Ce ne sont jamais que des âmes en peine.

– Comme moi, dit Katherine assombrie.

– Ah ! ne commence pas. Ne t'en fais pas, je veillerai sur toi. Maintenant, allons sur le plateau, il ne faut pas les faire attendre.

Kitty resta assise sur un fauteuil pliant à son nom, dans un coin de la grande salle dallée de marbre, fumant cigarette sur cigarette. Le Valium émoussait toutes ses sensations ; elle se sentait curieusement légère et insouciante. Le souvenir de Brenda lui revint à plusieurs reprises, mais elle le repoussa, en s'efforçant de ne penser à rien. Il fallait qu'elle tourne ces fichues scènes ce soir même. Ensuite, elle en aurait terminé, et pourrait pleurer son amie, ainsi que son mariage. Car il avait pris fin pour de bon. Elle s'était renseignée auprès de Franco, qui l'avait assurée que le palazzo était à l'abri des intrus – et tout spécialement de Giancarlo.

La lourde robe de lamé argent et la monumentale perruque blanche étaient particulièrement difficiles à porter, le corset toujours aussi étouffant – elle avait pris du poids et n'ignorait pas quelle en était la raison... Quelle perversité du destin l'avait donc amenée à être enceinte, ce dont elle se croyait incapable depuis seize ans ? Mieux valait n'y pas penser. Kitty prit une autre pilule. La moiteur étouffante l'avait dissuadée de manger ; elle se sentit prête à défaillir. Respirant les sels qui ne la quittaient plus, elle agita farouchement un énorme éventail à plumetis.

– Ça va ? demanda Franco.

– Tout va bien, répondit-elle avec un sourire un peu las. Des nouvelles de Steven ?

– Non. Le téléphone ne fonctionne plus à cause de l'orage. Quand ça tonne, Venise revient au Moyen Age.

– Steve doit encore être à Paris.

– En tout cas, Giancarlo n'a pas essayé d'entrer.

Katherine eut brusquement l'impression qu'on la regardait. Levant les yeux, elle aperçut un des figurants, un homme de grande taille, à demi perdu dans l'ombre. Il portait une longue perruque bouclée, un chapeau noir à larges bords orné de plumes d'autruche, et un masque d'ébène à l'expression si menaçante qu'elle se sentit très mal à l'aise.

– Qui est-ce ? demanda-t-elle à Franco.

– Lui ? C'est Olivio. Dans le civil, il est pharmacien ! La production a engagé beaucoup de gens du coin comme figurants, ça fera plus couleur locale.

Un peu rassurée, Katherine préféra pourtant contempler l'immense plafond peint, orné d'anges et de chérubins soufflant dans des trompettes ou jouant de la harpe, puis, juste derrière elle, une immense peinture d'un satyre, éclatant de rire au milieu d'un paysage d'orage parfaitement sinistre, plongé dans l'obscurité. Il y eut un énorme roulement de tonnerre, suivi d'un éclair qui illumina la pièce comme en plein jour.

Joe Havana était d'une humeur encore plus massacrante que d'habitude :

– Bon sang de bonsoir ! Qu'est-ce que c'est que ce temps pourri ? Le studio aurait pu me prévenir ! Et toi aussi ! lança-t-il à Franco.

Celui-ci n'ignorait pas qu'il risquait sa place si les délais de tournage n'étaient pas respectés. C'est donc d'un air contrit qu'il expliqua :

– Je n'étais au courant de rien, Joe ! En quatre ans, j'ai tourné trois films ici, et nous avons toujours eu du beau temps !

Joe examina les cieux d'un air mauvais :

– On dirait que ça se calme un peu ! Dépêchons-nous de tourner cette foutue scène, bon Dieu ! On a six heures pour finir cette merde, alors au boulot !

Au cours des cinq heures qui suivirent, on n'entendit plus que des coups de tonnerre très assourdis. Kitty était pourtant consciente de quelque chose, une sorte d'émanation maléfique qui semblait venir du portrait de la comtessa. Son esprit était toutefois trop engourdi par les tranquillisants, et par la nécessité de jouer son rôle, pour pouvoir réfléchir de façon très cohérente.

Un courant d'air soudain vint s'abattre sur les fleurs disposées au centre de la table ; leurs pétales rouges et blancs tombèrent sur le tapis en formant une image ressemblant vaguement à celle d'un sabre courbe.

– Un cimeterre ! L'arme avec laquelle on a tué la comtessa ! s'écria Alessandro en se signant précipitamment.

Plusieurs figurants l'imitèrent.

– C'est mauvais signe, *signora* ! chuchota-t-il à Katherine.

L'énorme lustre oscilla faiblement, jetant de longues ombres sur les murs. De nouveau Kitty aperçut l'homme au masque noir. Pourquoi donc lui faisait-il si peur ? Après tout, ce n'était jamais qu'un pharmacien, et nombre de figurants avaient une allure beaucoup plus grotesque. Détournant le regard, elle contempla de nouveau le portrait de la comtessa, dont les yeux hautains parurent se fixer sur elle. Katherine en eut la chair de poule. Elle ne resterait dans cette salle que le temps nécessaire, et pas une seconde de plus.

Il lui était impossible de contacter Tommy, tous les téléphones étant en panne, et d'ailleurs, il devait encore dormir. Elle se sentit le cœur brisé en pensant à Brenda. Il lui vint aux yeux des larmes qu'elle avait retenues durant tout l'après-midi. Mais il n'était pas question de pleurer, pas en plein tournage. Elle reprit une de ses petites pilules : elles avaient au moins le pouvoir béni de l'engourdir. Kitty alla se rasseoir dans son fauteuil pliant, et ferma les yeux.

Franco annonça que les figurants pouvaient désormais se retirer :

– Nous allons simplement faire des gros plans des acteurs principaux, déclara-t-il.

Toutefois, le tonnerre avait repris ; les lumières clignotaient constamment en raison de l'orage. Il y eut soudain un bruit assourdissant, tandis qu'un éclair illuminait toute la pièce, qui fut aussitôt plongée dans l'obscurité, à l'exception des quelques chandelles fixées sur des appliques murales : elles s'éteignirent à leur tour sous l'effet d'une bourrasque venue du dehors, qui fit gonfler les rideaux de soie comme autant de voiles.

Joe Havana faillit s'arracher ce qui lui restait de cheveux :

– Et merde ! Où est ce foutu générateur, bon Dieu !

Sandy, le chef électricien, se gratta la tête :

– Désolé, Joe, il est également en rade. La foudre a dû bousiller un câble, et ça a provoqué un court-circuit...

– Alors, tu me le répares ! Et fissa ! On n'a plus que quatre plans à tourner, bon sang de bonsoir !

– Vous pouvez le réparer ? intervint Franco, qui tentait d'arranger les choses.

– En bossant à la lueur des lampes électriques, on peut y arriver, mais ça demandera trois ou quatre heures.

– Et d'ici là, ce sera l'aube ! gémit Joe en se prenant la tête. Jamais je ne pourrai retrouver de boulot après un fiasco pareil !

Puis il se plongea dans un dialogue animé avec Franco, à l'issue duquel celui-ci claqua dans ses mains :

– S'il vous plaît ! Nous terminerons cette scène demain. Je suis désolé si cela vous contraint à changer vos projets de retour. C'est vraiment un cas de force majeure, et fort heureusement nous sommes assurés. L'équipe et les figurants seront convoqués à quatre heures, Miss Bennett et M. Leblanc à cinq.

Tout le monde poussa des cris d'enthousiasme ; les acteurs disparurent aussitôt, tandis que les techniciens rangeaient le matériel en toute hâte.

Blackie tendit une lampe-torche à Katherine :

– Quelle soirée ! maugréa-t-il. J'ai dû renvoyer Mona. Elle se plaignait d'avoir des crampes, mais je crois qu'en fait elle avait la trouille des fantômes. Je vais envoyer quelqu'un s'occuper de toi pendant que tu enlèves ta robe.

– Non, non, ce n'est pas la peine. Il faut simplement que tu m'aides à délacer mon corset.

Ils montèrent avec lassitude l'escalier menant à la loge de Katherine, qui sursauta en entendant tonner soudainement. Était-ce son imagination, ou bien avait-elle aperçu l'homme au masque noir ? Pourtant, tous les figurants étaient partis... Elle secoua la tête. Son imagination lui jouait des tours : elle était trop épuisée pour raisonner.

Blackie lui défit son corset, comme prévu, puis demanda :

– Où est donc Fabrizio ?

– Oui, c'est étrange... Il m'a suivie toute la journée, et il était encore là il y a quelques minutes.

– Il est censé ne pas te quitter des yeux !

– Il doit être aux toilettes.

– Hé ! Blackie ! lança une voix venue d'en bas. Tu viens ? Tout le monde rentre à l'hôtel !

– Tu es sûre de pouvoir te débrouiller toute seule ? demanda le maquilleur.

– Oui, oui, ne t'en fais pas. Fabrizio doit m'attendre. J'enlèverai tout ça une fois rentrée.

– Allons-y, dit Blackie en prenant sa trousse. C'est toi qui prendras la lampe.

Il sortit, tandis que Kitty repartait en sens inverse. Brusquement, il lui sembla entendre la voix de Giancarlo. Elle s'arrêta net, écouta, en vain. Puis, de nouveau, elle crut qu'on l'appelait ; mais un tonnerre assourdissant vint tout noyer. Elle se mit à courir, tenant des deux mains sa lourde jupe. Cette fois, des pas résonnèrent derrière elle, il y eut un appel. C'était bien la voix de Giancarlo... Ouvrant en toute hâte la porte à l'arrière du bâtiment, elle sortit sur la petite place pavée, qu'éclairait faiblement un réverbère. Elle était vide. Où donc se trouvait Fabrizio ?

Les eaux noires du canal luisaient sous les éclairs, mais il n'y avait ni gondole ni gondolier. Katherine resta immobile, ne sachant que faire, ni où aller. C'est alors qu'elle entendit quelqu'un prononcer son nom. Elle fit volte-face. L'homme au masque noir était là :

– Kitty ! lança-t-il d'une voix plaintive. C'est moi, ton mari ! Chérie, il faut que je te parle !

Terrifiée, elle se mit à courir et s'engagea dans la ruelle la plus proche – si étroite que sa jupe s'accrocha aux murs. Essayant de se libérer, Kitty laissa tomber sa lampe-torche. Tant pis, pas le temps de la chercher : il fallait fuir. La pluie avait rendu les pavés glissants ; elle courut à travers un véritable labyrinthe de petites rues sinueuses et sombres, priant pour que les éclairs lui permettent de s'orienter. Comme elle s'arrêtait un instant pour reprendre son souffle, elle entendit au loin des pas de course, et la même voix geignarde :

– Kitty, quand on sauve une vie, elle vous appartient. J'ai sauvé la tienne, chérie, tu es à moi !

Sauvé sa vie ! Quelle absurdité ! Était-il donc devenu fou ? Katherine était incapable de réfléchir. Elle glissa, se rattrapa de justesse, puis se remit à courir, sans savoir où elle allait ; il fallait simplement qu'elle lui échappe. Giancarlo était désormais son ennemi.

La cloche d'une cathédrale sonna quatre heures. Venise était endormie. Elle comprit que personne ne bougerait si elle appelait au secours. De toute façon, Giancarlo avait tant de pouvoir de persuasion que si quelqu'un arrivait, il réussirait sans doute à le convaincre que ce n'était rien d'autre qu'une banale querelle conjugale.

Elle courut dans une autre ruelle étroite, gênée par son énorme jupe à cerceaux, s'appuyant de son mieux au mur pour ne pas tomber. Sentant une odeur de poisson pourri, elle comprit qu'elle devait arriver près de la Pescaria. Si seulement un pêcheur pouvait être venu là apporter ses prises ! Mais il était beaucoup trop tôt. Katherine traversa en hâte le marché complètement vide, entendant toujours le bruit des pas de Giancarlo. Et, manifestement, il gagnait du terrain. Hurler ne servirait à rien ; autant garder le peu de souffle qui lui restait.

Elle savait vaguement que la Pescaria donnait sur le Rialto, tout près de la place Saint-Marc. Il y aurait bien quelqu'un !

Un éclair illumina la minuscule ruelle remplie de boutiques. Pendant la journée, des milliers de touristes y passaient ; en ce moment, pourtant, elle était parfaitement déserte. Le talon de Katherine se prit entre deux pavés, et elle faillit tomber. Ôtant ses chaussures, elle releva sa jupe jusqu'à la taille, se félicitant en elle-même de n'avoir pas mis de bas. Le sol était moins glissant pieds nus.

Giancarlo se rapprochait toujours, et sa voix se faisait cajoleuse :

– Kitty, Kitty, Kitty ! Kitty, ne te sauve pas, je suis ton destin. Je suis l'homme que tu attendais, que tu as attendu toute ta vie, l'homme que tu aimes ! Tu me l'as dit ! Tu m'as dit que tu m'aimerais pour toujours, comme moi je t'aime !

Il s'arrêta un instant, tandis qu'elle faisait de même pour reprendre son souffle. Elle sentit venir une crampe atroce, une sorte de palpitation douloureuse, qu'elle connaissait déjà pour l'avoir subie il y a bien longtemps, deux ans avant la naissance de Tommy : le signe avant-coureur d'une fausse couche. Pas maintenant, pas maintenant ! La pluie s'arrêta un instant : un silence mortel tomba sur la ruelle. Rien ne bougeait plus. Et puis :

– Kitty, Kitty, Kitty, viens ! C'est moi, ton mari ! Kitty !

Le tout d'une voix qu'il voulait enjôleuse, mais on aurait dit qu'il appelait un chat. Il fallait qu'elle lui échappe. Impossible de savoir ce qu'il ferait s'il la découvrait : il était devenu complètement fou.

A l'aéroport de Rome, Steven fut informé que l'avion à destination de Venise ne pourrait décoller en raison du temps déplorable.

– Bon Dieu, il faut que j'y aille ! explosa-t-il. C'est une question de vie ou de mort ! Je ne peux pas louer un avion, un hélicoptère, n'importe quoi ?

L'employé d'Alitalia était d'une grande élégance dans son uniforme gris perle :

– Désolé, *signor*. Vous pourriez en louer un, mais lui non plus ne pourrait pas décoller. D'après mes informations, il se pourrait que, vers deux heures du matin, il y ait un vol, si bien entendu le temps s'éclaircit. En attendant, je ne puis que vous conseiller d'attendre, et d'aller boire un capuccino.

Steven se dirigea vers un téléphone, espérant que Brenda et Tommy seraient à l'hôtel – en vain. Il laissa donc un nouveau message urgent sur le répondeur.

Katherine courut le long de la ruelle, en se tenant aussi près que possible des boutiques. Elle déboucha sur un escalier aux marches étroites, couvertes de mousse, qui donnait sur un nouveau labyrinthe de petites rues. S'arrêtant, elle alla se cacher sous un vieux pont de pierre – et sentit quelque chose frôler son pied. Un rat ! Elle poussa un tel cri d'épouvante que Giancarlo ne pouvait manquer de l'avoir entendu.

Elle reprit donc sa course, tandis que, derrière elle, résonnait un rire. Il semblait se rapprocher, ce qui n'avait rien d'étonnant, tant il était physiquement en forme : trois séances de gym par semaine, du jogging, du tennis...

La ruelle devant elle s'arrêtait net, donnant sur deux allées, l'une à droite, l'autre à gauche. Elle décida de prendre la première.

Derrière elle, les bruits de pas s'arrêtèrent quelques instants, puis reprirent. Katherine sanglota presque en se rendant compte qu'il était parti en sens inverse. Elle fonça tout droit, dans une obscurité à peu près complète. Puis il y eut un énorme coup de tonnerre, la pluie se remit à tomber à seaux, et les pavés devinrent aussi glissants qu'une patinoirc.

Autour d'elle, les fenêtres des maisons étaient comme des yeux clos. Katherine continua d'avancer, hors d'haleine, sans rien voir ou presque. Et ce fut le miracle : l'allée donnait sur un canal très large, qui devait être l'une des grandes voies de communication de la ville. Il y aurait bien quelqu'un aux environs, un *vaporetto,* un gondolier ! Quelqu'un ! Quelqu'un !

– Au secours ! hurla-t-elle. Au secours !

Peu importait que Giancarlo l'entende. Il y avait forcément de l'aide tout près, il le fallait ! Mais le canal resta désert ; les gondoles, amarrées au quai, étaient couvertes d'une bâche noire. Apercevant, au loin, le dôme de Saint-Marc, Katherine se dirigea vers lui en courant.

Puis, de nouveau, des pas se firent entendre, et la même voix geignarde, presque bêlante :

– Kitty, Kitty, Kitty ! Sois gentille, chérie, sois gentille, viens vers ton mari...

Un carrefour donnait sur trois rues minuscules. Un éclair vint illuminer le canal, dont montait une brume jaunâtre ; Katherine aperçut un petit pont. Sa lourde jupe était si trempée qu'il lui devenait de plus en plus difficile d'avancer. Chaque pas devenait une torture, mais elle avait si peur qu'elle courut, franchissant le pont sans s'arrêter, en priant qu'il lui permette d'atteindre le Rialto, où il y aurait forcément du monde. Derrière elle, une silhouette noire avançait toujours.

Elle se retrouva enfin sur le Rialto, au bord du Grand Canal.

L'endroit était parfaitement désert.

Kitty s'arrêta, regardant frénétiquement autour d'elle, à bout de forces. La douleur dans son ventre se faisait de plus en plus aiguë, elle haletait. Sur sa droite, elle distingua une église dont les portes étaient ouvertes. Comme elle s'y précipitait, sa jupe se prit dans le portail de fer forgé ; elle tira dessus pour se libérer, non sans la déchirer presque entièrement.

Il régnait dans l'édifice une odeur d'encens et de poussière ; la seule lumière venait de quelques cierges qui brûlaient dans l'obscurité. Katherine s'avança à pas de loup sur le sol de pierre. Si elle pouvait se cacher pendant une heure ou deux sans que Giancarlo la découvre, elle serait sauve. A cinq heures trente, les *vaporetti* commençaient à aller et venir sur le Grand Canal ; bientôt les pêcheurs se rassembleraient à la Pescaria. Elle remarqua une niche qui abritait la statue sans tête d'une femme en tunique. Les doigts tremblants, Kitty se défit de ce qui restait de sa robe. En dessous, elle portait des *leggins* de coton et, autour de la taille, une banane contenant des cigarettes et un peu d'argent. Il allait falloir dissimuler les débris de sa tenue de tournage. Les roulant en boule, elle les glissa sous un banc.

Elle tenta ensuite de se défaire de sa perruque, mais celle-ci tenait en place grâce à tant d'épingles et d'adhésifs que cela lui fut impossible. Katherine se sentait prise de vertiges, et tremblait comme une feuille : elle n'avait plus qu'une envie, s'étendre, dormir, tout oublier. Retourner à L.A. avec Tommy, comme si Giancarlo n'avait jamais existé.

Mais il était toujours là, pas très loin. Peut-être cherchait-il à la tuer. Elle se souvint de ses paroles :

– Chérie, si jamais tu me quittes, je te tuerai. Je t'aime trop pour te laisser partir.

Kitty s'était peu à peu accoutumée à l'obscurité ; elle discerna soudain un étroit couloir, à demi caché derrière l'autel. On y accédait par des marches fatiguées qu'elle gravit sans réfléchir. Il faisait noir comme dans un four : elle ne savait pas ce qu'elle trouverait au bout. Mais il lui fallait se cacher à tout prix. Rassemblant le peu de force qui lui restait, sanglotant presque d'épuisement, elle grimpa jusqu'en haut.

Giancarlo s'arrêta un instant sur le Rialto, sans savoir où aller. La proie avait disparu, bon sang ! Il s'en était pourtant bien tiré, jusque-là : se faisant engager comme figurant, assommant Fabrizio... Où donc était-elle passée ? Il fallait qu'il la retrouve, il fallait qu'elle lui revienne. Désormais, à cause de ce petit salopard de Steve, elle connaissait ses secrets. Pire encore, si elle apprenait qu'il était toujours marié à cette garce italienne, il pourrait se retrouver en prison...

Ce qui le fit frémir. En cellule, il s'était vite rendu compte que la beauté n'était pas spécialement une bonne idée au milieu de tout ces mâles... Il avait cru un moment se tirer d'affaire en se trouvant un « protecteur » – un énorme Noir haïtien de près de deux mètres –, puis s'était rendu compte que c'était encore pire... Pas question. Il fallait convaincre Katherine qu'il l'aimait toujours, lui faire l'amour. Il faudrait aussi que son précédent mariage soit annulé. Son avocat lui avait promis de venir à bout de tous les problèmes légaux que cela posait, mais c'était trop long, beaucoup trop long.

Giancarlo ôta sa cape, gorgée de pluie, et la jeta dans le canal. Puis il regarda autour de lui, toujours aussi indécis, et c'est alors qu'il vit, à la lueur d'un éclair, des lambeaux de lamé argent accrochés au portail de fer d'une église toute proche...

C'est donc là qu'elle était ! Il l'avait trouvée, enfin. Il poussa les portes de l'édifice, qui se refermèrent derrière lui. Plus besoin de se presser : Katherine ne pouvait plus fuir. Il s'avança lentement dans la nef.

– Kitty ? chuchota-t-il. Kitty, Kitty, Kitty... Je sais que tu es là, chérie. Sors, sors, viens donc voir ton mari.

Le pilote du bimoteur à hélices contempla le ciel menaçant, puis jeta un coup d'œil à sa montre, furieux.

Mamma mia ! C'était vraiment une nuit dont il allait se souvenir. Cela faisait des semaines qu'il attendait de retrouver sa petite amie vénitienne. Son mari s'absentait pendant une semaine, et elle l'attendait. Bon Dieu ! Maudits soient l'orage et les éclairs ! Il retourna une fois de plus à la salle de contrôle pour discuter avec le gars de la météo.

– L'orage sur Venise va-t-il bientôt cesser ?

– Pas avant quatre ou cinq heures, d'après ce qu'on nous a dit, mais ça se calme. Si vous vous sentez d'attaque, la tour de contrôle nous a dit que vous pourriez décoller dans moins de trois quarts d'heure.

Le pilote repartit, extatique : tout irait bien, il retrouverait celle qu'il désirait tant, comme prévu. A cinq heures du matin, certes, et alors ? Ils auraient toute la journée pour faire l'amour.

L'appareil décolla donc peu avant quatre heures, dans la pâle lumière de l'aube. A part Steven, il n'emmenait que huit passagers, qui par le hublot jetaient des regards inquiets aux éclairs qu'on apercevait au loin. Steven, quant à lui, s'en moquait éperdument : il ne pensait qu'à retrouver la Cité des Doges, et Kitty, avant Giancarlo.

Katherine était parvenue en haut des marches. Il faisait noir comme dans un four. Elle se retint à grand peine de hurler en entendant, en dessous d'elle, quelqu'un s'avancer dans l'église. Tâtonnant du bout des doigts, elle tenta de s'orienter. C'était apparemment une sorte de pièce ronde, sans fenêtres. Fouillant dans sa banane, elle en sortit son briquet. Elle devait se trouver dans une sorte de campanile inutilisé, dominé par une énorme cloche couverte de toiles d'araignées. De toute évidence, elle n'avait plus sonné depuis des années... Dans un coin, un amas de vieux sacs recouvrait ce qui ressemblait à une statue. Il faudrait se cacher quelque part ici ; pas d'autre solution. Elle éteignit son briquet et s'avança à tâtons dans l'obscurité – puis sentit que sa perruque s'accrochait à quelque chose. Tendant la main, Kitty se rendit compte qu'elle s'était prise dans une tige de fer dépassant du mur. Ne pouvant plus avancer, elle tira frénétiquement, sans tenir compte de la douleur : plusieurs mèches de ses cheveux cédaient en même temps.

Giancarlo suivait la piste de Katherine comme un prédateur sa proie. C'était fort simple : il suffisait de respirer.

L'odeur de son parfum flottait vaguement dans l'église, elle ne pouvait donc être loin. Ôtant ses chaussures, il marcha à pas de loup, en bas de soie, jusqu'aux marches qu'elle venait de grimper, et s'arrêta un instant. L'orage paraissait s'apaiser. Il entendit un aboiement lointain, puis le chant d'un coq ; cinq heures sonnèrent à un clocher. Bientôt il ferait jour : il fallait absolument qu'il la trouve.

Il monta à son tour.

– Kitty ? Je sais que tu es là, Kitty, alors sors de là. J'ai besoin de toi, Kitty, je ne peux pas vivre sans toi. Chérie, s'il te plaît, il faut que nous discutions.

Il avança, parlant de la même voix enjôleuse, en tâtant les murailles du bout des doigts. Puis il s'arrêta et sourit. Toujours aussi astucieuse... elle s'était dissimulée derrière des sacs. Il pouvait sentir les mèches de la perruque...

L'aube approchait, une faible lumière venue d'une soupente commençait à tomber dans le campanile.

– Je t'ai trouvée, ma petite Kitty, chuchota-t-il en bousculant les sacs.

Il se retrouva nez à nez avec la statue d'un vieillard nu, la tête rejetée en arrière, le crâne recouvert de la perruque.

– Espèce de garce ! gronda Giancarlo, qui fit volte-face en entendant un léger bruit.

Katherine se dirigeait vers les marches pour redescendre dans l'église. Il s'avança vers elle, lentement, souriant d'un air enchanteur :

– Kitty chérie, pourquoi essayer de t'enfuir ? Je suis ton mari, je t'adore, tu le sais bien !

– Ne m'approche pas ! lança-t-elle. Tu n'es plus mon mari, et je te hais.

– Chérie, oublions tout ce qui vient de se passer, je t'en supplie. Recommençons comme avant.

Dans la faible clarté, Katherine eut l'impression d'avoir affaire à un fou : son visage gardait encore des traces de maquillage délavées par la pluie, sa chevelure lui collait au front de manière grotesque. On aurait dit une tête de mort.

– Je te préviens, Giancarlo, n'approche pas. Notre mariage est terminé.

– Mais, chérie, je t'aime ! Tu es ma vie ! Je t'en supplie, il faut que nous parlions !

Il était presque à sa hauteur; elle recula. Était-ce là l'homme dont elle avait été folle au point de ne plus pouvoir réfléchir ?

La main de Giancarlo effleura le cou de Kitty : elle hurla et se mit à descendre les marches. Bras tendu, il voulut la saisir et perdit brusquement l'équilibre : chutant lourdement, il dégringola l'escalier, non sans pousser des cris qui affolèrent les pigeons nichés sous les combles ; ils s'envolèrent à grand bruit. Puis son crâne heurta le sol de marbre de la nef, où il demeura inerte.

Katherine descendit avec lenteur et contempla, incrédule, le corps qui gisait sur les dalles.

– Mon Dieu ! s'écria-t-elle. Qu'ai-je donc fait !

A ce moment précis, une douleur atroce la traversa, et elle tomba inanimée près de lui.

Épilogue

Un an plus tard...

Il était assis dans un fauteuil, regardant la télévision. Une de ses mains caressait l'épaule osseuse de la femme rousse assise à côté de lui, l'autre portait à ses lèvres son troisième Jack Daniels de la soirée. Mais ses yeux restaient fixés sur l'écran : d'un moment à l'autre on allait annoncer qui recevrait l'Emmy Award de la meilleure actrice de feuilleton télévisé. Sa compagne se tourna vers lui :

– D'après toi, chéri, qui va gagner ?

Il secoua la tête, puis vida son verre. Ce ne serait pas le dernier avant que vienne la nuit – période pendant laquelle cette femme se révélait insatiable. Si elle n'était plus toute jeune, Mamie était extrêmement riche, et ne se refusait jamais aucun caprice. Elle l'avait donc installé dans sa somptueuse demeure de Palm Beach, lui avait offert une BMW noire, des complets de chez Bijan, à Beverley Hills, une Rolex en or incrustée de diamants. En échange, Giancarlo savait ce qu'il avait à faire...

Après tout, il lui devait une fière chandelle. Il avait été condamné pour escroquerie, détournement de fonds et bigamie, et l'avenir paraissait d'autant plus sinistre que sa chute l'avait laissé presque infirme. Quand il sortirait de prison, que resterait-il de sa beauté ?

Et puis, Mamie était arrivée. Elle avait beaucoup d'argent, énormément de relations, et une passion sans limites pour les beaux mâles : ce qui lui avait permis, sans regarder à la dépense, de le faire sortir au bout de quelques mois – et non, comme prévu, de plusieurs années. Bien entendu, c'était donnant, donnant. Giancarlo n'ignorait nullement qu'à la première incartade, elle se débarrasserait de lui – tandis que ses avocats veilleraient, en cas de divorce, à ce qu'il ne lui reste rien de plus que sa Rolex et ses complets. Et encore...

Il bouillonnait toujours de fureur en pensant à Steven Leigh qui, en révélant son passé, avait détruit son avenir. C'était un sentiment très vif – presque aussi fort que ce qu'il éprouvait pour Katherine. C'est une fois emprisonné qu'il avait compris à quel point il tenait à elle. Il l'avait trompée et exploitée, comme toutes les autres, et pourtant, à sa manière, il l'avait aimée. En ce moment, il attendait qu'elle fasse son apparition à l'écran ; ce serait la première fois qu'il la reverrait depuis près d'un an...

Mamie le saisit par le bras :

– Tu crois qu'elle va l'avoir ? demanda-t-elle, tout excitée.

Kitty attendit que l'on donne les noms des cinq actrices nominées pour l'Emmy de la meilleure comédienne, tout en songeant à l'horreur des événements survenus pendant cette nuit vénitienne.

Un prêtre les avait découverts à l'aube, inconscients, en bas de l'escalier de pierre. Katherine avait eu une hémorragie qui avait provoqué une fausse couche ; Giancarlo souffrait d'un traumatisme crânien, de multiples fractures aux bras et aux jambes ; une de ses rotules était en miettes. C'était un vrai miracle qu'il ait survécu – bien que Kitty pensât parfois qu'il aurait mieux valu pour lui qu'il succombât.

La révélation de la vraie personnalité de Giancarlo avait provoqué un scandale sans précédent, qu'elle avait pourtant surmonté, aidée de Tommy, de Véra et de Steven – surtout de Steven. Son divorce avec Mandy avait été prononcé, et Kitty et lui se voyaient de plus en plus souvent. Katherine commençait même à penser que leur amitié se transformait peu à peu en amour. Non qu'il ait voulu presser les choses : Steven était trop sagace, et l'aimait en secret depuis trop longtemps, pour vouloir lui imposer quoi que ce soit. Véra n'était pas tenue par de tels scrupules :

– Épouse-le ! dit-elle d'un ton ferme.

Son asthme semblait avoir miraculeusement disparu depuis son arrivée à Los Angeles – où allait-on si le smog avait des effets thérapeutiques ? –, où elle était venue s'occuper de sa fille et de son petit-fils ; elle avait plus d'entrain que jamais.

– Tu ne trouveras jamais de meilleur parti, ni d'homme qui t'aime autant que lui.

– Maman, laisse-moi un peu de temps, avait soupiré Kitty.

Elle se tourna vers Steven, qui fixait le podium sur lequel Bill Cosby s'apprêtait à donner la liste des heureuses élues. Il se tourna vers elle :

– Tu vas gagner, ma belle, je le sens !

Elle sourit. Ce serait très agréable, oui, mais en fait peu lui importait : elle avait trouvé en lui quelque chose de plus précieux que la gloire, de plus durable que la célébrité.

Cosby ouvrit l'enveloppe contenant le nom de la gagnante :

– Et l'Emmy de la meilleure actrice est décerné à... lança-t-il d'une voix de stentor, avant d'observer une pause très théâtrale... à Katherine Bennett pour *Tout ce qui brille* !

– T'as-t-on déjà dit que tu étais la femme la plus belle et la plus talentueuse de tout l'hémisphère Nord ?

– J'ai bien peur que oui, répondit-elle en souriant. Assez de flatteries !

Elle marcha à pas lents à travers la salle, au milieu des acclamations et des bravos. C'était un véritable océan de visages souriants : on aurait dit que tous étaient ravis de la voir remporter une distinction aussi recherchée.

Personne, bien entendu, n'en était plus ravi que Véra, qui avait réussi à se dénicher une place au premier rang. Quand Kitty passa à sa hauteur, elle la saisit par le bras :

– Je suis fière de toi, Kit-Kat, vraiment, et tu es magnifique, ce soir !

Katherine l'embrassa, puis monta les marches menant au podium. Et là, le trophée en main, contemplant la foule enthousiaste qui se levait pour l'ovationner, elle pensa à Brenda, qui aurait tant aimé être là. Où que tu sois, Bren, songea-t-elle, je crois que ce soir tu aurais admis que tout cela en valait la peine.

Cet ouvrage composé
par D.V. Arts Graphiques 28700 Francourville
a été achevé d'imprimer sur presse Cameron
dans les ateliers de Brodard et Taupin
à La Flèche (Sarthe)
en octobre 1996
pour le compte des Éditions de l'Archipel
département éditorial
de la S.A.R.L. Écriture-Communication.

Imprimé en France
N° d'édition : 147 – N° d'impression : 6852Q-5
Dépôt légal : octobre 1996